合编 荆州市档案局（馆）
华中师范大学中国近代史研究所
荆州市档案学会

荆州老新闻

JINGZHOU
LAOXINWEN

郑成林　申文荆 / 主编

华中师范大学出版社

新出图证（鄂）字 10 号

图书在版编目（CIP）数据

荆州老新闻/ 郑成林，申文荆主编. —武汉：华中师范大学出版社，2018. 12

ISBN 978-7-5622-8431-4

Ⅰ. ①荆…　Ⅱ. ①郑…　②申…　Ⅲ. ①荆州-地方史-史料-近现代　Ⅳ. ①K296. 33

中国版本图书馆 CIP 数据核字（2018）第 262031 号

荆州老新闻

© 郑成林　申文荆　主编

责任编辑：石亚培　冯会平　　**责任校对**：王　炜

编 辑 室：学术出版中心　　**电　　话**：027-67867792

出版发行：华中师范大学出版社　　**封面设计**：胡　灿

社址：湖北省武汉市洪山区珞喻路 152 号　　**邮编**：430079

电话：027-67863426（发行部）　027-67861321（邮购）

传真：027-67863291

网址：http://press. ccnu. edu. cn　　**电子信箱**：press@ mail. ccnu. edu. cn

印刷：武汉邮科印务有限公司　　**督印**：王兴平

字数：354 千字

开本：710mm×1000mm　1/16　　**印张**：23. 75

版次：2018 年 12 月第 1 版　　**印次**：2018 年 12 月第 1 次印刷

定价：81. 00 元

欢迎上网查询、购书

凡　例

1. 本辑文件标题除了少数依内容有改动，其他大部分照原文录用。部分条目有少数内容与荆州无关，编录时这些内容分别以“前略”“中略”“后略”来代替。

2. 原件大多无标点，由编者统一标点。

3. 文件原注和说明，一律用“（　）”标出，置于文内。编者注用数码①②③等标示，置于页末。

4. 凡能辨明的错漏字均在该文字后以“［　］”标示准确字。

5. 凡残缺或难以辨认的文字，均以“□”代替，能判断者则填入“□”中。

6. 文件见刊时间一律使用公历，用阿拉伯数字标示，连同报纸名称一起置于文件之末。

7. 为保持文献原貌，原文中的用词习惯，以及对当时政权、政党和事物的褒贬提法，乃至少数文理不通之处，均未做改动。但这些并不代表编者的看法，请读者以历史的眼光加以辨识。

前　言

荆州，汉地九州之一，兵家必争之地。矗立的荆州古城墙，仿佛正在向世人诉说它的历史。步入近代世界大舞台的荆州，更是具有开创性与延展性。1876 年，荆州沙市被辟为外轮“寄泊港”；1896 年，沙市开埠通商，被喻为“小汉口”、“华西的曼彻斯特”。荆州是湖北省唯一兼具古代战略要地与近代通商大埠的典型城市，然而，目前研究荆州地区历史的论著少之又少，这与其重要的历史地位与研究价值是不相匹配的。因此，整理荆州地区的史料可谓是迫在眉睫，故而我们决定从众多报刊中搜集有关荆州地区的历史记录，辑成此部《荆州老新闻》，以探寻掩藏在历史尘埃中的荆州往事。

近代中国面临四千年来未有之变局，几乎每天都有新鲜的事物登上中国大地。近代报纸杂志作为重要的传播媒介，针对发生的重要事件往往会有连续多天的跟踪报道，并且不同报刊的角度有时也略有不同，其事无巨细的记录更是近代中国变迁的最好见证。因此，《荆州老新闻》的编纂，不仅有助于推进近代荆州地方史的研究，对于了解同时代的政治、经济、社会和教育诸方面的变动也大有裨益。通览全书，读者即可近距离感受那个战火纷争的年代，亦可知晓荆州地区是如何一步一步地融入现代化潮流和全球化进程之中的。

开埠后，荆州逐渐融入世界体系，来荆外国人与日俱增，兴办银行、开通电话、新设报馆和修筑铁路和水上飞机场等现代化事务也渐次展开。对此，主要报纸往往予以及时报道，如“沙市设土药厘金分局”、“太古拟在沙市设立洋行”、“沙市辟界纪闻”、“江陵设立报馆”、“沙市分设大清银行”、“沙市铁路合同签订”、“沙市建设电话之进行”、“襄沙之长途汽车”、“沙市将设飞机场”等，这些无不一一再现了社会变动脉动和气息。同时，对荆州重要地位的评价也屡见报端，如

“沙市南通湘沅，西接巴蜀，北连襄樊，洵数省之要津也，向来贸易中之，以银钱汇兑者皆以沙市为会归之所……”① 这些社会事件及评价的报道不仅反映了地方社会的剧烈变动，也体现了民众日常生活与心态的悄然变化。

另外，对荆州地区发生的诸多影响城市命运的战事，报刊也进行了详细的报道。如 1917 至 1918 年的南北两军的大激战，有 30 多篇的新闻报道，这些不仅将政变后的荆州地区政局动荡的一面展现出来，也清晰地显示了政府、商人、军人之间错综复杂的关系。爬梳报刊的每一处记载，还原一个真实鲜活的战争岁月。

基于此，《荆州老新闻》的编纂不仅仅是一项收集史料的工作，更多的是对荆州地区变迁的关注，进而窥探近代中国社会的转型与发展。愿此项编纂工作能为当今的荆州城市建设提供历史经验教训，为当代中国经济发展与精神文明建设添砖加瓦。

近代史料纷繁多样，报纸亦多达百千种。为尽可能较为全面地反映荆州地区的政治、经济、文化和风俗习惯的变迁，此书辑录的资料主要来自《申报》《新闻报》《时报》《益世报》《大公报》《晨报》《民国日报》《武汉报》《大楚报》等在近代中国颇具影响的十余种报纸，不含荆州本地的报纸。时间界限上自 1872 年《申报》创办之初，下至 1949 年荆州地区解放，跨度近八十年。全书采编年体例，力争将此时期荆州每年发生的重大历史事件收录其中。希望此书的出版，能够吸引更多的专家学者关注荆州，关注湖北地方史的研究和发展。

本书在编纂过程中，得到荆州市档案局（馆）和华中师范大学中国近代史研究所有关领导的大力支持。在此，一并表示衷心感谢。

因编者水平有限，不妥之处在所难免，敬请读者批评指正。

编者

2018 年 12 月

---

①《申报》1896 年 3 月 3 日。

目　录

1872 年 …… **1**
沙沪商贸往来…… 1
1873 年 …… **2**
《申报》在沙开售 …… 2
1874 年 …… **3**
荆州水患…… 3
1875 年 …… **5**
荆州万城大堤堤防…… 5
1876 年 …… **6**
荆州驻防过苏…… 6
湖北监利县民滋事…… 6
1877 年 …… **8**
沙市、九江被辟为寄泊港…… 8
1878 年 …… **9**
议濬汴河…… 9
1879 年 …… **10**
沙市禁种莺粟 …… 10
论沙市禁种莺粟 …… 10
1880 年 …… **13**
荆州万城大堤宜速应修理 …… 13
重江防严惩湖广庸劣职员 …… 13
1881 年 …… **15**
取保交东 …… 15
荆州满洲营经费动支 …… 15

1882 年 …………………………………………………………………… 17
沙市文武帮之冲突 ……………………………………………………… 17
沙市房产纠纷 …………………………………………………………… 17
沙市花鼓戏 ……………………………………………………………… 18
沙市花市近来减色 ……………………………………………………… 18
增设粥厂 ………………………………………………………………… 19
申禁售票示 ……………………………………………………………… 19
1883 年 …………………………………………………………………… 21
荆州邮信 ………………………………………………………………… 21
沙市厘金易钱为银 ……………………………………………………… 21
御灾刍言 ………………………………………………………………… 22
开办保甲 ………………………………………………………………… 22
1884 年 …………………………………………………………………… 24
巨号叠闭 ………………………………………………………………… 24
试办盐厘 ………………………………………………………………… 24
议整圜法 ………………………………………………………………… 25
1885 年 …………………………………………………………………… 27
沙市章华寺 ……………………………………………………………… 27
粤人在沙售发财票 ……………………………………………………… 27
议添电线 ………………………………………………………………… 28
1886 年 …………………………………………………………………… 29
电线兴工 ………………………………………………………………… 29
沙市电报开通 …………………………………………………………… 29
1887 年 …………………………………………………………………… 30
沙市关卡移驻野三关 …………………………………………………… 30
1888 年 …………………………………………………………………… 31
大宪乐助 ………………………………………………………………… 31
论监利水利 ……………………………………………………………… 31
1889 年 …………………………………………………………………… 33
荆州地方丝价上昂 ……………………………………………………… 33

荆州驻防八旗俸饷 …… 33
沙市（江口）生意渐旺 …… 33
1890 年 …… 35
奏请荆州将军留任 …… 35
楚督阅堤 …… 35
沙市设土药厘金分局 …… 35
1891 年 …… 37
太古拟在沙市设立洋行 …… 37
汉口商人 …… 37
1892 年 …… 38
沙市各铺户加捐之事 …… 38
办匪详述 …… 38
荆州旗民起衅争斗详情 …… 39
荆州多疫 …… 42
1893 年 …… 43
倒铺续闻 …… 43
荆州满营造办火药所需银两 …… 43
沙市溺女恶习 …… 44
1894 年 …… 45
沙市赛水龙会 …… 45
沙市冬行春令 …… 45
沙市洋码头 …… 45
覆舟纪事 …… 46
1895 年 …… 47
沙市商情冷淡 …… 47
沙市械斗 …… 47
沙市帮派械斗 …… 48
沙市辟界纪闻 …… 48
因辟口岸民房搬迁 …… 49
瀛客来沙 …… 49

沙市商情近况 …… 49
1896 年 …… **51**
沙市义和祥钱店闭店风波 …… 51
严禁吸烟 …… 51
勘界述闻 …… 51
荆州税关置买民地 …… 52
沙埠市情 …… 53
沙市抢劫频发 …… 54
沙溪界务 …… 54
日本领事馆 …… 56
沙市开关商贸大兴 …… 56
1897 年 …… **57**
沙市关务 …… 57
沙市电报被窃 …… 57
沙市关情 …… 58
保护远人 …… 59
荆州试事 …… 59
商品设所 …… 61
建造关署 …… 61
会馆案结 …… 62
1898 年 …… **63**
筹开纱厂 …… 63
道府恐匪再伤远人 …… 63
详述火烧洋码头缘由 …… 63
火烧洋码头续 …… 64
人杰地灵 …… 65
沙市关局被焚 …… 65
（日本）领事驻汉 …… 68
荆州股票纪实 …… 68

1899 年 …… **69**
日员莅任 …… 69
振兴商务 …… 69
湘人来沙贸易益多 …… 69
1900 年 …… **71**
英兵受窘 …… 71
整顿荆州旗营 …… 71
荆州练习洋操 …… 72
荆沙募勇 …… 73
1901 年 …… **74**
吉贝广销 …… 74
沙市关收税所 …… 74
1902 年 …… **75**
整顿旗营 …… 75
止运土药 …… 75
求免膏捐 …… 75
美舰过汉 …… 77
沙市人情与商情 …… 77
1903 年 …… **78**
荆宜施道整饬庶政 …… 78
沙市厘卡上移 …… 78
兼两湖总督端荆州将军绰等奏筹办荆州驻防中小学堂折 …… 78
荆州将军绰奏筹款充作驻防学堂经费片 …… 79
荆州将军绰奏遴员监督驻防中小蒙养学堂片 …… 80
荆州兴学 …… 81
荆沙警务 …… 81
1904 年 …… **82**
兼湖督端奏筹拨荆州旗营操衣等要需片 …… 82
兼湖广总督端奏监利等县民堤续被秋汛漫溃分别筹办情形片 …… 82
造谣阻学 …… 83

江陵设立报馆 …… 84
沙市缝纫业生意大佳 …… 84
荆州留日学生名单 …… 84
荆沙近况之学情商情 …… 85
委办沙市保商局（湖北） …… 85
自修炮岸（沙市） …… 86
1905年 …… 87
沙市（荆南中学堂师范学生毕业） …… 87
荆江水师营请添公费（湖北） …… 87
荆州施南遣生出洋 …… 87
沙市开设师范传习所 …… 87
湖北荆宜道照会沙防营调兵弹压松滋土匪 …… 88
洋码头修理工竣 …… 88
监利县教民酿祸 …… 89
监利教案之别报 …… 89
派员调停监利教案 …… 90
沙市绅商致上海商会函（为不购美货抵制禁约事） …… 90
荆州士商之抵制 …… 91
沙市绅商抵制美货 …… 91
电告沙市轮船不装土产 …… 91
1906年 …… 92
电饬修筑沙市支路 …… 92
创办沙市织布厂 …… 92
1907年 …… 93
江陵县易委之原因 …… 93
荆州旗丁马厂庄田之调查 …… 93
要索出洋学费 …… 93
1908年 …… 95
履勘沙宜荆铁路轨线 …… 95
沙市洋关购买趸船 …… 96

旗民工艺传习所成立（湖北） …… 96
1909年 …… 97
荆楚筹御水灾汇志 …… 97
荆楚筹办水荒要政 …… 98
荆楚筹振水荒汇闻 …… 98
鄂督添派荆属振务提调 …… 100
湖北咨议局会议纪要 …… 100
1910年 …… 102
江陵匪徒勾结滋事 …… 102
荆郡振局裁归州县兼管 …… 102
沙市趸船成立 …… 102
鄂督准（石首）立税契经征局 …… 103
1911年 …… 104
沙市审判厅之滥刑 …… 104
荆州开办女学教育会 …… 104
石首吞蚀学款调处之为难 …… 104
沙市分设大清银行 …… 105
荆沙关道驳覆洋商护照 …… 105
荆州光复确报 …… 105
荆州光复记 …… 106
1912年 …… 107
荆州新潮流 …… 107
荆州亦有宗社党 …… 107
荆州宗社党私藏军火谋不轨 …… 108
筹款安置荆州旗民 …… 109
淮南湘鄂西皖四岸全体运商电 …… 109
沙市土税解省 …… 110
沙市兵变详情 …… 111
沙市军队暴动之详情 …… 111
沙市兵变续闻 …… 112

1913 年 …… **114**
沙市建设油池交涉…… 114
湖北荆州镇守使之激潮…… 114
美孚又在沙市建筑油池…… 115
沙市之水灾…… 115
函商直装沙市货物…… 116
述刘芪臣先生荆州失败事…… 116
1914 年 …… **122**
沙市交涉署之裁并…… 122
记沙市见闻…… 122
沙兴铁路合同签定…… 125
1915 年 …… **126**
沙市电生之反对…… 126
鄂民反对湘人开垦风潮…… 126
沙市各界之救国热…… 127
荆沙信义机器面粉公司仙鹤商标…… 128
沙市警政改组…… 128
湖北沙市区初选举之黑暗录…… 129
1916 年 …… **131**
荆州要求独立之冤案…… 131
沙市之日本商业…… 132
纪沙市之商业学校…… 133
荆州之棉…… 134
湖北沙市创办贫民工厂之情形…… 135
沙市追悼蔡公大会…… 136
1917 年 …… **137**
荆南棉业发达…… 137
鄂属收回商号小票之近况…… 137
纪荆州镇守使之自主…… 138
复辟失败后之荆州旗人…… 139

沙市普照电灯公司股东维持会启事……………………………………………… 140
荆州军队确已宣告独立……………………………………………………………… 140
荆州独立后汉口商界之反应………………………………………………………… 141
荆州独立与通城失守警耗…………………………………………………………… 141
黎天才不支持荆州独立……………………………………………………………… 142
荆州独立之详情……………………………………………………………………… 142
荆州宣布自主之鄂督通电…………………………………………………………… 143
荆州独立之恶风云…………………………………………………………………… 144
荆州独立军已有开战消息…………………………………………………………… 145
石星川独立后之布置………………………………………………………………… 147
荆襄风云中之沙洋北军……………………………………………………………… 149
汉口商界呼吁取消荆州独立………………………………………………………… 150
荆岳间谣诼之一斑…………………………………………………………………… 150
荆州独立势将取消…………………………………………………………………… 151
荆事可望解决之一说………………………………………………………………… 153
荆州独立之作战计划………………………………………………………………… 155
1918 年 …………………………………………………………………………… **157**
旅沪沙市帮公请息战………………………………………………………………… 157
沙市招商局非我有矣………………………………………………………………… 157
沙市军发行军用票…………………………………………………………………… 158
沙市招商局改悬英旗………………………………………………………………… 158
沙市商会之恐慌……………………………………………………………………… 158
石星川答复沙市帮之措词…………………………………………………………… 159
监利开始大激战……………………………………………………………………… 160
石星川退出荆州……………………………………………………………………… 160
吴光新报告占领荆沙电……………………………………………………………… 161
石星川致败原因……………………………………………………………………… 162
荆沙战况……………………………………………………………………………… 162
南军得岳后之援荆州………………………………………………………………… 163
沙市日舰之行动……………………………………………………………………… 165

前敌消息昨闻克复监利详情…… 165
川沙市乡经董开董事会…… 165
湖北石首团总与党魁之激斗…… 166
湖北沙市最近之情形…… 166
湖北沙市政闻种种…… 167
沙市欢迎新总统就任…… 168
1919 年 …… 169
沙市创设济良所…… 169
沙市捣毁日商纪实…… 169
沙市兵变详纪…… 170
沙市商界大恐慌…… 171
1920 年 …… 172
沙市军民相安…… 172
沙市钱商与库券…… 173
江陵驻军之筹款…… 173
湖北松滋县境匪祸激烈…… 173
鄂省兵变消息何多…… 174
荆沙驻军之暗潮…… 175
1921 年 …… 176
沙市建设电话之进行…… 176
鄂属沙市兵变记…… 176
沙市兵变详情…… 177
荆沙防务…… 178
湘鄂议和记　吴佩孚由岳移驻沙市…… 178
四面楚歌之吴佩孚　川军进攻宜都吴氏折回荆州…… 180
沙市商会在全国商会联合会第九次会议之提案…… 180
反对沙海关例外苛罚文…… 181
大阪沙市轮之航路…… 182
1922 年 …… 183
沙市王汝勤通电…… 183

聚兴诚沙市支行结束之沪讯………………………………………… 183
湖北将恢复荆州镇守使………………………………………………… 184
襄阳沙市间筑路通车计划……………………………………………… 184
湖北将有长途汽车出现　定名为襄沙长途汽车……………………… 185
沙市商会在湖北省商联会上之提案…………………………………… 187
1923 年 ……………………………………………………………… 189
各处实行对日经济绝交（沙市）　………………………………… 189
荆沙外交会成立讯……………………………………………………… 189
沙市发生检货风潮　日兵击伤华人多名……………………………… 189
沙市各界之对日运动…………………………………………………… 190
沙市日军枪击学生案之抗议…………………………………………… 190
鄂人对日运动之交涉　沙市发生日军枪击学生案…………………… 191
沙市对日外交游行大会………………………………………………… 192
1924 年 ……………………………………………………………… 193
襄沙汽车路竣工感言…………………………………………………… 193
如火如荼之创办汽车路………………………………………………… 193
沙市抵制日货…………………………………………………………… 194
沙市行将设立海关……………………………………………………… 195
沙市商会阻止川军……………………………………………………… 195
1925 年 ……………………………………………………………… 196
襄沙之长途汽车………………………………………………………… 196
输运铜元票须凭财政部护照…………………………………………… 196
湘鄂西皖运商之呼吁盐税照旧………………………………………… 196
湖北荆州发现虎烈拉人祸中之天灾…………………………………… 197
1926 年 ……………………………………………………………… 198
黔军进攻荆沙…………………………………………………………… 198
贺龙军进攻沙市………………………………………………………… 198
行将多事之鄂西　贺彭军抵沙市对岸………………………………… 199
沙市电厂添购机器……………………………………………………… 200
鄂西战事再起…………………………………………………………… 201

沙市境况…………………………………………………………… 202
鄂西形势变化　党军占沙市……………………………………… 202
鄂西党军进逼沙市………………………………………………… 203
沙市昨来电止办疋头……………………………………………… 203
荆沙形势摇动……………………………………………………… 204
革军攻下沙市已证实……………………………………………… 206
宜昌、沙市疋头毫无法路………………………………………… 207
1927 年 ………………………………………………………… **208**
沙市附近党军扣外轮美船与日艇………………………………… 208
沙市日领馆准备撤退……………………………………………… 208
宜昌日领署将恢复　沙市亦同时恢复…………………………… 208
宜昌秩序大混乱　沙市商店亦闭门……………………………… 208
沙市近况…………………………………………………………… 209
沙市麦开四两三钱………………………………………………… 209
第八军开抵沙市…………………………………………………… 209
沙市近状…………………………………………………………… 210
1928 年 ………………………………………………………… **211**
十九军开赴荆沙…………………………………………………… 211
沙市商民惊惶……………………………………………………… 211
沙市射击日轮　日领抗议………………………………………… 211
鄂军进占沙市　杨森部接洽投诚………………………………… 212
杨森军退出沙市…………………………………………………… 212
鄂军占领沙市后情形……………………………………………… 213
魏益三占领当阳　鲁涤平赴沙市………………………………… 213
沙市下游匪击外船………………………………………………… 213
沙市修浚街道沟渠会电…………………………………………… 213
修浚沙市街道沟渠会成立大会…………………………………… 214
沙市捐款慰劳前敌将士…………………………………………… 214
沙市行政局长更委………………………………………………… 215
沙市筹设公安分局………………………………………………… 215

旅沙绍兴七邑同乡会成立…………………………………………………… 215
市学联再派沙市宣传员…………………………………………………… 216
鄂法院辖区从新划定 增设黄冈、沙市两院…………………………… 216
东疋沙市帮仍在采办……………………………………………………… 217
荆沙建设委员会动机……………………………………………………… 217
太古沙市轮被劫…………………………………………………………… 218
沙市轮船在汉口遇盗……………………………………………………… 218
沙市轮被劫情形 死伤员役与船客……………………………………… 219
沙市轮被劫案续讯………………………………………………………… 220
沙市轮被劫案已破获……………………………………………………… 220
外轮派驻兵………………………………………………………………… 221
沙市轮在谌家矶被劫……………………………………………………… 221
沙市轮被劫之损失调查…………………………………………………… 222
荆沙关监督人选提议……………………………………………………… 222
鄂江防局破获沙市轮劫案 先后获匪三十三名并起获赃物…………… 223
沙市轮劫案破获详情 江防局先后获匪二十三人……………………… 224
沙市轮劫案破获再志……………………………………………………… 226
沙市帮装去东疋一百余件………………………………………………… 227
沙市轮抢匪枪决十一名…………………………………………………… 228
沙市帮复办东货直贡呢…………………………………………………… 229
东疋走销仍旺 重庆及沙市动办………………………………………… 229
1929 年 …………………………………………………………………… **230**
武汉各界反日愈烈 已扩及宜昌、沙市………………………………… 230
湖北决暂行市区制 以沙市、宜昌、老河口等地为市区……………… 230
鄂之荆州、沙市、公安、沔阳…………………………………………… 230
陆海军在追踪前进中……………………………………………………… 231
军舰在沙市血战…………………………………………………………… 231
中央军向荆沙追击………………………………………………………… 232
中央军进击荆沙…………………………………………………………… 233

胡、陶现住沙市汽车站……………………………………………… 234
朱、夏两师追击胡、陶……………………………………………… 234
讨逆军追击胡、陶…………………………………………………… 235
飞机队轰炸沙市……………………………………………………… 235
胡、陶通电下野……………………………………………………… 235
胡、陶、夏乘轮东下　沙市秩序已恢复…………………………… 236
第四军进占沙市之经过……………………………………………… 236
沙市打包有限公司开幕布告………………………………………… 238
沙市华轮复通………………………………………………………… 238
张发奎叛变后与荆沙治安…………………………………………… 238
新一师部队在荆宜叛变经过
变兵已大部解决　现正办理善后 ………………………………… 239
沙市市票充斥之影响　商店倒闭钱庄挤兑………………………… 240
1930 年 ……………………………………………………………… **241**
声明脱离沙市同益祥之职责………………………………………… 241
沙市拟建纱厂………………………………………………………… 241
撤销新堤电报局……………………………………………………… 242
沙市纺织股份有限公司召集股东开创立大会公告………………… 242
沙市将设飞机场……………………………………………………… 242
徐源泉定新年就职　督办署设沙市………………………………… 243
1931 年 ……………………………………………………………… **244**
鄂西各界发起春季运动会…………………………………………… 244
航空邮件新辟路线　西至宜昌沙市北至满洲里站………………… 244
沙市筹设无线电台…………………………………………………… 245
荆沙清乡责任改由川军担任………………………………………… 245
长安轮在监利下游搁浅……………………………………………… 245
荆沙代表谒蒋………………………………………………………… 245
安庆号飞机在沙市江面失事………………………………………… 246
荆沙防务极巩固……………………………………………………… 246
湖北各县水灾概况（续） …………………………………………… 247

1932 年 …………………………………………………… **248**
利源通棉花号歇业启事……………………………………… 248
日侨离沙市…………………………………………………… 248
沙市日侨困境………………………………………………… 248
川军开抵荆沙………………………………………………… 249
何成濬今日赴沙市…………………………………………… 249
近十年沙市棉花出口统计…………………………………… 249
重庆勒征邮包税　沙市积存大批包裹……………………… 250
洪湖筹设水上公安局………………………………………… 250
京平汉视察团入洪湖………………………………………… 250
徐源泉昨由沙市到汉………………………………………… 251
1933 年 …………………………………………………… **252**
洪湖将设县治………………………………………………… 252
鄂洪湖设立克成县…………………………………………… 252
鸿贞轮搁浅肇祸　撞坏其泰船与海关趸船………………… 252
制止沙市驻军重征…………………………………………… 253
何成濬抵沙市………………………………………………… 253
沙宜首先添航………………………………………………… 253
徐源泉在沙市举行就职典礼………………………………… 254
沙市新绿豆开四元六………………………………………… 254
沙市新绿豆滞销……………………………………………… 254
沙市日领署将恢复…………………………………………… 255
沙市日领馆再开……………………………………………… 255
三北上江轮鸿利搁浅监利…………………………………… 255
1934 年 …………………………………………………… **257**
查获冒牌无敌牌蝶霜　荆沙民众抗日会报告……………… 257
沙市、宜昌商会电请财部免增盐税………………………… 257
川康考察团到达重庆经过…………………………………… 258
交部彻查荆江惨案…………………………………………… 259
商联会请核减盐税　财部批饬勉力奉行…………………… 260

沙市之新生活运动……………………………………………………………… 260
沙市轮失慎消息……………………………………………………………… 261
沙市轮昨抵沪　船主报告失慎经过………………………………………… 261
沙市国展延期闭幕…………………………………………………………… 261
会勘洪湖县治区域…………………………………………………………… 262
沙市水退两航轮搁浅………………………………………………………… 262
沙市米粮解禁　电催上海放船往装………………………………………… 263
1935 年 …………………………………………………………………… **264**
律师公会电请惩戒侮辱律师之法官………………………………………… 264
沙市商会电请放款救济市面………………………………………………… 264
汉渝线特班机不停落沙市…………………………………………………… 264
日第三舰队司令百武赴沙市………………………………………………… 265
鄂高法院在沙市等地增设四分院两地院…………………………………… 265
上游决堤　沙市被淹………………………………………………………… 265
江汉工程局长赴鄂西视察　公安超过民廿大水记录……………………… 266
荆江险象环生………………………………………………………………… 267
江陵大堤决口　沙市浸入水中……………………………………………… 267
徐源泉电京报告沙市洪水灾象惨重………………………………………… 268
张学良由沙市沿江视察水灾………………………………………………… 268
沙市传溃堤说不确…………………………………………………………… 269
沙市俨如孤岛………………………………………………………………… 269
淹没水中之沙市　总堤幸仍无恙…………………………………………… 270
沙市江水近城头　农村生命财产损失甚巨………………………………… 270
许世英抵汉即赴荆沙一带察勘……………………………………………… 271
沙市水漫一瞥………………………………………………………………… 272
鄂江沿岸灾情视察记（四）：石首全县汪洋一片　已成泽国
……………………………………………………………………………… 273
江灾区视察记（五）：石首三区被淹灾象惨重 …………………………… 275
鄂省灾区调查报告…………………………………………………………… 277
两善团办理鄂省冬振　宜昌、沙市冬振暨钟祥查放情形………………… 278

1936 年 …………………………………………………………………………… **280**
培修洪湖大堤定期开工…………………………………………………… 280
中国纺织世界社成立……………………………………………………… 280
荆沙一瞥…………………………………………………………………… 280
沙市下游柴码头附近日轮撞损华轮……………………………………… 282
海关警告　沙市发现暗沙………………………………………………… 282
1937 年 …………………………………………………………………………… **283**
鄂沿江廿余县民众反对湘省堵塞洞庭…………………………………… 283
湘堵洞庭纠纷扩大………………………………………………………… 284
湘省侵占洞庭湖案　政院召集会议解决………………………………… 285
沙市纱花棉纱大涨大落…………………………………………………… 286
江水暴涨　沙市民堤多溃决……………………………………………… 287
沙市水头下注　新堤江防吃紧…………………………………………… 288
1938 年 …………………………………………………………………………… **289**
武汉难民实行疏散　蒋何决拨款救济　荆沙等八县收容……………… 289
疏散武汉难民　荆沙收容………………………………………………… 290
日机空袭汉口、宜昌、沙市……………………………………………… 291
疏浚沙市水道需费四万…………………………………………………… 293
疏浚沙市水道经费筹妥…………………………………………………… 293
鄂办纺织…………………………………………………………………… 294
救济难民　沙市纱厂捐款五万…………………………………………… 294
汉口沙市间之公路　已被华军毁坏尽净………………………………… 294
日军以沙市为目标　分两路扑向应城…………………………………… 295
沙市襄阳一带连日被炸…………………………………………………… 295
汉口以西日军西窥京山沙市……………………………………………… 296
日军拟攻沙市……………………………………………………………… 296
新堤残余日军被围攻中…………………………………………………… 297
沙市安谧…………………………………………………………………… 297
1939 年 …………………………………………………………………………… **298**
宜昌、沙市举行献金……………………………………………………… 298

沙市元旦献金共达十万余元…………………………………… 298
沙市首次遭空袭……………………………………………………… 298
国防新前线：沙市动态(荆沙、青年团及献金运动） ………… 299
日本增军沙市………………………………………………………… 302
沙市战事激烈………………………………………………………… 302
荆沙青年战地服务团（上） ……………………………………… 303
荆沙青年战地服务团（下） ……………………………………… 304
法记者李蒙夫妇抵沙市……………………………………………… 306
日军犯荆沙失败……………………………………………………… 306
宜昌沙市间将建水栅………………………………………………… 309
日军渡河企犯沙市…………………………………………………… 310
梅家咀激战…………………………………………………………… 310
钟祥激战……………………………………………………………… 311
渝各界注视日军在沙市行动………………………………………… 311
日军准备进扰沙市、宜昌　密谋切断沙宜联络…………………… 311
李宗仁飞抵江陵指挥作战…………………………………………… 312
1940 年 ………………………………………………………………… **313**
沙市激战……………………………………………………………… 313
日军西窥沙市………………………………………………………… 313
荆门以南华军进攻江陵、沙市……………………………………… 314
日军进击荆沙华军…………………………………………………… 314
襄河西岸华军奏捷　克沙市冲入江陵……………………………… 315
中国空军袭击沙市日军阵地………………………………………… 316
鄂西沙市将设立（中江银行）分行 ……………………………… 316
中江沙市分行最迟九月开幕………………………………………… 316
中江沙市分行经理人选已定………………………………………… 316
沙市日军南犯被华军击退…………………………………………… 317
荆沙日军征敛频繁…………………………………………………… 317
沙市附近华军攻入日阵……………………………………………… 317
荆门沙市间日兵车中伏……………………………………………… 318

沙市以东华军攻入日阵……………………………………………………… 318
大批日军由沙市乘舰东下…………………………………………………… 318
鄂华军挺进队分路袭击沙市………………………………………………… 319
沙市突起大火　日军仓库被毁……………………………………………… 319
鄂西华军抵沙市近郊　切断襄沙汉宜两路………………………………… 319
沙市日军进犯　华军分途截击……………………………………………… 320
潜江沙市一带　华军连日出击……………………………………………… 320
鄂中华军挺进沙市…………………………………………………………… 321
日骑兵联队长川坂被击毙在鄂中沙市店…………………………………… 321
沙市日军迭遭华部队奇袭…………………………………………………… 321
华军向沙市地区搜索完成包围网…………………………………………… 322
沙市一役华军俘获甚多……………………………………………………… 322
日迫令外教士退出沙市……………………………………………………… 322
1941年　……………………………………………………………………… 323
沙市邮政恢复………………………………………………………………… 323
沙市日军大举南犯　遭华军痛击溃退……………………………………… 323
沙市附近华军再度克复岑河口……………………………………………… 323
鄂西沙市方面激战…………………………………………………………… 324
沙市日军增援再度南犯未逞………………………………………………… 324
沙市日警备司令率部南犯被华击退………………………………………… 325
沙市岑河口日军大举进犯资福寺…………………………………………… 325
襄西华军克资福寺后转向沙市进扑………………………………………… 326
沙市突起大火………………………………………………………………… 326
宜昌、沙市等地日统制粮食………………………………………………… 327
沙市拖茗壤日仓库失慎……………………………………………………… 327
沙市火警频传………………………………………………………………… 327
沙市日军增援猛烈反扑被击溃……………………………………………… 328
华机动部队向沙市猛攻……………………………………………………… 329
监利北日败退………………………………………………………………… 330
宜昌郝穴之役华军获重大战果　刻正进攻沙市日根据地………………… 330

鄂西华军续有开展　冲入沙市包围当阳…… 331
中区华军发动攻势　鄂西湘北互相策应…… 331
华炮兵猛轰沙市近郊日阵地…… 334
江陵沙洋日军南犯　华军分途迎击…… 334
1942 年 …… **335**
江陵各业改用新币　沙市地区今开始新旧币兑换…… 335
1943 年 …… **336**
（汉口）市钱业公会派员赴监利兑换旧币…… 336
吴颂皋奉派接收沙市租界…… 336
美空军少校被日击落…… 336
中储银行筹设沙市办事处…… 336
1944 年 …… **338**
中储沙市办事处十四日成立…… 338
1945 年 …… **339**
吴味经谈中纺建设公司…… 339
1946 年 …… **340**
沙市、宜昌等地筹设工商业专校…… 340
国立湖北师范学院在江陵建筑新校舍…… 340
1947 年 …… **341**
沙市看守所发生越狱案…… 341
国立湖北师范学院擅自迁离沙市…… 341
鄂师范学院教部不许迁回武昌　将在江陵筹建校舍…… 341
鄂师院学生无返沙市迹象…… 342
长江中流水涨　沙市面临险关…… 342
教部在江陵建立大学区…… 342
沙市建大学区　教部派员前往监修校会…… 343
生众轮在沙市沉没…… 343
沙市设江防部　杜道周任司令…… 343
1948 年 …… **344**
沙市至汉口航行已恢复…… 344

鄂师院提前放假…………………………………………………… 344
华源轮在沙市搁浅………………………………………………… 344
湘第三纺织厂成立　采用松滋枝江棉…………………………… 344
沙市、宜昌物价较汉口低十倍…………………………………… 345
鄂师院仍在沙市开学……………………………………………… 345
监利石首间　散匪图截劫航轮　民生轮等经护航上驶………… 345
华中前哨江防基地：沙市行……………………………………… 346
1949 年 …………………………………………………………… **349**
交行沙市分行经理忧愤自杀　因无法应付索兑公款…………… 349
监利收复…………………………………………………………… 349

1872年

沙沪商贸往来

镇泰广号向日系邵在邦经理，今正结账，账上尚存银二千两有零，其银存申，应兑沙市会票之需。四月票到申江，分毫未兑。邵在邦又于今月初三日已带家眷他往，所有在申一切往来账目概归邵在邦经理，与镇泰广无涉。

五月初九日

镇泰广主人告白

（《申报》1872年6月14日）

1873年

《申报》在沙开售

启者：本馆今托信局友人，在湖北之沙市、宜昌两处寄售《申报》，如该处士商欲看者，请至镒大信局挂号，以便即来分送也。此布。

（《申报》1873年10月25日）

1874 年

荆州水患

头品顶戴湖广总督臣李瀚章、湖北巡抚臣郭柏荫跪奏，为县城地处低洼，屡被水患，现拟迁建高阜地方，恭折具奏，仰祈圣鉴事。窃照湖北荆州府所属之公安县城建于明末，滨临大江，为鄂省最低之区。本境各堤均在下游，全赖江陵、松滋二县堤塍保障。自咸丰十年，江陵毛尖堤工溃口以后，每值夏秋汛涨，江水直射入境，城垣即被漫溢，城内庙宇、衙署、仓库暨监狱、考棚、民房大半倾颓。虽历年积费择要修葺，而水患频仍，旋修旋圮，难期经久。本年水势更大，以致该县全境被淹成灾，业经臣等恭折会奏在案。兹据署公安县知县周承弼禀转，据阖邑绅耆公呈请将县城移建东南乡唐家冈地方，该处为阖邑适中之区，地势较高，可免水患，绘图禀请委员勘估，拨借款项举办等情。当经批司饬委湖北即补知府吴守葆仪前往会勘禀办。兹据印委各员禀复会督绅耆工匠人等，亲诣所择之唐家冈地方，查勘该处形势，绵亘秀丽，抄护回环，广袤二十余里，南通澧州，北连江陵，东趋石首，西抵松滋，居一邑之中，数百年来从无水患，迁城于兹，洵称稳妥。询诸绅耆、士庶俱各乐从，情愿捐资勷助。工程当将应建城垣基址，暨文庙并祀典，所载各庙宇以及衙署、仓库、监狱、考棚各地逐一按方踩定插标签，讵查旧城周围五里零三分，本属因堤为城，今拟酌减二里零二分，周围量宽五百五十八丈，计三里零分，城垣仍用土筑，城外留地一丈五尺以作城壕，修桥建闸，以便水从西流曲折而东下，达沱河以至洞庭。再该县黄山驿，原设对河旧城之西南角，距城五里，今移新城东北角亦离城五里，仍属旧站驿路，毋庸移。所有前项工程撙节，估计共需钱三万七千九百五十串有奇，但地方素无殷商户，时实难筹此巨款，而工程紧要，若待民间捐集，实属缓不济急，应请筹借钱二万串，以便克日兴工。所借之款查照派工旧章，按粮集费归还。除明后两年所集之费，仍须归工动用外，请以同治十五年为始分作五年由绅首陆续缴解还款，一面遴选公正可靠绅士董理其事，择吉兴工等情，由湖北布政使林之望核明详请，具奏前来。臣等查公安县旧县城滨临大江，地势极低，一遇泛涨，即被淹浸。本年夏秋之交水势过大，以致城内衙署、庙宇、民房宛在中央，竟成泽国，旋虽涸，复而城垣房屋多已倾圮。兹既据该县会同委员督率绅耆勘明，县属东南乡之唐家冈，地居高阜堪以建城，目应将县城移建该处，庶可一劳永逸，相应请旨准将湖北公安县城移建县属唐家冈地方，以愿舆情而免水患。至该县所稟工大费巨，骤无捐集，亦系实在情形。现经臣等批饬，在于沙市厘金项下借拨钱二万串发交该县，绅首赶将应修各工次第认真兴办，其余不敷钱文，仍由该县就地设法筹捐济用。所借厘钱，并准以同治十五年为始，分作五年，查照派工章，按粮收解还款。此项工程现虽借拨厘金，日后仍应归还，即与民捐、民办无异，将来工竣请免造册报销，以归简易。除咨户工二部查照外，所有县城地处低洼，屡被水患，现移建阜地方缘由，谨合词恭折具奏，伏乞皇上圣鉴训示，谨奏。奉朱批：该部议奏。钦此。

（《申报》1874 年 4 月 17 日）

1875 年

荆州万城大堤堤防[1]

湖北巡抚臣翁同爵跪奏，为委代防万城大堤，恭折具陈，仰祈圣鉴事。窃照湖北荆州万城大堤绵亘百数十里，滨临大江，为阖郡及下游各属民田庐舍保障。每届夏秋泛，例应督抚轮年赴堤督防，如省城有应办要事未克，分身前□奏□，该管道府就近驻工代防，历经办理任案。本年轮应臣前往督防，惟现值西陲军事未靖，各路防兵尚未全撤，所有筹饷一切事宜均应在道督同司道随时商办，兼之腹地游勇会匪时须分饬拿，臣势难亲身前往。荆宜施道孙家毂、荆州知府倪文蔚俱极谙练堤工修防事务，均能悉心讲求，现经檄委该道府督同厅营文武员弁亲驻堤所，尽夜梭巡预备守水器具，遇有险要工段随时抢护，务保无虞。所有委员代防万城大堤缘由，理合会同湖广督臣李瀚章恭折具奏，乞皇太后皇上圣鉴，谨奏。军机大臣奉旨：知道了。钦此。

（《申报》1875 年 7 月 31 日）

① 题目原为《光绪元年六月十四日京报全录》。

1876年

荆州驻防过苏

本月十八日，荆州驻防旗民过苏，共计男女大小约有五千余人，船约千余号，自阊门以至胥门河中，几为停满。闻系移驻于浙省也，在苏小住三日，故妇女同亦登岸散步于南濠等处，但吴人夙未习见今靓长袍方履而又俱穿绛丝半臂，但觉五色陆离光艳夺目，均啧啧称道。(后略)

(《申报》1876年4月18日)

湖北监利县民滋事

鄂省荆州所属之监利县，地势低洼，各田亩半濒于湖，全赖四围之堤，以堵水势，而临于襄河一面尤为吃重。自前年监利、潜江、沔阳两县一州，因襄河汛涨倒灌而入，以致三属之田亩、庐舍屡被淹没，居民共集筑堤岸，遂至酿成京控之重案。地方官至不得已用一时权宜之计，听民堵塞亦即相安无事耳。乃堵塞堤口，既有利于南岸之田庐，必不利于北岸之畎亩，嗣以属于北岸之天门等县绅民公请仍开旧口，以分水势，而免狮子口决堤之患。适去年夏汛时，监利县民所堵之运河口被水冲开，至今年五月间汛水又临监利，各堰居民议共损资筑堵运河旧口，而北岸田户又请地方官不准堵塞运河之故道，即经荆州太守于月之初间，率领差役、练勇亲诣监利县境，查勘堤形，巡阅至运河口，已有居民数万人，环恳照前准塞此口，不但田亩可望收成，抑于国课均有利益。无如太守以运河之口一经堵塞，则南岸虽免水灾，北岸恐成泽国，殊非持平之策，乃谕监邑百姓曰：运河口向系荆州运粮之道，如欲堵塞，万一粮艘率由旧章，其将能飞挽乎，因令不准堵塞。然堰民以为运河口如不能塞，是殆欲驱监利一邑之人民尽于江鱼之腹矣，一时怨愤之声哄闻数里，其中无知愚氓，皆以太守阅堤袒护北岸，未免过甚，遂效野老献块之举，群拾田土，击碎太守乘舆之玻璃窗，太守大怒，喝将随行勘提之绅民，拿住八人，将以解府从重纪办，以示炯戒。由是民情益汹涌鼓噪。而前曰堵塞运河口，原为国赋起见，既翻前案不准复筑，而又拿及无辜，岂行沔阳之故，智耶？奋臂一呼，万人齐应，初只图夺回所拏之绅民，因练勇紧护，尚有四人被差锁住，遂向太守求放，太守执意不肯，以致各堰百姓围住太守之轿，监利令傅寿芝明府恐百姓冲犯府尊，乃以身遮拦舆前，适差勇持械来护，堰民疑其用武，遂用泥草刀，以与格阙，不料误伤傅明府刀痕七处，所幸未至殒命。监利百姓因前年筑口之案，积怨于中，乃以白布大幅书“官逼民变”四大字于正中遍竖田间，势将与官作难。太守因监利民变，邑令又受多伤，星夜赶回荆州，哭禀于道台之前，孙观察一闻此言，恐致生事，谕令速发营兵前往弹压，太守禀曰：如动营兵，易于激变结，姑待之无张皇也。俟将受伤之傅令暨拿来，该邑之绅民四人先行解省，详请抚宪核办。现闻监利百姓尚欲缮甲厉兵，以咏“修我戈矛，与子同仇”之句矣。查襄河南北两岸之堰田较之河身形甚低下，故北岸之堤决口，则南岸得以安然；南岸之堤决口，则北岸可保无恙；是南岸之居民因筑堤口而兴大狱者屡见于案牍，全恃地方官度其形势，酌其缓急，而办理焉。若一味执经而不达权，其不至于决裂者鲜矣，迨至出事后始行补救，则民之所伤实多，乌在其为民父母耶，此案将来如何查办，俟续有所闻再录。

（《申报》1876 年 7 月 25 日）

1877年

沙市、九江被辟为寄泊港①

按照《烟台条约》，除芜湖、宜昌等新开口岸外，如安徽之大通、安庆，江西之湖口，湖广之武穴、陆溪口、沙市等处亦准输船暂停上下客商货物。现在九江之茶商以为湖口如可运货，则九江市面自必日渐冷落。已禀请九江关道察核，但此系条约载明，恐未能改议也。且货从鄱阳湖来者不少，出湖口而至九江计程虽亦无多，而苟遇风水不顺，未有不停阻数日者。今若在湖口起落货物，与大局实有裨益，惟九江市面渐清则亦情理之言也。

（《申报》1877年4月28日）

① 原为《九江近闻》。

1878 年

议濬汴河

湖北荆州府属之沙市镇为商贾云集之区，其间有汴河一道，每届秋冬淤浅难行，各货止可由艄艋小舟转运。兹闻鄂省大宪议将疏濬，惟经费不资，拟即以沙市镇之货，设局抽厘，由官兴办，果能涓滴归公，是诚商民之福也。

（《申报》1878 年 12 月 7 日）

1879年

沙市禁种莺粟

近日闻湖北省监利县沙市新沟口一带，官为出示禁种莺粟，且派员各处查勘，倘见有将膏腴田地种此者，立饬该佃户即时刈割罄尽。乡民虽各遵示未免咨怨，而官亦旋示体恤之条，拨款以补农民，如遵示刈割者，每颗给钱十六文，还尔农本，当场点数照给。且沙市镇等处烟馆一律示禁，传谕土店毋得再进新货，听凭存货消尽，为率关卡查截来源，刻已雷厉风行，违者查究责惩，不少宽贷云。

（《申报》1879年5月25日）

论沙市禁种莺粟①

莺粟种自西域，近则各省皆树植之，几与桑、麻、粟同为民生日用所必需，由是弃良稼而植恶草，流毒俞觉靡穷，储粮因以歉乏，山陕奇饥论者遂归咎于此。故封疆大臣锐意禁种，各府州县有奉行不力，立予参革不少宽贷，盖以为拔水塞源，无过此法。现在湖北省闻监利县属沙市新沟一带地方官，亦为出示禁种，且派员各处查勘，倘见有将膏腴田地种此者，立饬佃户即时刈割，靡有留还。乡民虽各遵示未免怨咨，官亦旋示体恤之条，拨有款项，聊资补垫，如有愿遵刈割者，每颗给钱十六文，当场点明，照数给与。而沙市镇等处烟馆亦一律示禁，传谕贩烟土之店毋得再购新货，听凭售尽存土为率，并于关卡严查止截，以清来源。现在雷厉风行，违者尽法惩办，似此力除民害，可谓意美法良、令严禁密矣。夫烟之当禁，孰不谓为非宜，而擒贼先擒王，射人先射马，

① 原为《论禁种莺粟》。

则尤在禁种莺粟，亦夫人莫不知之。乃西教士李君致书于慕君，则谓山西督办账务之阎侍郎暨巡抚曾爵宪出示，凡有民间私种莺粟者，立将其地入官，民闻而畏之，不敢再种，故莺粟之花已不见于野矣。然有多官意以办理太严，似非良法，缘晋省际，此奇荒民穷财尽，听其种烟尚可稍获厚利，较诸高粱不啻倍蓰，似宜俟民气稍苏，再行严禁，乃策之上也。绎李教士之言，似有不足之意，然为政之道，富务其远者大者，若苟一时之急不复计及后来之祸，则虽稍便于民，窃恐习俗相沿，终积重难返矣。是二公之严行禁止，原未可厚非也。惟综观天下之大势，默计斯民之好，尚觉徒禁于一省，而他省仍种植如故，徒禁于中国，而外国仍贩运如故，则亦似无补于事焉耳，且不惟无补也，徒尚虚名，不求实效，终必变本加厉，而害将尽归于己，利反尽归于人。何则自中外通商弛禁，而民始弃五谷以植莺粟，冀收鸦片之利，自英人倡会议禁，而官始因饥馑归咎莺粟，思除鸦片之害，而究之议禁者，并不禁其来弛禁者，今始禁其种，当其初种之时，竟若熟视无睹，及其运来之日，又复视为税饷巨宗，是仍治其末，而非拔其本也，是犹截其流，遂谓塞其源也。无论中原土地种植莺粟者几于无省蔑有，或禁或不禁，既非整齐严肃之规，旋禁旋弛，禁徒成故事奉行之举。即举天下之大，兆亿之众，莫不畏法，远罪革面洗心，不复贪利，于目前致遗祸，于后日举所有莺粟，悉秉炎火不遗根株，然嗜烟者自若也，贩烟者如故也，彼西人之藉以牟利者不且多方种植十倍于前哉？夫鸦片之利向，惟印度所独擅，数十年来所以富其国者在此，所以强其兵者亦在此，似乎天特厚之，莫能与争矣。然如近日所闻，小吕宋等属上亦有西人垦荒种植，见诸西报，莫不共闻，惟未悉土地能否相宜成效，能否克收耳。以西人计深虑远，惟利是视，凡所图谋，迥出中国之人意料之外，倘莺粟收成较他物可得倍利，其有不经营谋度，以膏腴之土扩种植之计者乎？窃谓印度之鸦片犹中国之茶丝也，向则各擅利薮，今则各争利权，已有不能独据之势，故意大利亚之丝、印度之茶，日益繁盛，可谓月异而岁不同矣。而浙江之台土、云南之南土、四川之川土、陕西之西土，皆已著名贩运各处，固不独山西也。讵庸知西人非惧利，将仍归中土，故思一计，庶藉以为转机乎？夫运会所趋，即大造亦不能自主。近日官府禁烟多欲令出惟行，然所禁者惟属贫民，至于居则藏膏，出则携具，上自官场，下至市井，竟依然吸食，固无从而约束之也，则欲挽狂澜于既倒，似宜统筹全局兼权究竟，而得其设施之善法也。（选录《香港循环日报》）

（《申报》1879年6月15日）

1880 年

荆州万城大堤宜速应修理[①]

湖北巡抚臣潘跪奏，为荆江三泛安澜，万城大堤防护稳固，恭折具陈，仰祈圣鉴事。窃照荆州府万城大堤滨临荆江，为全郡及下游民田庐舍保障最关紧要。本年应臣赴堤督防，臣前因钦奉谕旨，将军务未竣之时所设各局督同司道竭力裁减归并，以节糜贤，甫有眉目，势难分身前往。当经奏明，饬委荆宜施道孙家谷、本任荆州府知府倪文蔚督同厅营文武中弁驻堤防护。嗣孙家谷升任浙江臬司卸事，接署道方大湜到任，又经檄饬，接办督防在案。兹据现任荆施道董偶翰、署荆州府知府蒋铭动禀称，本年川江及沮、漳诸水夏伏秋三汛迭次，盛涨势若奔胜，加之南风时作，波涛冲击。官民各工节节险要。经前任道府暨该道府随时督同在工各员弁无分雨夜实力防护，幸得化险为平。现届霜清水渐退落全堤，恭臻稳固，共庆安澜等情前来。除仍饬实力巡防并俟水落归槽，再将官民各工详细履勘，择其应行修补之处乘时派工兴修以御来年泛涨外，理合将本年防护万城大堤稳固缘由会同湖广督臣李瀚章恭折具奏，乞皇太后皇上圣鉴。谨奏。军机大臣奉旨：知道了。钦此。

（《申报》1880 年 2 月 15 日）

重江防严惩湖广庸劣职员[②]

头品顶戴湖广总督臣李瀚章、前兵部右侍即臣彭玉麟、长江水师提督臣李成谋跪奏，为长江水师湖广所辖各营庸劣不职员弁请旨分别降补，仰祈圣鉴事。长江水师立营已久，臣等深恐各营员弁日久玩生以致

① 原为《光绪五年十二月初七日京报全录》。
② 原为《光绪六年六月念九日京报全录》。

误江防，迭经查出庸劣不职各员，随时会奏，请参在案。兹臣玉麟巡阅上江抵鄂时，与臣瀚章会晤共商整顿加纠察查，有署荆州营左哨三队把总□先游击黄正芳，性情狡诈，行为不端，操兵又复不办；岳州镇标沅江营后哨守备谭飞雄，居心诡诈，举动乖方；岳州镇标中营右哨四队把总邓柏成操兵不力；荆州营后哨五队外委杨大闰枪桨不齐；以上各员弁实属庸劣不职，若不分别参惩，何以重江防而儆效尤。正查参间，据该管各将领揭报前来相应请旨，将署荆州营左哨队把总□先游击黄正芳撤任，以守备降补，沅江营后哨守备谭飞雄撤任，以千总补，均留营效力，以观后效。岳州中营右哨四队把总邓柏成、荆州营后哨五队外委杨大闰一并摘去翎顶，以示薄惩。除所遗沅江营后哨守备员缺，由臣成谋拣选熟谙江防可靠人员，咨臣瀚章会奏请补外，□会同湖北巡抚臣彭祖贤、湖南巡抚臣李明墀，恭折具奏，伏乞皇太后皇上圣鉴训示。谨奏。军机大臣奉旨：著□所请兵部知道。钦此。

（《申报》1880年8月15日）

1881 年

取保交东

礼拜四，法公堂有原告瞿梅轩、周良夫偕南顺泰洋人投案，称与汉口庄俞子萍往来欠有糖货银三千两光景，该号闭歇，俞即避匿不为料理。今途遇扭送捕房解案请。追俞子萍供称东家在湖北荆州为总办，开有申汉两庄。汉庄系我经手，沪地乃瞿子麟经营，所欠银两与我无干，瞿梅轩执定同一东家，总应料理。朱明府着瞿梅轩补词，候礼拜六覆讯，因此昨日复集质讯瞿梅轩呈递禀词兼粘细账所有往来，开载明白。朱明府阅毕，询俞小萍有无欠银据，称欠银属实，但汉申究属两家，此款乃瞿子麟经手，瞿子麟与瞿梅轩同族，谅知踪迹。况且去年曾有银一千两汇还该号，有收清，票交下，瞿梅轩即称去年之银的系汇来，此款乃其小东家捐官银两，何得牵涉，既云有收清票可取出观看。朱明府谓同一东家，汝难置身事外，着将瞿子麟交到再核，俞子萍又称瞿子麟不能交案，东家处可以写信前去嘱其汇银来申料理也。朱明府着将俞子萍交的保出外，即速写信促东人来沪再为核办。

（《申报》1881 年 1 月 9 日）

荆州满洲营经费动支[①]

湖北巡抚臣彭祖贤跪奏，为循例具奏事。窃照湖北荆州满洲营，每年操演官兵需用火药、铅弹向由荆州城守营请领，工料脚价银两制造供用照例奏明，动支耗羡银两办理。自咸丰二年军兴以来，库藏支绌，暂由旗营劝捐制用。嗣因旗营捐输停止，无项供支而岁需药铅又为营操要需，经前抚臣严树□奏准，以同治三年为始，仍循定例在于司库耗羡款

---

① 原为《光绪七年四月二十二日京报全录》。

内动支给发荆州城守营制备供用在案。兹据湖北布政使王大经详称，准荆州城守营咨领荆州满洲营，光绪七年常操实需火药一万一百五十四斤三两二钱，照例应需硝八千一百二十三斤五两七钱六分，需例价银三百八十九两三钱九分三厘，应需磺一千一十五斤六两七钱二分，需例价银四十七两三钱八厘，应用柳炭器具工料价值银七十一两五钱八分七厘；又铅应用黑铅三千五百三十三斤四两，需例价银一百三十三两九钱一分五厘，应用工料钱银一十二两四钱二厘；又例定水脚银六两三钱八分七厘共需银六百六十两九钱九分二厘，已由可循例在于司库耗羡款内动支，前项银两并就平扣收硝磺二项价银移知善后局分别如数支给，余银仍照旧章给领制造供支统，俟造办事竣由营分款造册报销等情。详请具奏前来，臣复核无异，除咨明户兵工部暨荆州将军查照外，理合会同湖广总督臣李瀚章恭折具陈，伏乞皇太后皇上圣鉴，谨奏军机大臣奉。知道了，钦此。

（《申报》1881年5月31日）

1882 年

沙市文武帮之冲突①

鄂省荆郡所属之沙市镇，地方袤广一二十里，商贾辐辏，帆樯云集，系入蜀要道，离省六七百里，与荆州府咫尺之隔。该镇素有文帮武帮之称，汉阳人为文帮，武昌人为武帮，武众而汉寡。前月初旬，有武帮人在街市巷口小遗，恰遇汉帮人舁盐经过，撞于武人身上，武人肆口诋骂，致相斗殴。当时众寡不敌，武人受亏，即至豆腐店，约众复仇，汉人亦预备抵御，待两下对敌，武人用智捷足登屋，掷瓦如飞蝗，汉人抵挡不住，退后数武。汉帮中有一孝感拳师某甲见武帮拳师某乙在屋上掷瓦，即提鞭遮额飞身上屋，乙见甲到面前，将刀迎面砍去，被甲躲过，还以一鞭，适中，乙立踣于瓦，遂夺其刀而杀之。于是奋勇追击，其余汉人回身复打，转负为胜，武人落荒远窜而去。次日有一汉帮缝工拟出为讲和，讵被武人杀却，剥衣悬诸晴川书院以示辱，并将尸碎斩抛入江中，汉人忿极，寻获武人四名亦杀之。是时直置王法于度外，将性命为儿戏矣。荆州将军与荆郡太守得信带兵弹压未至时，武人又纠众抢汉帮细鞋号四家，拆毁民房一所，传言共值银一二十万。继又一决雌雄，则汉人伤毙数名，而武人约死三十余名，罢市约及半月。现在官兵驻扎该镇适中之处，由汉阳庆太守为之调度，移汉帮人于堤上，阻武帮人于便河，使两不相见，听官核示安抚，有不服者立行拿办。

（《申报》1882 年 6 月 16 日）

沙市房产纠纷②

沙市为楚北繁盛之区，商贾云集，皆赁屋而居，故薄有积蓄者，无

① 原为《沙镇近事》。

② 原为《沙市近闻》。

不置宅逐什一之同。茂才胡君鲁生善画工篆，隶市之闻人也，有屋一所，坐落洪家巷堤街，租与向姓设铺。去腊向姓辞去，乃闭其室而外扃焉，忽一夜有闯门入者，携妻子卧室内，胡往诘问，伊自云姓陈，太平人，向姓欠伊银百两，语多舛狡。胡争之不得，遂诉诸巡检拘陈，讯问陈意稍稍夺将敛迹矣。忽有徽帮人孙某从中挑唆，嘱托徽帮李某簧鼓于巡检朱公及江陵县尹叶公，前叶朱皆皖产也。初时堂讯叶公即断胡姓出搬迁费四十金，胡以陈非佃客不服，陈益肆竟占胡宅招租获息，其子死亦厝室中，胡禀请覆讯，又断向姓出钱若干，向一贫如洗，奔走戚旧间，百计哀求，始得如数以缴。今缴钱三浃旬矣，县署尚无押迁，陈亦无徙宅，意且摇膝，向人曰此间乐四十金不易也。

（《申报》1882 年 12 月 10 日）

沙市花鼓戏①

花鼓戏淫词冶态最坏风俗，湖北荆州一带，从前惟正月间演于僻乡，后渐及于城内。地方官非不禁也，无如差役贿纵，遂至肆行无忌。城西茂才来君住宅，后有院甚宽，院后屋一重，租与张姓居住有年矣，张弟兄少年浮薄，居然在院搭台，演唱花鼓，来闻之盛气，而欲鸣保送官，张弟兄亦挺身而出，正相持间，旁有来者曰：子不见观戏诸人乎，某某系有势力者之内眷，必欲经官反多窒碍，来闻言知势不敌，嗒然□返只好紧闭院门，任其锣鼓喧阗，佯为不闻而已。

（《申报》1882 年 12 月 10 日）

沙市花市近来减色

沙市市面以花布为大宗，每年八九两月，除川省兑钱不计外，附近

---

① 由《沙市近事》分出《沙市花鼓戏》、《沙市花市近来减色》。

之江口董市来钱贩花者约七八十万不等。今岁淫雨连绵，新花收成不及十分之五，而江董来钱仅五六万，盖因川省底花积压太多，销场甚滞，闻重庆一期内只卖花五十四件，故沙市市面殊形减色也。

（《申报》1882 年 12 月 10 日）

增设粥厂

沙市向于冬月初一日开设粥厂，由各绅董筹资办理。今因天寒较早，九月下旬冻馁，死者已百有余人。沿街之寒，具摊、红菽摊饥民成群，攫食几至无法可禁。嗣经绅董议于十月初一开厂，而就食者不下数千人，因复在九根桅地方另设分厂，免致拥挤。今分厂已开锅发粥矣，但闻宜昌亦有居民攫食之患，夫人之欲善，谁不如我，何不亦照沙市添设棚厂也。

（《申报》1882 年 12 月 15 日）

申禁售票示

沙市禁革吕宋彩票已登前报，兹将董观察续出告示录左：钦加二品衔湖北分巡荆宜施兵备道管理、驿传水利事务监督、荆州钞关宜昌税关兼办通商事宜，董为剀切出示严禁事。照得吕宋票一项，情近赌博奸商牟利辗转贩卖，辄以发财二字歆动人心，堕其术者，往往倾家荡产。其尤甚者，小本经纪之人本足以资糊口，乃以希冀意外之财，卒至资本罄绝，穷蹙无计，悔恨交集遂萌短见。奸商但求利已不顾害人，动以某处得彩若干相为蛊惑，不知其得彩者百无一二，其因此致丧身家性命者不知凡几，实大为地方之害。本道昨经沙市见各铺门首黏有寄售吕宋发财票字条者多家。当经传谕沙市巡检立为查禁。诚恐各铺户阳奉阴违，仍暗中施其售卖之计，且售卖此种票张恐尚不止沙市一处，除行荆州宜昌两府转饬所属严切查禁外，为此出示严谕，尔等商民务各安守本业，自示之后如敢仍以此种票张托名寄卖，希图获利致为害地方者，一经查出，或被告发，立即拘案，将买者卖者讯明，均照赌博例从重惩办，决不稍宽。要知此种票张虽来自外洋，并不在洋货之列，即照各国条约税则亦无准其售卖之条，况尔等公然出贴售卖，尤属大干法纪，尔商民慎勿以身试法，自贻后悔，各宜懔遵勿违，特示。

（《申报》1882 年 12 月 27 日）

1883 年

荆州邮信

向来荆州质库每交冬令，均得让利，各质户，往往及时赎取，乃今冬减息后，赎物仍不及质物之多，匪独此也。上年假贷之票皆至期不能归款，仍须设法挪借应酬，质户观其拮据之状，亦可以知市面矣。

（《申报》1883 年 1 月 30 日）

沙市厘金易钱为银[1]

沙市抽收厘金大约月得钱二万串，皆青铜官板，远出漕粮典钱之上。月以二十日解鄂或虑长江重湖之险，转运不易，则易钱为银，每千加价二分，与局往来之钱店有泰和祥、蔚和公、泰丰升、聚亨祥、馥馨诚五家，凡商贾完纳厘钱，皆由五家兑局，约每千实帮钱五十文按之，厘局买银加价，尚可获利一分，以故各钱店虽有剔红数数之劳，少一罚十之害，亦所弗恤。厘局自龚太守殁后，接办者为王太守，以交代某局务，尚未受事。去腊十四日，副办高君面谕各钱店须加价三分，买银起解，众以无利不愿，仍愿解钱。高君急索钱，而钱之成色殊不似旧，实则离解期尚有数日限，故各钱店均未筹备也。高君持钱诉于县。县主知其故，难为左右袒，而馥馨诚先以外帮店东□获入四家连环保结，内颇不慊于同，事欲见好于局员，因面□于高君，愿加二分八厘换银，高见事机既顺，即不为已甚，随谕各钱店照加二分八厘起。

（《申报》1883 年 2 月 15 日）

---

① 由《沙市杂闻》分出。

御灾刍言

湖北之沙市人浮于土，向赖川米接济。咸丰以后，全资南米。去岁南省年谷不甚丰登，故济沙之米甚少，而蜀墙之不问米厂者已二十余年矣。近有客自川省来，言及成都地方迭次求晴，而夔州所属之大昌镇又荒旱异常，自冬徂春甘霖未沛，贫民至以树皮充饥，且闻长阳、宜都、松滋等处，其不愿入吃大户之党，亦有啖食草木者，地方官屡经出示限定米价，严禁闭粜，然皆一时之计。按近来自荆江而上，楚蜀滇黔各州县，膏腴之壤大半种植鸦片，鸦片既多则价愈廉销愈广，而吸食者愈众而瘾亦愈大，故遇多稼之年犹可支持，而偶逢荒歉，则必至仓无储谷，囊无蓄钱，无储谷必称贷，而后食无蓄钱，即称贷，且不得食，而一二纳稼之农，深恐雨阳不时，秋成难望，储谷数十石，自备自用，亦是人情之常于此，而曰地方非无谷，是某某闭粜所致，一切种烟吸烟之辈，精力衰疲，虽遭困饿，不能谋生，乘此传言，相率而盘踞有方谷者之室，炊其釜，而衅其甑，必使无蓄粒谷，而后已地方官又从，而张贴告示不责人，以种谷而责人之闭谷不抬价，以招远来之谷而抑价，以亏本地之谷。恐将来种谷、蓄谷之户以为有害无利，概行偷种鸦片，若曰鸦片成土收浆，而后积久弥佳，不至谷之屡遇丰年红朽堪虞也，且收藏赍运轻便百倍，不若谷之易于见眼，致遭掠食也。于是荆江而上，尽成一印度世界，一遇凶年，并无谷之，可闭此亦意计中事，牧民者不可以不知此。系沙市友人所述，其言谆谆然，于国计民生，不无小补，亟录之，以备当轴者采焉。

（《申报》1883年4月27日）

开办保甲

六月初七日沙市开办保甲，自金龙寺至大街迤，北抵三清观南抵康济桥为元字分段，委员瞿君景汉主之。大湾以下至管牌路南□拖船埠，北抵便河桥为亨字分段，委员陈君新吉主之。利局则三府街至文星楼滨江堤街，亦归所辖谢心田委董其事。贞局由九十铺□茶庵北抵便河桥，东北尽于章台渊归委员程秋吟巡查。每局辅以一绅，另有总办，□董四人不领薪水，各局费用现在筹有千余串之谱。惟□时定议革烟馆以清保甲云云。今绅董均有畏难之见，未免辜负宪意耳，城隍庙为保甲总局，每日各局董必赴庙议事又须带役上街，执笔持簿挨户查明人数以便给发，约每局每日可各查账数十户，二月之久定可告竣也。

（《申报》1883 年 7 月 27 日）

1884年

巨号叠闭

沙市源兴顺源兴永，府雅帮多年字号也，其总伙驻雅州，而东人籍隶西安，仍古时京兆称时之义，故呼之为府雅帮。前月兴顺倒闭，亏欠成都帮四万余金，而沙庄至八万余，钱业同泰贞光裕德各被倒去一万余金，其数大于该店之本，尤为创深痛巨。迄今月余，欠账毫无抵垫，闻其东人为余姓，与兴永之东人为胞兄弟，同治八年分家尚属富有，而号伙徐某坚称东人家资中落，田产亦无存者。各债户将徐交官，并求移交提余追比。恒太尊拘徐，亲讯，徐自供，其弟为举人，太尊怒，责手心二百，押禁。不料一波未平一波忽起，兴永复于初一日倒账重庆、沙市各二万余金，将来有无账折尚不可知，然时隔一月而先后倒闭，尚不谋而合也。

（《申报》1884年8月10日）

试办盐厘

试办分销淮盐委员洪大令到沙市月余，寓丝线街，随带办事人均由督销局派来，如何办法尚无动静。上月廿四日有楚省督抚告示四处张贴，抄录如下。

照得川淮盐引分界行销案内奏定，湖北荆襄郧施宜五府，荆门一州及湖南之澧州应销川盐，地方原准淮盐设局分销。现经两江督盐部堂饬，据督销局议复，拟于樊城、沙市两镇各设分店试办分销，并于岳家口、螺山、沙洋、郝穴四处各设子店试办分销淮盐，将所收盐厘按照川盐章程帮贴鄂饷奏，奉谕旨，恭录，咨请通饬遵办等因。本署督部堂查两淮试办分销原为规复引岸地步，又于鄂饷兼筹并顾，自应照办。除通饬遵照外，合行出示晓谕，为此，示仰商民人等一体知悉，毋违。特示。

（《申报》1884 年 9 月 7 日）

议整圜法

圜法之坏各处皆然，官宪非不出示严禁，而私贩私用终不能绝，岂未得所以禁之之道欤。兹得荆郡友人递来论说，颇觉头头是道，录之以备探择。□谕近年沙市市面凋敝，由于搀和毛钱以至商旅裹足，亟宜力加整顿，发给各店木牌一面钉钱九文，以净红为下式，不如式者严惩。窃谓圜法之害，坏于无官铸而多私铸，而禁用私难，禁贩私尤难。夫私铸皆销官板为之，私多则官少定理也。使官铸如泉流之不绝，尚足以敷周转。则奸民或用私以图利，而良民未必肯收私以济急也。今制钱不敷挹注，而年节收账皆有到手为财之意。良民□奸民之拖欠，与其无钱，毋宁毛钱也，此收私之实在情形也。既收以后谁肯置之高阁，且用不急则不收，旋收之入，亦旋用之出。即用不出，势必行使于用私之地。易货以□，而折耗在所不计，故始而奸民用私，继而良民亦用私，始而奸民贩私，继而良民亦贩私。虽巡查差役靡不择肥而噬，而良民之用私贩私者，或婉告以情，赠贿求脱，亦在情理之中。然奸民之用私贩私者亦援例以得绎矣。无论官不知之，即知之而能辨其为良民乎，为奸民乎？或曰：私贩禁其来耳，不禁其去也。洵如是，是城镇有禁而乡场无禁，本属有禁而外地无禁。码头生意脱销于本市者几何，出门收账之际不能以搀和毛钱，控之于未出禁令之官。回顾本店亦复归结在即，收钱□千有三百文之大钱，尚可抵三百文救急之用，归来下串其余，再图设法。不言贩而私自来此，独非人情乎。凡人情以内之事，而曰法在必行，吾不信也。然则私不禁欤曰：□乌可以不禁，亦惟不禁者禁之而已。□今试为之别其等。曰：净红铜钱十当七八，二板红钱十当六七，三板红钱十当三四，鹅眼砂板十当一二，夫至十当一二？而私铸者何□利而以身试法也。每千钱色务须一律，不准配搭二板红钱，有搭三板者见一没其十，见百没其千。余色亦如之。净红以下不准换银，所以重制钱不使外耗而又防钱业狡侩胜贱居奇，以下上其当，八当六之成色也。交易借贷各以其钱之成色定□署券，而贩私者又何所利而多耗运费也。良民收私以后，折耗早在意计之中，但使不至□数收搁，无不乐于遵示剔归，一律以备行使。固不虑搀和之害，窒碍难行，不如是则奸民也。见一则没其十，百则没其千，罚轻则可不问其奸与良，而令可必行也。若此者格用私之利，塞贩私之途，而适以防销官之害，遏铸私之谋也。非以不禁，禁之哉。曰：子之计诚善矣，然子荆人也，荆郡如是，而省不如是，全省如是，而天下不如是。一旦振作有为之官宪新旧交替，禁令偶□保，无有奸贩乘时搀和钱色，以图便利，而私钱将更至于不可禁。曰：是宜质之当轴而非一手一足之所能支，亦非一朝一夕之所能办矣。

（《申报》1884年12月24日）

1885 年

沙市章华寺[1]

沙市章华寺为荆南第一大丛林，其兰若之宏丽，房宇之幽深，殊堪娱目骋怀，实足藏奸伏慝。凡善男信女之欲结欢喜缘者，咸假布金地为贮娇金屋焉。今冬传戒，方丈某面奉县谕，严禁男女混淆。十七日弥勒戒期，各信士绿鬓红颜焚香膜拜，人山人海，大有马龙车水之观，方丈不能禁，亦不欲禁。是日，有公差数人送告示，至庙意在略饱私囊，即作詈论。方丈某自□大宝宗乘未学吕纯阳点金妙术，深恐狼贪无厌，遂不稍破悭囊役正欲吹毛求疵，适至观音堂见比邱尼、优婆夷之现色身而皈依莲座者，颇不乏人，遂将情禀覆县尊，立刻将堂封禁，其观音画像及十二铁身圆觉，各长二尺余并辇至署中，比邱尼、优婆夷及该寺监院带案讯究。监院某觳觫阶前不能掉□长舌求发大慈悲心，虽未高耸丫臂，消受□斋清供而皮板三百略，足妖其朵颐矣。方丈以灵胜道场忽变作烦恼世界，遍求檀越解脱罪缘，然连日奔波，犹觉苦无头绪云。

（《申报》1885 年 1 月 25 日）

粤人在沙售发财票

信丰栈内寓有粤人专卖西洋药水、牛乳，兼办普国发财票。其票每张十条，条售钱千文，共二万号，得彩银数八，数皆较吕宋大票为多，图便宜者，争趋之。九月票发彩对号单到沙市，得小彩者，颇不乏人。十月间，该粤人出外数日不归，望占头筹者络绎于门栈。伙疑之，检其箱笼则所有贵重物件，早已无翼而飞，所留系药水、牛乳而已，众悟其

---

① 由《沙市近闻》分为《沙市章华寺》、《粤人在沙售发财票》。

为骗子，遂将乳水各物分给发财诸君而散。

（《申报》1885 年 1 月 25 日）

议添电线

汉口市上闻得官场有言沿海各省电线虽已造成，若长江之线只至鄂省而止，其上之湖南、川蜀，以及本省之宜昌、沙市等处，尚未开筑，设有要信邮递仍艰。是以当局诸公拟在鄂省以上再为推广，一路由沙市、宜昌而至蜀之重庆、成都，一路由岳州渡洞庭而至湘潭、长沙云。此说是否的确，姑俟续信。

（《申报》1885 年 9 月 27 日）

1886 年

电线兴工

上年奉北洋大臣李傅相札令推广电线，由鄂而蜀而滇，委员察看路途以便择期安设。日前设电委员已经抵鄂，即由汉局栽杆布线，节节兴工。线分两条，由花楼巷后湖边沿城头一路上行，其应用之物已有轮舟带赴沙市、宜昌等处，沿途储存备用。开工之期自本月初七日始。

（《申报》1886 年 4 月 24 日）

沙市电报开通[①]

本局新设川线已抵沙市，择于廿七日开局通报，至汉口每字五分，至各局照汉口加一分，洋文加倍。此启。

（《申报》1886 年 5 月 31 日）

---

① 原为《中国电报局告白》。

1887 年

沙市关卡移驻野三关[①]

署两湖总督部堂□为出示晓谕事。照得，沙市设立关卡，专收由川入境内地土税。近查该处税课日绌，推原其故，皆因土贩希图偷漏，改由陆路小径绕越所致，亟当变通办理，以收实效。兹勘得巴东县属之野三关，名野三坝，为川省陆路往来必经之要道，应即将原设沙市关卡移驻野三关地方。除委员前往开办，并行宜昌镇派拨哨队随同弹压巡查外。合行出示晓谕。为此谕仰贩卖药土人等知悉。此次所设野三关关卡即系沙市原设之关移驻于此，系为杜绝绕越偷漏起见，该商贩人等一经运贩土药到关，照沙市关旧章一律完纳税银，填给护照收执□。遇鄂省各关卡除落地售卖，仍按旧章每两纳厘外，其余均验放行，不准稍有留难。该商人等务各奉公守法，遵章完纳，倘再敢绕越偷漏，缉获定行严办，并将私土充公，毋贻后悔，切切。特示。八月初一日示。

（《申报》1887 年 10 月 9 日）

---

① 原为《宪示照登》。

1888 年

大宪乐助

谨启者：湖北荆州将军祥宪官印亨，道经沪上，四月十一日，蒙宪驾光临，悉敝堂留婴，创造婴房经费不足，乐助荆平纹银一百两，批见九八银一百另（零）三两五钱六分一厘，军宪不分畛域一视同仁，仰体好生，俯视保赤，敝同人同声感戴，登报叩谢。谨呈公鉴。沪北仁济善堂留婴局司事拜启。

（《申报》1888 年 5 月 23 日）

论监利水利

有蒿日山人致书本馆曰：仆侨寓荆郡之监利，十五易寒暑矣。其地系古泽国，非仅江、襄二川为邑要患也。即春夏淫雨，积水氾涨，高原稍可耕种，低壤已成巨浸，故邑民各规地势修筑堤坊，名之曰垸。外捍他水侵灌，而下流疏□河港，以资消泄。一有壅塞，群嗟望洋，遂思强掘他垸之堤，以邻为壑，而械斗烧杀之案层出迭见。邑有太马大垸，方广七十余里，内藏子垸十数，秋赋隐居。邑半向有出水林长，老河绵亘百二十里，出洪湖，达江明。万历初河道稍淤，该垸民强掘毗连之林长垸放水，遂械争四十余年。京控后，官代疏濬水道，巨讼始止。本朝道光二十九年，大江堤溃，将林长老河淤塞强半，该民见工巨难疏，仍纠众强掘林长垸堤，两垸械斗死亡烧杀，京控多次，而官断私违，祸终莫息。光绪元年，邑侯朱公宗□目击巨患计无，由弭亲勘老河见淤塞数十里，民力莫任，非帑项不能疏。复而司农支绌，万难吁请，惟由林长垸中假道开港送水，直出洪湖仅十余里，为道甚捷，工程不及十分之三。遂慨谕邑绅，敦请林长父老至邑，多方开导，苦口躬劝。着太马垸加价置买林长田地开港，裁减林长秋粮，加入太马新涸之壤，并酌补亩费等项，垸民悦服，遵具承允字结。不期，朱公以艰去官，历任傅公维祜、石公宗建、朱公光耀均有志继成善举。且经今河南抚宪倪公前守荆日，及道宪魏公先后履勘无如，数县宪任事日浅，工议朝成，邑篆夕卸，兼之水旱频告，集镪云艰要工未果。光绪九年，烧杀京控案结，而故河未疏水仍无出，甲乙二岁积涝浩大，争衅又起。邑侯黎公坍虑重酿巨讼，谆谕举人熊登校、教职胡服荣王成书等劝，仍照前议，义让水道开疏，消溃息争，两垸生民遵具甘结，由县据结通详各大宪札准照办。而黎侯又值解任，生民惧工再废，赴郡公呈府宪恒公据情代禀，请委黎侯督工，邑民额手相庆，咸谓要工可成，争祸永息矣。不意接任某县令才既庸劣，性尤愎险，民间词讼一批恒至累月，法堂判事，差押两造赴城隍庙设誓，种种纰谬。初履邑任，首即激成林长垸京控，继复酿或子员渊巨祸，死亡千计，黑夜遁省，营谋数岁，复得回任。亲见黎侯解篆，邑民祖饯，填溢衢巷献袍建额歌以泣，继顿怀妒忌。又见颂黎侯者，有贤宰难继之论，愈挟两垸呈府留委之忿，立意废工泄愤，邑绅进谒辄言，工万不成费万不集，且密串署前积棍勾出地痞甲乙等索贿挟阻，经生民历控各大宪札催讯办，坚置不理，致去夏淫雨弥月，太马垸积水无消，冲溃林长垸堤，林长遭淹，遂弃堤。不守数日，江水由林长垸上灌，并将太马高阜之壤概沉波底。夏秋之际，饥殍盈途，流离哀惨，行道酸鼻，生民痛罹，凶灾尤惧，后争靡底，赴京将商于乡大人之急义者，不料往者弗力未行题奏，仅由步军衙门咨省，转移荆州巡宪审办。讵委员抵县，四月竟难提解，仆将因干他适、未知此案将来各宪若何办理，嗟乎！二垸地赅百里，生齿十万，历两朝三百余年，数贤公敕之不足一劣吏败之有余，何斯土之不幸耶。河工此次不成，后争永无安岁，肝脑涂地，讼狱滋丰，曷忍名状。孔子云：苛政猛如虎。劣吏岂直虎也哉。虎噬数人而已，噬十百人而已，若司牧失人则将此毗睚征嫌，荼毒万姓，而不恤其患不更甚于猛兽也耶。以上皆来稿所云，其中曲直，本馆不敢与知，第以所陈该处水利凿凿可据，爰录而存之质之，深知该处之事者当自能办其虚实也。至于篇中劣吏地痞等姓名则姑从隐去，以存忠厚云。

（《申报》1888年7月7日）

1889 年

荆州地方丝价上昂[①]

有自川中至宜昌者，据云："重庆府现在丝价大昂，上等净丝每百斤约值银五十余两。"荆州河溶等地方丝价亦昂，且新丝尚未上市，客商手持现银无从购丝，且看新丝上市时情形若何。

（《申报》1889 年 5 月 27 日）

荆州驻防八旗俸饷[②]

镇楚将军祥军帅奏称，湖北荆州驻防八旗官兵所有差操一切及养赡身家皆恃岁支俸饷。军兴以来，俸饷减成支放，以致入不敷出，困苦难堪。现值整饬营伍之时，若不亟筹补救，殊不足以体恤兵艰。查京师八旗官兵岁支俸饷，蒙恩按照旧额全支，荆州驻防同系国家世仆，拟仍照章全数支放，俾官兵稍纾困苦，既无衣食之虞，自于差操益加勤奋云云。奉旨：令户部议奏大卜能否准如所请。

（《申报》1889 年 5 月 27 日）

沙市（江口）生意渐旺[③]

有人自荆州来者，据云：沿江一带码头惟江口最为热闹，较之宜地

① 原为《彝陵渔唱》。
② 原为《都门近事》。
③ 原为《彝陵渔唱》。

有过之无不及也。现在沙市聘戏班至江口演唱，每日一本约费钱六十余串，演唱二十日始止。即此观之，可见其生意之有起色矣。

（《申报》1889 年 6 月 21 日）

1890 年

奏请荆州将军留任[①]

张之洞片，再湖北荆州理事同知联兴自光绪十二年十二月十五日到任起扣至十五年十二月十五日三年期满，兹准荆州将军祥亨咨称，该同知联兴听断公允，办事认真，请援照成案奏请留任，暂行停选，等情前来。臣查。荆州驻防，兵民杂处，该员联兴办事认真，听断公允，兵民相安。该同知甫经试俸三年期满，自非顶选之员，核与部咨历办核准停选，成案相符，应请留任，暂行停选。庶于旗营、地方两有裨益。合无仰恳天恩俯准，将该员联兴留任三年，暂任停选以资治理。谨会同荆州将军臣祥亨附片陈请，伏祈圣鉴谨奏。奉，朱批：吏部议奏。钦此。

（《申报》1890 年 6 月 2 日）

楚督阅堤

楚北素称泽国，民间时患水灾，所倚以得安者，惟此堤防之固。日来张香帅以江水浩大，上游荆襄一带万城、拦江等堤时有溃决之虞。因于五月二十三日之晚，乘招商局固陵轮船驶赴荆州、沙市等处，亲自查勘，并阅看矿务，大约回辕，当在天贶节前后矣。

（《申报》1890 年 7 月 17 日）

沙市设土药厘金分局[②]

土药总办吴观察现已到宜昌，北门外民房设局，每土一两加抽厘税

① 原为《光绪十六年四月初四日京报全录》。

② 原为《宜昌近事》。

六十文，并派金二、尹和声赴沙市设分局。日内各土店议加价值，每两增添六七十文，贫苦小民恐难消受烟霞之福矣。

（《申报》1890 年 9 月 19 日）

1891 年

太古拟在沙市设立洋行[①]

德兴轮船到宜装载二千数百件货物，向来轮船惟德兴装货最多，客位亦极洁净宽敞。近因川中开设洋码头，各洋行在宜租赁房屋者不少，无如地基有限，不敷出租。前日立德福在城内财神庙演戏请客，以作开张之举，又闻太古洋行欲在沙市洋蓬子地方建造洋行以为上下货物起卸之，所不知何日兴工也。

（《申报》1891 年 4 月 11 日）

汉口商人

汉口商人李姓向年贸易于川江、沙市一带，去岁集资开办四川奉节县铁矿及湖北兴山县铜铁矿，携带矿子禀呈湖广总督张香帅，饬西矿师镕化验之。刻奉香帅札开，该二处矿苗极佳，饬即赶紧集资开办。闻李于咸丰三年避粤逆之乱侨寄星沙省，迄今历三十九年，至去岁始回汉口一游，亲友寥落，只剩总角交一人，亦已年近六旬，见面不相认识，重访旧日里巷不但人民非旧，即街市亦迥异。昔年惟汉阳之大别山暨鄂省蛇山犹是本来面目而已。抚今伤昔，能不生物换星移之感哉。

（《申报》1891 年 6 月 17 日）

① 原为《宜昌近事》。

1892 年

沙市各铺户加捐之事[1]

有人自荆沙来者言，前此讹言四起。时江陵县龙艮山明府在天主堂内坐守一日夜，匪人遂不敢动手，上宪嘉其保卫有方，特加优奖。后将巨匪获案正法后，招集土勇数十名护卫地方，又因经费无出，欲在沙市各铺户月捐内加派，遂请十三帮会首商议，饬令加派月捐。各会首奉谕之后即与各铺共议，而各铺不肯再加，如必欲再加，则前此数月之捐亦不肯交出，各派一人鸣锣知照，铺户一概闭门，如有梗阻、抢劫不论。三府及巡检闻之驰往劝谕，令其开门，而各铺皆欲议定后开。三府少尹乃向地方官婉商，不再加月捐，各铺始开门，贸易如初。访事人所述如此，是否确实，请还以质诸个中人。

（《申报》1892 年 1 月 16 日）

办匪详述

去腊江西巡抚德晓帅恭请王命，斩枭哥老会匪首要头目廖、张、吕三犯，已列报端。兹悉去夏湖广总督张香帅因哥老会匪潜在长江一带煽惑构乱，密札干员设法购线侦拿，旋获首要头目高德华等，研讯确供，多至数千字，大略谓会内首要头目数十名，卖过标布六万余方。上至沙市下迄镇江各埠，皆有头目管辖，其中分为两大支，一在沙市，一在安庆，约俟洋人美生购到枪炮军火即于十月十五日揭竿起事，并另派头目在各埠备船接应。沙市一支复分为东、西、南、北、中五旗，各派头目管带，大头目有二：一为李胜，一为李鸿。九江头目为龙海腾张庆廷，并有差人廖斌、张标、吕先等人入会。香帅即将全案供招飞咨江省一律

① 原为《彝陵琐志》。

拿办，即由九江镇江总戎明亮会同府县拿获廖、张、吕，三犯讯供承认，解省研讯数十堂，忽又翻供。去腊香帅以初次咨送者系武昌府提讯供招，查武昌县初讯，各供较为详细，复飞咨江省，并将鄂省严办情形飞咨查照。香帅接阅之下即亲提廖、张、吕三犯研讯数日，始各供认不讳，遂批令斩决枭示。仍饬各处详访密拿首要各头目，务期净绝根株。论者谓非江海关搜出枪炮军火，则祸乱不堪设想；非香帅严密查拿，则匪首不遽获案，奸谋不遽败露；非再三飞咨查办，则江省不得细情即不易办理；非香帅亲讯数日，则多延一要犯即多肇一乱端云。又客有自鄂省至江西者言及湖北会匪联为一气，利则同享，害则同当者，上自营中员弁，下至行伍卒徒，其人难以屈指数，即宦途之谱订金兰士商之谊，联肝胆者更多若恒河之沙。此外若白昼之扒手，黑夜之鼠窃，短路之强盗，亦无不派有专责窃据一方，然大宪以为若辈党羽众多未能一一查办，其严行查办者惟首要各头目而已，刻已奏明办理，并将出力各员弁随案从优保举云。

（《申报》1892 年 3 月 6 日）

荆州旗民起衅争斗详情①

头品顶戴湖广总督臣张之洞、头品顶戴湖北巡抚臣谭继洵跪奏，为荆州旗民因看戏口角，起衅争斗，互相致毙民人二命，案情甚重，现经委员赴荆彻查，会讯各情形恭折具陈，仰祈圣鉴事。窃臣于光绪十八年正月二十九日接据荆宜施道方恭钊、荆州府知府舒惠电禀，称：本月二十五日，距府城数里草市地方泰山庙演戏酬神，旗民构衅争斗互伤，民人已毙二命等情。查荆州府江陵县知县龙兆霖先期公出尚未回荆，当经电饬该道府速将起衅情形详查禀覆，旋据该道府会禀，并准荆州将军臣祥亨等来咨，已将此案具奏钞录奏稿，咨送前来。臣等查核该道府先后电禀所称，旗民口角起衅争斗互伤及旗丁报复先后致毙民人二命各情，

① 原为《光绪十八年四月初二日京报全录》。

及续据江陵县龙兆霖具禀情形均与将军臣祥亨等原奏旗营协领等所报地痞聚众逞凶，藉端抢夺情节迥异。当以该道府县等所禀声叙均欠详晰，复经电伤确切查明，分晰具禀，不得稍涉含糊，并檄委湖北候补知府裕庚驰往荆州秉公查办。去后，兹据江陵县龙兆霖禀称，查得荆州东门外距城五里之草市后街泰山庙于正月二十五日演戏酬神，旗丁小福等欲上台看戏，当有管台之庞家顺拦阻，旗丁夺梯上台，愈上愈多，将庞家顺殴打摔至台下，庞家顺惨呼救命以致激成众怒。其时旗丁看戏者约百余人，民人四路来看戏者约千余人，众情汹汹即与旗丁混相殴打，轰逐出庙。各旗丁含忿回城，行至东门外二里之沙坝地方，途遇赶驴之王大福，知其为草市之人，群殴泄忿，见其伤重委之而去，经该民王大福亲属闻信将其负至泰山庙调治，而先回之旗丁已在满城邀约数百人执持刀枪重往草市报复。斯时戏已早歇，人已四散。有佐领爱仁之眷属尚在庙内，爱仁恐遭殴辱，即邀素识之民人郭光焕等同护眷属出庙，甫至庙门适与旗丁相遇，不由分辨用刀连砍伤，郭光焕倒地，并至庙内将看守王大福之邱学高等殴伤。草市人等见旗丁来势凶猛，即鸣锣喊同牌民齐集，旗丁始行散去，遗弃关刀一柄。地方文武官员闻信驰往弹压，该处地保将首先上台之小福及旗人所遗关刀当场呈交，经荆州府将小福交协领宝俊带回，关刀存库，并嘱将受伤之旗丁查明照章会验立案，宝俊未允。次日，宝俊径请理事同知联兴前往满城查验，报称受伤者四十七人，二十七日被殴之民人王大福、郭光焕据报前后因伤毙命，经该府移委清军同知蔡殿森会同理事同知联兴诣验分别填格移县通详，并验明民人邱学高、庞家顺、李吉祥、蔡德俊等各伤立单存案。复据该道方恭钊、该府舒惠续行电禀，详细情形，与该县来禀相同，并称理事同知验明旗丁受伤四十七人，轻重不等，地保收获旗丁关刀一柄，旗丁亦夺获民人铁叉一柄，民人伤轻者恐被讼累不敢报官，仅于相验尸场抬验重伤四人各等情。此旗民在草市起衅，争殴之大概情形也。又据该县龙兆霖禀称，小福当时见荆州府并未有伤，次日报称名系魁林复请查验列入伤单，正月二十六七等日满营兵丁复扎东门外，见有草市人进城卖货，将货掀弃，举械朋殴，连日殴伤无干之民人杨开甲等十三名。东门为东乡买卖要道，难以进城。二月初八、十六等日，又迭据呈报岳州府客民孙凤翔、曾科选、刘怡上及草市民人周延喜等进城均被旗丁无故殴打，将周延喜殴伤，连日该县会同理事同知提讯，旗民供情各执，且每于会审时旗丁来看者约数百人，民人亦有聚观者，诚恐又生事端，至该协领所指素殴之程大、程二等是否实系地痞，县中并无控案，访查明确分别禀办等情。此验讯以后，正犯尚无端倪，旗民尚未相安之情形也。臣等查道光二十六年荆州旗民因观划龙船，积衅未释，旗丁寻隙纠毁咸宁、武昌二县客民铺面会馆伤毙人命，经前督臣裕泰、前抚臣赵炳言奏请提省审办，按律拟结在案。查从前旗丁焚殴咸宁、武昌客民即在草市地方，以后往往因口角细故互相寻衅，此案旗民在草市看戏，旗丁小福因上台被阻，群殴庞家顺，激成众怒，其时人多口杂，不分皂白群殴旗丁，受伤多人，旗丁含忿回城，途遇赶驴之民人王大福，因其为草市之人群殴致毙。事后旗丁伙众持枪刀重往报复，刃伤民人郭光焕毙命，查核情形因看戏起衅，旗民争斗互伤，致毙民人二命，其中情节虽有重轻而彼此皆互有曲直，亟应查出鼓众群殴旗丁之民人，按律严惩，断不容稍涉轻纵。至程大、程二等无论是否地痞果系在场，群殴之人自应拿获讯明惩办，其致毙民人二命之旗丁亦必迅速查出正凶，交案研讯，按律拟办方足以昭折服而弭衅端，若非审断公平，妥为办理，分别各予惩儆，则积嫌愈深，断非日久相安之道。臣等现已派委知府裕庚会同荆州府暨理事同知，提集旗民滋事人犯要证，虚衷研鞫务得确情，秉公持平，按律分别拟办，勿得稍涉偏倚一面，严切示谕民人务须安分静候，一面移咨将军臣祥亨等勒令，该管协领等赶紧将正凶查出交案，并饬令约束旗丁不得再滋事端。如该协领等延不交出正凶，该印委各员难以会审臣等，即查照道光年间成案，饬提此案应讯人犯要证至省督同臬司研讯确情，分别定拟，奏明请旨办理，并移咨将军臣祥亨等将该管协领等指名参处，总期旗、民相安永弭后患。所有荆州旗、民构衅现在委员查办会审缘由。谨合词恭折具陈，伏祈皇上圣鉴训示，谨奏奉，朱批：已有旨令祥亨等知照该督抚派员确查，仍着督饬委员等秉公讯办，毋稍偏袒。钦此。

（《申报》1892 年 5 月 5 日）

荆州多疫

湖北荆州府大疫流行，而以满城为尤甚，只沙市一处已毙三四千人，棺木作坊应接不暇。日来各处类皆迎赛龙灯，谓可袚除厉气，诚无谓也。

（《申报》1892 年 9 月 6 日）

1893 年

倒铺续闻

宜昌城内协和永钱铺，于去冬倒闭。该铺主在汉口、沙市分设字号。沙号亏空甚巨，沙市各号欲将该铺主昆弟二人捆送江陵县，经人调处，讲折归还，始将二人释放。宜昌各号本怀好意，欲将该铺主寻回料理，令其仍开钱铺，继见其匿迹他方，不得不经官追缴。于是招商局、太古洋行等均赴东湖备案，东湖县已将该铺管事张小麟拘交典史看守，尚有一衣庄，亦被地方官封闭。现闻张已经人保出，筹还欠款。

（《申报》1893 年 2 月 28 日）

荆州满营造办火药所需银两①

头品顶戴湖北巡抚臣谭继洵跪奏，为动支司库耗羡银两造办火药，恭折仰祈圣鉴事。窃照，湖北荆州满营每年常操需用火药、铅弹、工料、脚价循例动支司库耗羡银两给发荆州城守营具领制备。历经照办在案。兹据湖北布政使王之春详准，荆州城守营请领光绪十九年常操火药一万一百五十四斤三两二钱，需硝八千一百二十三斤五两七钱六分，例价银三百八十九两三钱九分三厘；需磺一千一十五斤六两七钱二分，例价银四十七两三钱八厘；柳炭器具工料价值银七十一两五钱八分七厘；又应用黑铅三千五百三十三斤四两，例价银一百三十三两九钱一分五厘，工料银一十二两四钱二厘；又例定水脚银六两三钱八分七厘，共银六百六十两九钱九分二厘，已于司库耗羡款内动支，并就平扣收硝磺二项价银，移知善后局分别支给余银，给领制造俟办事竣后由营造册报销等情，详请具奏前来，臣复核无异。除咨明户兵工部，暨荆州将军查照

① 原为《光绪十九年八月二十四日京报全录》。

外，理合会同湖广总督臣张之洞，恭折具陈，伏乞皇上圣鉴。谨奏。奉，朱批：该部知道。钦此。

（《申报》1893年10月10日）

沙市溺女恶习①

近来各省各处向有溺女恶习，或溺水中，或弃路旁，或用物闭其口鼻，或装入盆桶之内，种种毒狠令人发指。近来沙市地方有黄某产生一女，心厌其多，思欲溺毙之，经稳婆救起，送至育婴堂领资抚养，得保生全。现蒙谭大中丞访悉其情，知非一纸具文，可以挽回恶习。因通饬各州县，建设育婴堂收养遗弃婴孩，以救其弊。想各州县奉文后，自能仰体宪意，一律遵行，尚望仁人君子慷慨捐输以助贤官长之所不及，阴功浩大，未有过于此者也。

（《新闻报》1893年12月8日）

① 原为《沙市近情》。

1894 年

沙市赛水龙会[①]

沙市各码头向有赛水龙会之举，日前复循故事，邀集同侪设席畅饮，每棚三五十人不等。无非赳赳者流，浪噬鲸吞，杯盘狼藉，大有家家扶得醉人归之致。

（《新闻报》1894 年 1 月 27 日）

沙市冬行春令[②]

沙市去岁自入冬以后，晴光朗朗，天气和缓。市中百货云集，四乡来购物者络绎不绝，尤以茶点果品京广海味等铺为最。惟天久亢晴，和缓太甚。据年老者云，似此冬行春令，恐入春后难免疫疠潜滋也。

（《新闻报》1894 年 2 月 17 日）

沙市洋码头[③]

（前略）轮船拢沙市洋码头时，略停片刻即开轮驶行，客人每不俟其下锚，催促舟子以图捷足先登，以致拥挤，失事时有所闻。荆南道周观察怒焉伤之，以今值科场，观光者众，势必十倍寻常，当移咨招商局约各轮船抵沙市停轮三下钟，以俟行者。一面出示实贴洋码头，俾众人知悉。从此客商人等尽可从容，俟下锚后，鱼贯而上，可无争先恐后，

---

① 原为《沙市披金》。
② 原为《沙市丛谈》。
③ 原为《沙市新谈》。

冒险而前，是亦仁人之用心也。

（《新闻报》1894 年 8 月 25 日）

覆舟纪事

沙市轮船此次由汉口赴宜昌，因水势渐落，行至荆沙雇一小划前往探水。该轮船亦将自备小火轮，安上机器驶往测探。未几沙市轮船鼓轮开驶，探水之民划避让不及，竟被小轮船压沉。惟小火轮船前往探水者离沙市船尚远，一见民划压沉即来援救，民划中人幸庆更生。无如波涛汹涌，小火轮亦为浪所泼沉，淹毙水手一名，水手头目一名。沙市船主正欲停轮打捞，因搭客催行，只得开驶赴宜，一面派人在荆沙雇船打捞尸身，不知能否寻获也。

（《申报》1894 年 12 月 13 日）

1895 年

沙市商情冷淡[①]

沙市往岁正月初六以后，各行生意莫不渐次开张，爆竹之声往往不绝于耳。今岁因外间传闻有另换行帖之语，故及时各行家皆迟顾虑，已过元宵佳节，尚觉六街似水寂静无哗。缘市面银钱十分枯窘，而各行行帖又未满十年之期，是以多有收歇之想，且沙市生意以米行为大宗，至今尚未开市，其他可想而知矣。

中日事起，军需浩繁，客岁沙市译传有抽房捐之语，故向有房屋多栋者，争欲将屋出卖，无如售主寥寥。刻闻鄂中大意已委朱惠之明府，不日来沙专办此事，一时房东莫不蹙额相顾焉。

（《新闻报》1895 年 3 月 27 日）

沙市械斗

沙市自壬午年武、汉两帮械斗以后，生意远逊于前，市廛每引以为□而此次六月初一日起，十余日以来，该两帮又复械斗，店铺一律罢市，甚至白画街市竟少人迹，以故小本营生者无不仰屋与嗟。上堤栅门尽闭，水道不通，得江水一桶如获甘露，居人一日数惊，彻夜不眠又无论矣。

（中略）

初十日武、汉两帮又拼命死斗，一由龙门巷出杜甫巷直攻巡司巷栅门，一出便河口直攻拖船埠。汉帮在堤上口登紫霞□□楼把风，见武帮蜂拥而至，急分头策应。武帮见其凶猛不战而退，后经走至十字路口与汉帮遇，血肉相搏，江陵县尊刘明府上前弹压，愤不顾身叱轿夫□轿横

① 原为《沙市春声》。

冲而进，竭力解围，两军始散。

（《新闻报》1895年8月15日）

沙市帮派械斗[1]

沙市老巡司巷脚夫头毛某，土著也，每际起货之时，或雇武汉人肩挑，间亦有雇湖南人肩挑者。毛某因武、汉帮现皆逃匿，所以尽雇湖南人挑货。讵汉帮闻之，大为不平，邀集多人与湖南人为难，湖南人亦不肯相下。开会馆门与之理论，幸会首以武汉事为前车之鉴，力戒不可私斗，只可凭官断理。现已投词县署。若非会首解事，安为弹压，不又酿成大祸哉。

（中略）

武、汉械斗时，汉帮于拖船埠口设巨炮一尊，硕大无比。每当酣战之际，闻人呼开炮，武帮即骇而狂奔，故屡战屡败。事平后，官府着令汉帮缴炮，及缴出视之，乃洋铁制成炮形，外则釉以黑油，中则实以泥沙，盖假此以恐吓武帮者，其计亦狡矣哉。

（《新闻报》1895年9月8日）

沙市辟界纪闻

宜昌信云：沙市创设码头一事，在宜之税务司前已赴沙择定地段，出价购就，不日兴工。各国官商亦随往购办，皆已成约。招商局派的实人刘君往购，约方丈之地可值价八十吊，前后左右地甚宽绰。近日快利轮船回宜，有卖主前来领价，现又派刘君前往勘定，标立界石，以便一手经理，事半功倍云。

（《申报》1895年10月2日）

---

① 原为《沙市丛谭》。

因辟口岸民房搬迁[①]

沙市准与东日通商后，荆税关招商局前已勘买地基，择日营缮。太古、怡和两公司今又在竹架子下御河屏地方购买民房，计一弓八十串，仅给价十分之二，仍许居民暂住其中，其意以近日东瀛专力台湾一时无暇兼顾，故欲先据地势，候日本开埠时，再援利益均沾之例，令居民迁移兴工筑造。而居民亦鬻价较关局可多一倍，搬迁又较关局可稍缓时日，故无不欣欣乐售也。

（《申报》1895 年 11 月 14 日）

瀛客来沙

沙市采访友人云，本月初六日，沙市轮船抵埠，载有日本官商十二人。荆关委员龙良山太守张幼庭刺史均赴江干迎迓，既而日官有贺氏名长文者持官衔名片答拜。次日至荆缎杂货、布匹各店探问市情，委员高君寿山实左右之。县主拟在大慈庵备公馆，日员恐居民少见多怪，因就洋马头官舫小驻。行旌旋于初九日附快利船至宜昌，又将于孝子岩前，葛公岭畔，静听巫峡猿声矣。

（《申报》1895 年 12 月 8 日）

沙市商情近况[②]

荆江一带堤防，万城最为险要，概归荆州府知府承修，民出费以输官，官募夫以代筑，法良便也。舒畅亭太尊由部郎简授斯缺已八载有

① 原为《沙市谈屑》。
② 原为《沙汀寒雁》。

余，每岁征收土钱，无不捐播从事。卑者增高、薄者加厚、渗漏者补之、壅塞者疏之，由万城以达竹架子，堤防屹如山立，行人称便，民患得纾，遂美其堤曰舒公堤。督抚以其历年稳固，未便遽易生手，是以任满仍留。前岁大计，膺上考得卓异，以部议外省卓异人员如三年内不入都引见，即行撤销。现值水落石出，普庆安澜，太尊遂禀请离任北上。瓜代者为候补府余太守肇康，有廿五日接篆之说。自六月望后，沙市钱价渐涨，皆因来源稀少。至交八月棉花上市工计，然术者探听重庆存花无多，赶办头牌以争利权，而钱价亦愈昂。同行见其上货太涌，恐致滞销，颇怀观望。及接重庆信，谓销售甚速，且亦得价。各行店始知确系利薮，赶办二牌倍多于前。又闻川盐官运局经鹿制军改归商运，沙市官盐号合成股本，另设楚成公号买办棉花数千余包，以致钱价有加无已，竟涨至七八分，反较汉镇高四五厘。适值农事告竣，四乡八场争向长生库赎取衣裳为严冬御寒之计，以故各典稍多积蓄，共装赴沙头，期沾利益，钱价遂跌落一二分，近七钱六分四五厘左右云。江陵各乡土产米粒不足供沙市阛镇之食，专恃湖南接济，岳州、常德粮食船昔时溯洄沙津者，均停泊下米厂一带，帆樯林立。今岁湖南歉收，上熟米每石售至三千四五百，中熟三千二三百，即脱粟亦需钱二千八九百文，价值甚昂。兼之来源不旺，小本营生辈□蹀街头，博得余资，难期果腹，莫不仰屋兴嗟，有似长安居大不易也。

（《申报》1895年12月10日）

1896 年

沙市义和祥钱店闭店风波[①]

沙市义和祥钱店开设有年，前月二十一日晚，不知因何故闭歇。一时凡执有该庄票据者纷往收取，人声鼎沸。主人情急飞请沙市司委员至店弹压，一面令照票发钱，直至更余始散。

（《新闻报》1896 年 1 月 23 日）

严禁吸烟

沙市访事友云，荆州府余尧衢太尊严禁烟馆不遗余力，以沙市距府城十里之遥，据委员禀报恐有不实不尽者，曾傍晚出城巡查一次，经三岔路某土店门前，见店前风门槅扇黏红纸条，密若繁星，分写云：广乔膏每盒若干价。太尊见盒字生疑，且灯火荧荧，隐隐在望，命停舆，传该店主讯之，店主以仅售零烟对，谓尔果系仅售零烟，曷不书几钱几分，取值几何，只一盒字明明延嗜阿芙蓉者、入此室中，开灯呼吸，一经喝破，店主□俯首无辞，当街笞臀四百板，着交保甲龙提调处，此十三日事也。

（《申报》1896 年 1 月 26 日）

勘界述闻

沙市访事友函云，马关立约通商四口岸，沙市居其一，当日员未来之先，苏、杭二州隙地为绅商之富者，鬻以居奇。惟沙市则关道宪周观

① 原为《沙市披金》。

察，以堤边一带皆属官地，凭官买给，官价计一弓四十串，令居民迁徙远避，居民唯唯应命。有一李某，房产基址虽十余弓，而修饰则华实并茂，工费不下二千串。关道宪亦以官价给之，李颇不愿。道宪怒签票锁拿，发交荆关提调龙大令。大令见李反释堂下之囚，延为座上之客，温语劝谕。李前经一番恐吓，今得一番拊循，惊喜交至，遂贬价听命。自后道宪陆续买至下窑湾地方，广袤包荒，已不知其几千百弓矣。讵日员抵埠后，所指买者不在关道地内，而且所指之界实为堤身要地。道宪因不能应命，当电禀督抚宪再为筹办。闻日员意欲南北两岸对修，前日渡江到南岸踏勘，本日又至本埠上御路口相度，一切迄未议定。计日员六人于十五日，附快利轮抵沙，其二乘蓝呢四轿，云。是领事后皆小轿，前日又来一员乘绿呢大轿，人呼为总领事，余俟访闻再录。

（《申报》1896年1月28日）

荆州税关置买民地

当荆州税关置买民地之始，招商、太古、怡和三家继之，除各基址外，类皆茆舍、菜畦、鳞塍相接，道宪指为部关官地，令民拆屋还基，茅屋帮费若干，瓦屋帮费若干，出示限期，不准延缓。旋闻民众退有后言，乃定以每弓钱四十千买之，仍限期拆屋。后闻日本人有每弓八十千之说，小民又谓道宪意存登垄，剌剌不休。既而有张幼庭者欲囤买闲地以便居奇，讵料小民束手无一应者。久之有某绅士及广发仁定商中成豫宋商买得地址一百二十弓。及日本人二次抵埠，实为上海总领事珍田君舍己及通翻官楢原君陈政勘至各洋行地段外，绅商等皆以商产告珍田君，即止不勘，请呈商契以为证。次日至隔江南岸，验得土质太薄，又至江心窖金洲上岸御路口亦无言。初四日□快利轮船去，临行时谓诸官长曰：仆勘就之地约一千六百弓，已绘图贴说，呈诸本国政府矣。后闻珍田君之意，欲电达总署议定地价云。

（《申报》1896年2月10日）

/1896年/

沙埠市情

据沙市访事人函云，沙市南通湘沅，西接巴蜀，北连襄樊，洵数省之要津也，向来贸易中之以银钱汇兑者皆以沙市为会归之所。去岁江岸之南，被水冲刷，颗粒无收；襄河蛟患为灾，淤积未退，即如里河一带，亦未见丰登，以致沙市生意日形枯寂，市面更见冷淡。现时钱价涨至八钱四分六厘，人多不解。后复推原其故，知去岁九十月间，沙洋运钱筑堤，客商办买花布，故彼时钱价因之陡涨，旋堤工渐毕客商亦散，而钱价仍有涨无跌者，则缘各质典循向例于秋间先将所存之钱卖出，专等冬初乡农为御冬计者，无不来取旧质，届时进钱，自必多于出钱，故不妨以其所无易其所有，一转折间，可沾微利。不料农事欠收，乡民谋食维艰，然念典中二分取息，兼以现在钱价所损实多，何暇办此。由是连日，有当无取，各典见无钱应手，纷纷至沙买钱，致令本镇之钱一时不敷周转。加之来源稀少，去路更多，狡狯者流从中居奇，钱价遂腾贵异常，各典来买钱者盛吃大亏。于是各典商议来质物者，如价可值钱二竿只质五百文，小民衣缕本不值钱，各典又有此番抑勒，虽云为钱不足之过，然揆之设典便民之义，未免大相悖耳。况典东无非殷实富户，他处年终均有减利之举，以便号寒啼饥者赎以，卒岁未知，各典东亦有以解嘲否。

沙市本地所产之米惟岑河口外六台等处，每岁可卜仓箱，然皆不足以供阛镇之饔飧，专恃湖南客米以济之。今年南省欠收，米粒阻禁，各码头一带未见有米航时常停泊，以故米价等于洛阳之纸，上熟者四串四五百，中熟者三串八九百，糙者三串五六百。小本营生之伧，终日赚得杖头钱数十文，仍不能如数米为炊之愿，度日几如度岁焉。近有殷实户及钱店客帮目睹情形，大发慈悲，至各外县置米数百石，以济减价平粜穷乏，由保甲局出示黏贴通衢。自腊去冬月廿六起至廿八止，每人以五升为度，每升取钱三十文，先领票后领米。至期穷民接踵而来，实繁有徒后见米为水涨，入手辄作虀粉，纷纷退米索钱，怨詈而去。张邑尊关心民瘼，查悉其弊，将船户保正各笞责二百板，分别上米、次米，上米仍取钱三十文，次米即和水之米取钱廿五文，于廿七日接发。穷民得此消息，踊跃争先，声沸似潮，影聚如蚁。保甲局提调龙大令来往梭巡，计上中下三处。上处赤帝宫领票，财神殿发米，董事者聚亨祥等钱店。中处普仰寺领票，龙堂寺发米，董事者春森蔚等钱店。下处镇江寺领票，杨泗庙发米，董事者中成豫等布号。又关道宪周子瑜观察在芜湖买米三百石，由昌和轮船装运抵埠，为货物所压，须俟上宜昌卸载后，再转至沙市起米，由关道宪给发穷檐蔀屋中，得此以资生活。古云：广行方便，后世必昌。吾代小民为官绅馨香以祝矣。

（《申报》1896 年 3 月 3 日）

沙市抢劫频发①

沙市食米半仰给于湘南，自南米阻禁以来，无一米船进口，致米价昂贵异常，贫民等无以为食，相与结党抢劫，业米者时被掳掠，一哄而散，即小本营生如油货、戈魁、汤圆等店亦被抢夺，虽地方官出示遍贴通衢，亦未能禁止也。上月初间沙市丁二尹率镇南营兵至曹家场勘验某大户被饥民抢劫一案。缘某家殷实广置良田，但欲购远处之田而近处诸田户愿减价以售。某大户坚不允受，遂至结怨于田户，约饥民数百人突入其家肆行抢劫，查勘后，想当尽法惩治也。日前张云山大令奉督抚札，内开略谓银元局现已铸成新式小五种银元，出示通衢，谆谆劝用，想沙市贸易场中当必遵谕通行也。

（《新闻报》1896 年 3 月 23 日）

沙溪界务

沙市采访友人云，日本驻扎沙市副领事掘口君九万一、翻译官横田君三郎于二月十五日附沙市轮船抵埠，洋关巡捕甘少尉霖及高君景星陪

① 原为《沙市淘金》。

侍入城拜会曹观察及府县官，旋假康家桥法国天主堂为行馆。先是各员将划定租界内外各地，绘图贴说，缮就二幅，一呈督宪张香帅，一呈观察计。缘堤面与大江循东而下，丈量之法以东西论横长，南北论直深。自大慈庵至洋马头横长七十七丈，直深三十九丈。洋马头地又陡高二丈四尺五寸，舒太守所修大堤剥岸至此止，其内设有道东关，无数民房填塞，几满无可开埠。外仅就洋马头下起前周关道陆续购地四段，头段横三丈，直十丈；二段作洋务工程工局之用，横十丈，直二十八丈；三段横一丈五尺，直三十丈，四段修监督行台，横七丈，直三十丈，共横二十一丈五尺，下为招商局地横二十八丈五尺，直三十三丈五尺。招商局之下前周道又购地五段，头段横七丈，直三十三丈；二段横三十一丈，直四十丈五尺；三四五段周道拨给税务司畲德建造新关及理船厅验货厂等之用，共横七十丈，直三十六丈不等。拟从洋马头起，仿舒太守所修剥岸接修至第五段止，共计长百五十三丈，为剥货装载上下往来脚夫人等所行之路。以下为怡和洋行地基，横三十丈，直三十丈。太古洋行地基横三十五丈，直三十丈。湖南辰州帮泊船地基横二十丈，直五十丈。再下为华商人和公所购地，横六十丈，直五十丈。以上各地皆低洋马头一尺一二寸，均在竹架子地界内。出竹架子进上柳林堤界即华商有庆公所购之地，横七十五丈，直百丈。日本则就上柳林堤炮台起踏勘四围，得地横长八百丈，至下柳林堤界止，直深抵塘楼子止，为通商场。此地又低洋马头二三尺，出柳林堤进横堤界，横六百四十丈，直九十丈。横堤下阮家湾横三百四十五丈，深七八十丈，至虾子沟皆系空地，又低洋头四尺五寸，地形愈下愈低，当水涨时即从虾子沟灌入，拟筑围堤一圈于剥岸之上，自道东关起至塘楼子止，三面计长一千五百余丈，约估土方钱三万三千千文。若围堤自道东关起接修至虾子沟止，三面共长二千九百三十丈，约估土方钱五万余千文，皆为防江水沟浍内灌起见，堤面仍留宽四丈作为行驶马车、人行大路，堤之内外均以大石镶砌，内亦以筑成阶级马头斜势车路以利行走。各地价已酌量给予，至于瓦屋草房俟搬迁时再给助资。凡地为官购者界以红线，招商局华商之产界以紫线，日本租界界以蓝线，仿修剥岸界以灰色，围堤一圈界以黄色。

（《申报》1896 年 4 月 14 日）

日本领事馆①

监督关署右旁造一房，略参西式，赁于日本为领事馆。此系官地，每月租金五十元。九月廿八日为日本君主诞辰，馆中重门洞辟，任人观瞻，门首竖两大旗互相交错，如辕门内悬一横额曰天长节荆。州道府暨洋关各委员俱往致贺，领事设筵宴以款之，殽核杂陈，嘉宾式燕。又密缀红灯百余盏，沿□四布，入夜燃点，远视之如繁星闪烁，赤霞绵亘，兼放花爆冲天亮等，往来观者络绎不绝。镇南营及保甲局勇分投弹压，以防滋事，迨游人兴尽而散，已玉兔将升，金鸡初唱矣。

(《申报》1896年11月16日)

沙市开关商贸大兴②

沙市访专人云，西人之视商务重矣哉。减省出口货税，保护各口商民，以致经营四方者，莫不舞忭腾欢，不但欲藏于其市，并欲争出于其途，是所谓信义足而民皆悦服也。沙市开关后，福建帮瑞和昌拣选河溶粉数十包，指口上海，其税在关之旁廨正兴官银号完纳。瑞和昌到炉房帮补银水炸成足色纹宝，上关完纳，以为当无阻滞。讵知该银号故意挑拨，借端索补，为税务司所闻，当将银号董事传来申斥，嘱令瑞和昌遍晓商民以后纳税不必现银，即钱店计兑均可，本关并无抑勒留难等事，瑞和昌欣然称谢税务司。系聂君现膺中国之聘，仍执西人之法，厘剔华关，夙弊体恤商情，无不周至，以后有货尽可遵示来关，指口何处。关务之兴，不且日盛一日哉。

(《申报》1896年12月9日)

---

① 原为《荆沙虫语》。

② 由《沙堤衰柳》分出《沙市开关商业大兴》、《丝线街电线电杆就地变卖》。

1897 年

沙市关务

沙市新开码头兼设税关，因在宜关调去熟手，所以宜关办事不免乏人，一时举荐者纷至沓来。前此少一秤手，曾经税司新立一法令，凡来关谋事者，不论有无荐举，限定某日由关上医生及大夫等考验，必其人身体结实，不吸洋烟，写算俱全，方能入选。昨又因夜巡换人，又经考验选择，与选者莫不欣欣然有喜色，不啻科名之获隽也。

（《申报》1897 年 1 月 15 日）

沙市电报被窃①

沙市访事友人来函云，沙市电报之设十有余年，沿途所埋线杆从无盗取摧折者。去岁江陵丫角驿一带被匪徒窃去电杆数百根，局员移文县尊饬差拿获惩办在案。至十一月廿一二三四等日，桂香街金龙寺南湖三处，又窃去电线二十余道，锯断电杆二根。县尊接局员移文后，一面饬差各处□缉，并出示晓谕申明此事治罪专条，无论官电、商电，是窃是毁，但经折断，比依驿站马夫递送公文，事干军情机密沉匿例杖六十，徒一年，分别刺字；误毁者杖八十，如有奸民聚众拔毁至数十里以外，情节重大者，仍随时察酌情形，分别首从比照土匪滋事例，从严惩办。

（《申报》1897 年 2 月 8 日）

---

① 由《荆沙春雪》分出《沙市电报被窃》、《沙市粥厂》。

沙市关情

头品顶戴湖广总督臣张之洞跪奏，为沙市关三个月一结期满，收支各款税银数目，遵照部章开单，恭折具陈，仰祈圣鉴事。窃照前准总理各国事务衙门咨查《中日新约》第六款载沙市、重庆、苏州、杭州四处立为通商口岸，均照向开通商口岸，或向开内地镇市章程一体办理，自应定期开办以符成约。其湖北沙市一口，本衙门现已定于光绪二十二年八月二十五日，即为各海关第一百四十五结之第一日一体开关，应饬该关道务将税务认真经理，设法稽征，以裕饷需，并将征收各项洋税银两遵照奏定章程，即自开关起按结开单奏报，并饬分晰造具细数清册，咨送总理各国事务衙门暨户部户科以凭查核各等因。当经臣之洞奏请即派荆宜施道兼充沙市关监督办理通商事宜，其关用经费亦经比照宜昌关成案，参以沙市情形，酌定开支数目。奏奉朱批：着照所请该衙门知道，钦此，钦遵转行，遵照办理，各在案。兹据湖北荆宜施道监督沙市关税务俞钟颖详称，沙市关自光绪二十二年八月二十五日开关起，至十一月二十七日止，为各关第一百四十五结，期满征收各项税银一千七百七十六两四钱八分五厘，除支倾镕折耗银一千一两三钱一分八厘，关用经费银六千五百一两六钱，将收数开支，尚不敷银四千七百四十六两四钱三分三厘，已在借拨宜昌关洋税银一万两内动支，下余银五千二百五十三两五钱六分七厘，存俟下结开报，在本结并无洋药进口，亦无罚款银两，毋庸造册报销等情详请奏咨前来，臣覆核无异，除清单清册咨送总理各国事务衙门暨户部户科查照外，理合会同南洋大臣两江总督臣刘坤一、湖北巡抚臣谭继洵恭折具陈并缮具四柱清单。恭呈御览，伏乞皇上圣鉴。谨奏。奉朱批：该衙门知道，单并发。钦此。

（《申报》1897年3月23日）

保护远人

沙市采访友人云，去冬聂税务司挈法商李瓦二姓赴郡城道出旗营，几被旗童所窘。嗣经祥军帅整饬门禁，拘肇事之旗童，鞭责荷枷，聂君始息其怒。今正某日税务司以关上无所事事，偶携通事黄华福散步堤边，行至拖船埠，又经无赖围住，击以竹竿，保甲局勇见之，恐酿事端，为之喝散。事为关道□□观察访悉，通饬地方官将无赖查拿，并告以嗣后如税务司因公出门，须派勇丁四名拥护，张云生大令复出示告戒□□剀切晓谕事，照得中外通商数十余载，西人之来我中国者踵趾相接，朝廷订立约章，设关征税，延请西国大员□司税务，岁增巨万，成效昭然。况条约章程尤有税务司与道员同品之条，凡属军民人等，务宜仰体国家倚畀之意，优礼相待，不得横加侮辱。乃自沙市开关以后，竟敢乘税务司微服游行，当街殴辱，事非一次，厥咎匪轻。本县职司地方，理宜严申禁令，随时保护，除饬差弁将拖船埠地方殴辱税务司人犯三名从重枷责外，合行出示晓谕，仰荆沙绅商军民人等一体知悉。自示之后，务各父诫其子，兄勉其弟。须知税务司系代我国家经征洋税之员，理宜优遇，不得肆行侮慢，不惟税务司，即将来东西各国官商来沙居住贸易者，日见其多，均宜一体优待，以尽中外一家之谊。倘有不法之徒不遵禁谕，本县定即按名拿获，从严惩责，如幼童滋事罪坐家长，决不姑宽，其各凛遵，毋违特示。

（《申报》1897 年 4 月 2 日）

荆州试事

沙市采访友人云，提督湖北学政庞思纲宗师按试荆州，二月初一日，谒圣讲书阅闱放告。初二日考试驻防及阖府生童，经古生题马融论，通鉴以魏为正统，纲目以蜀为正统说，论史记牴牾三事，申韩老庄合传说宋玉宅赋，赋得客子光阴诗卷里官韵俱未详，童题绛账台赋，赋得二月春风似剪刀，官韵亦俱未详。初三日生员科试文题：善政不如善教之得民也。合下一节诗题，赋得：铜炉杳润覆春衣，官韵其详，问历代学校异同。初四日补岁考，欠两届者题为赵魏老则优，欠一届者题而为过孔氏之门者，欠本届者题为君子务本。初五日旗童正场首题从之则孝弟余题未详，是晚发生员经古案上取二十名，次取二十四名，批首邵裕榛江陵廪生。初六日覆试生员，古学扬眉吐气赋官韵及余题未详。初七日松枝宜三县童生，正场松滋首题以松殷人枝江折枝语人宜都宜其家人，次题未悉，诗题赋得家留图籍手编遗得留字，是晚发生员一等案，荆州府学批首陈克耀江陵廪生，江陵县学朱膺爵廪，公安县学陈祖询廪，石首县学张光耀廪，监利县学李耀南廪，松滋县学黄永保廪，枝江县学张叙藩附，宜都县学刘沛之廪。初八日覆试文题小不忍则乱大谋，诗题赋得卖花声里有莺啼，官韵未详。初九日，公石监三县童生，正场公安吾何畏彼哉，石首尔焉能浼我哉，监利彼恶敢当我哉，通场次题舍正路至而求诸远，诗题赋得碧窗宿雾蒙蒙湿得楼字，是晚发旗童调覆牌。初十日调覆旗童题乐多贤友小讲仁人之安宅也，二句后比日哺即发案，向例旗童无学额，就五人中取进一名，前高文宗按临时驻防旗人公禀，请以六人取进一名，以正文风，而杜倖进文宗，准之奏明立案。今届入场者一百五十人，内有未完卷及被墨染者三十名，宗师照例扣除，实得一百二十人，照例取二十名为弟子员。十一日江陵童生，正场首题而皆去其籍，次题莫如齿辅世，诗题赋得春鸥懒避船得船字，是晚发松枝宜调覆牌。十二日调覆松枝宜文童，题行义以达其道小讲貌思恭二句后，比当晚发松枝宜案。十三日考试拔贡生，第一场首题君子信而后劳其民一节，次题得之，不得曰有命，诗题赋得小雨轻风春已半得春字，是晚发公石监调覆牌。十四日调覆公石监文童题乃所愿则学孔子也，小讲学不厌智也，二句后比日入时即发案。十五日考试拔贡生，第二场题通经致用论，包茅缩酒，解理财策，是晚发江陵调覆牌。十六调覆江陵文童，题地利不如人和，小讲伯夷隘二句后，比二更时发案。十七日牌示调考拔贡生经世文编书，后赋得经世还须政事科官韵未详，旋发拔贡榜，驻防祖荫廪生荆州府学陈克耀、王华国、俱江陵廪生，江陵县学邓裕榛、公安县学陈祖询、石首县学张光耀、监利县学向光泰、松滋县学雷以震、宜都县学刘沛之俱廪生。枝江县学张叙藩附生十七日阖府文童大覆文题以徽倖。十九日贡监录科题未详，是日发落新生，二十日传见拔贡生，二十一日启行。

（《申报》1897 年 4 月 6 日）

商品设所

沙市采访人函云，日本人现租一屋与领事公馆毗连，为陈设东洋各色货物之所，门前悬一直牌“日本商品标本陈列所”。所到各货每一种只有数件，盖此不过以为样子也。无论何人皆可入内，随便纵观，如有欲购者，先付价银，即函致本国以期运至。三月廿四日，假福建会馆演剧，设筵礼延同业如海菜等铺，共设席十，有一桌领事亦乘绿呢大轿戾止，以期中日两国贸易畅行。所刊章程数条，照录于左：一陈设新馆开闭，每日上午十点钟起至下午四点钟止，每逢大祭礼拜日停闭；一设立各货来沙不过看样非卖品也，就其品质与造工之嗜好，欲得商人之公平即评论本所喜听焉；一若有货中欲购买者，则在日本同业商不问多少照样运来，就嘱本所员详听，所员计公众之便，妥商照办；一各样对象俱贴品类价单，均系实在情形，若举大概，就所员详问可也。

（《申报》1897 年 5 月 7 日）

建造关署

沙市采访友人云，前年东瀛和议告成，朝廷准辟沙市为通商口岸。旧岁中国始设关榷税，以西人聂君为税务司，雇定官舫一艘，暂作办公之所。至本年九月初，乃就监督署旁，建造西式楼房作为关署，众工人运石填土，昕夕不休，现虽粗具规模，其装饰尚需时日也。

（《申报》1897 年 11 月 28 日）

会馆案结

湖北黄州府属之人在沙市贸易者以黄冈、黄安、麻城三县人居多。沙市线街向有会馆一所，凡有公事俱归麻城经理。自光绪十二年，冈安二帮谓会馆系三县公建，所有要务理应分管，麻城安得独揽此权。麻城帮中人以会馆虽系三县所公，而创始者为麻城，岂容后来者居上，因是致讼，互控不休，屡经各大宪派监司大员前来会审，并札饬荆州道府暨江陵县传谕判断，奈两造各存意见，抗不遵断，迄今十余年，始渐有悔意。现经县主张云生明府再三劝谕，两造亦颇愿息争，又经道宪俞君实观察于本月朔日传齐堂谕判，令每年冈安两帮公举一人，麻城亦公举一人充当值年，凡账务厘金轮流瓜代。又判麻城举客长一人，大小应酬之事归客长主之，饬各具切结而退，并请本地王宋二商为之担承力保，闻不日大开会馆，设筵演剧，以期从此和好矣。

（《申报》1897 年 12 月 20 日）

1898 年

筹开纱厂

沙市生意以花布为大宗，近来附近乡民欲织布者几无棉线可买，而洋棉纱销行颇旺。若于此间设一纺纱厂，可以织布，并可济川省之用，其利源当不薄也，惜无有筹及此者。

（《申报》1898 年 1 月 29 日）

道府恐匪再伤远人①

沙市民人肇事情形前已录诸报牍。兹得武昌采访友人手书云：署湖广总督谭敬甫中丞于本月二十日接荆州道府密电，内开十八日沙市洋街巡捕因事与居民龃龉，痞匪乘机煽动纠众纵火，将洋关及日本领事署招商局房屋一并焚毁，幸未伤人。道府亲往弹压，当场拿获数人，余匪四散等语。虽电音简略，未得其详，然事涉洋人，恐办理又多棘手矣。

（《申报》1898 年 5 月 15 日）

详述火烧洋码头缘由②

昨接本馆友人从汉埠贻来尺素，内述沙市肇事情形颇为详细，因特照录以供众览。函云：闰三月十八日四句钟后，适在晚膳，忽闻外面人声喧哗，查问缘由，知有湖南人二名，一人向招商局槛边小便被局内更夫看见，始而角口继而角力被用扁担打伤湖南人额角，登时昏晕倒地，

---

① 原为《荆沙要电》。

② 原为《详述沙市闹事缘由》。

血淋满面。随来之人即向保甲局冯委员喊冤，由冯委员即刻至招商局询问情由，将伤口用药敷治并赏银两千作为养伤之用。当将受伤人抬至地保家内，该喊冤人亦押在地保家内。讵湘帮心不甘服，于十九午前复将受伤人抬回招商局，其时观者甚众，路为之塞，议论纷纷。武刚等营文武各员因此特派兵丁莅场弹压，及至下午有醉汉亦系湖南人硬向海关验货处小便，经第四号水手向之拦阻，奈醉汉倚酒逞凶，突前用武，又由第一号水手用好言相劝，拉扭之际醉汉即倒身地下，洋关高委员用手拖起，而关外人声言，又打伤湖南人矣。于是互相传述鸣锣聚众。委员见势不佳，当即信致洋务局请兵保护，英领事坐船闻信后，即饬轿班等起锚，并备红船两只预作逃避之计。斯时，税务司等在新公馆内见海关前面业已拆毁，随由后门逃出，迳上招商局趸船躲避，登时，公馆内火起，继又随烧趸船，税司等即上红船逃去。未几，招商局大关怡和洋行东洋公馆同时被焚，并延烧民房数十间，各处水龙均被闹事人阻挡。斯时，道宪等虽已出城，然人多势众，文武各员亦均束手无策，官兵亦视而不见，至夜一点钟，闹事人散，各兵始回，而贫民等即搜索烧余各物亦并无官员禁止。迨第二日早始知税司等逃避瓶湾江边，领事坐船泊在瓶湾对面，均各无恙，现闻此案静候香帅回鄂办理，至为首肇事之人已经荆州道饬差拿获并拘得从犯十余人。迩来汉镇亦时有谣言，故驻汉西人均每日会操以备不虞云。

（《新闻报》1898 年 5 月 25 日）

火烧洋码头续[①]

沙市访事人来函云，前月洋码头乱民纵火时，税务司等各西人虑若辈肆行无礼，皆乘船东下。其时英领事方出游在外，座船并未焚毁，避至对岸停泊，关道宪派炮艇为之护守。

本月初三日，鄂督派武防左营乘□海兵轮船至沙驻扎，营员某君暂

① 由《荆沙雁帛》分出《火烧洋码头续》、《沙市钱庄运转失灵》。

寓堤街泰山庙内，闻日本兵轮船已在汉口启行多日，刻下尚未抵埠也。

（《申报》1898 年 5 月 30 日）

人杰地灵

沙市访事友人云：荆州府属各邑丁酉科拔贡入都应朝考者，共有九人，所取四人引见后，奉旨以七品小京官用者，计江陵陈克耀、监利向光泰；以知县用者计江陵邓裕榛、松滋雷以震；至优贡陈伦，亦系江陵人，蒙恩以知县用，锦标夺得翔步青云，颇极一时之盛。

（《申报》1898 年 9 月 12 日）

沙市关局被焚

头品顶戴湖广总督臣张之洞、头品顶戴湖北巡抚臣谭继洵跪奏，为湖北沙市客民细故肇衅焚毁关局，延烧华洋房屋，获犯审结，并商结英日各款情形，恭折具陈，仰祈圣鉴事。窃照本年闰三月十九日，沙市地方因湖南帮客民与招商局更夫滋事焚毁关局囤□，延烧华洋房屋一案。经臣继洵在兼署总督任内，檄调各营前往防护。并委员会同地方官查办，拿获首要各犯余以仁等四名，审明先行正法枭示，余犯饬在确审拟办，此案起衅细情暨获犯审办各节业经奏报在案。其时以沙市案情重大，臣之洞奉命入觐，行至上海钦奉电旨折回，本任办理此案。当经一面饬荆州道府营县安抚居民拿办余犯，一面与领事等议定完结此案办法。兹据荆宜施道俞钟颖、湖北候补道扎勒哈哩，率同荆州府知府舒惠、江陵县知县刘秉彝，暨各委员等禀称沙市湖南帮客民余以仁，因同乡杨兴全被招商局更夫周顺兴殴伤肇衅，纠众焚烧关局，延烧华洋房屋一案，先后拿获首要各犯，均籍隶湖南巴陵、湘阴、临湘等县。会提逐一研讯，均各认供不讳。除情节最重之余以仁、李得胜、张汰贞、袁辉煌四犯先已奏明正法外，其余各犯内有易跛子，即易成应一名讯系曾经听从放火滋闹，该犯素不安静，扰害地方，应拟永远监禁。周玉清、黄善堂、余忠恩、许兴明、谭左卿五名讯系随声附和，烧毁华洋房屋，□未抢夺财物，未便稍事宽纵，该五犯均应拟以监禁十五年。招商局更夫周顺兴、即王姓讯系倚仗主势，于杨兴全前赴招商局门首溲弱□，即□担行凶伤人，以致酿成巨案，情节较重，应拟监禁十年。曹品堂、杨高明二犯究无随同放火抢夺情事，惟因杨与全被伤抬回医治中途□转，并□明同帮之杨悦来开会馆请客议事，酿成事端，均应拟监禁五年以上。监禁各犯均俟限满，由地方官察看是否安分守法，酌量办理。刘荫堂、彭□汰、陈春堂、汤成家、刘洪成、彭方心、李福元、孙保廷、刘怀保九犯询系仅止随同滋闹，拆毁栅栏，并未放火抢夺，均应酌予满杖击，带铁杆石廉。二□徐正焕、陈茂清即陈教师二犯，讯系仅止随同滋闹，拆毁栅栏，亦无放枪抢夺情事，均应酌予杖一百，枷号一个月。沙市招商局董□同知衔候□知县引鸿泽平日恃势凌人，此案如将更夫当时交出审办，自可无事，乃袒护，更夫不交，以致南帮之人不服，滋事酿成巨案，其咎甚重，应□南□约束不严之会首，从九品职衔杨明阶一并斥革，另行追照缴销，永不准投效军营，更名捐复，并饬各府县驱逐回籍，不准在湖北地方逗留。逸犯获日另结等语，臣等督同臬司覆加查核，所拟尚属允协，应部照此完结。至沙防营勇日本公使所称滋事时，该勇为匪党声援，查明尚无其事，惟驻该镇不弹压解散赶督水龙前往扑救，实属观望不力，已饬将该营勇丁撤遣回籍。遴沪得力将官另行募足所有管带，该营总兵江得意督率不力，应请旨以都司降补，该营右哨哨官花翎游击李心鉴，后哨哨官把总池士祥二员，应请均即行革职，江陵县知县刘秉彝系于闰三月十七日到任，沙市滋事系本月十九日，中间只隔一日，沙市又距江陵县城十里之遥，该令一闻事出即行驰往，实属竭力保护，势有弗及，查光绪二十二年总理国事务衙门奏定教案处分章程，内载如系事起仓猝，迫不及防，应将地方官照防范不严降一级留任，公罪俯议降一级留任等语，此案江陵县知县刘秉彝到任仅止二日，实属事起仓猝，迫不及防，随即赶赴沙市竭力弹压，抚慰居民，幸未激成巨衅，并将首要及附后各犯拿获多名惩办，应照章议，以降一级留任。管带荆江后营水师副将张国栋，所带皆系炮船，曾经派勇协同弹压，据该道等查明该船一时难于调集，人少力难震慑，尚非保护不力，照章议处，应请俟补缺之日，降一级留任。至延烧英日两国公寓洋行，损失货物各节，前准总署电，开日本公使矢野照会，沙市一案该国政府电令要求五事：一、明降谕旨，将各外国人身家财产一体优待保护，勿再有如此之事，谕管须极周详；二、将此案匪徒从重治罪，并弹压不力之地方文武，从严议处；三、赔补官平银十万五千两；四、沙市将管租界章程以杭章为本；五、岳州、福州、三都澳均设日本专管租界，嗣后又接该公使照会，将赔款减为一万八千两，余款又减其半，改为修堤费各等语。查沙市滋事一案衅起招商局细故，并与各国人为难，当经臣之洞随时酌议，电达总署与日本公使矢野详商一切，其所请明降谕旨一节恭读，五月二十四日邸抄，此事已经钦□上谕，又请拿办匪犯，惩儆地方，文武官均为我内政应办之事，兹□分别拟办。至所索租界照杭章一节，查杭章乃未定专管租界，以前所议□定专界则断难援照，浙鄂情形迥异，只能就地定章，至租界细目，地价可予酌减，道路沟渠常租可免，惟其价未便全免，许其随意酌给华民杂□一条。汉口德界，已经总署允行，日界自可照办。又请开三埠，各节事与沙案无涉，已经辩论明晰，可置不议。又索赔一万八千两一节，查日领事住屋，乃系我租与，非彼屋，原订合同有遇火延烧日本不赔屋，甲国不赔物之语，本可不赔，即日本领事屋后货物陈列，屋宇窄狭，所失当亦不多，惟衅起匪徒，在地主愿敦睦谊。现已饬沙市关监督在原处重造新屋，仍照原式量加，扩充整洁，租与日本领事，□价多少不计，以便安居，拟共给赔款一万两，一切各项赔补均包在内。又派请以八万六千余两作沿江堤费，两国各半一节，事属可行，当已照允，并与议明修堤工费，恐尚不止此数，惟此乃两益之事，将来无论所费若干，总是两国分认兴修，时公同估计，公同监工。以上与日本所议各节，经总署屡与辩论，日本政府暨公使烦能顾全邻谊，不肯始终坚执，业由总署与矢野议定完结。又英领事所索各节除明降谕旨，惩办各犯，惩处官员三条与日本相同已经自办外，所索赔补怡和洋行存货器具招商局圃船存货，及领事幕友人役失物共银二万二千九百余两，叠□辩驳共许给一万两完案。惟催开岳州口岸一节屡次照会，目前即须开办，词意坚悍，查岳州地方系奉旨开作通商口岸，久经知照各国，此事我自开之口不应牵入沙案，且湖南风气未开，若举办太骤，布置未周，于商物必然无益。昨准总署来电拟于明年二月开办，当即另文照知英领事，声明此与沙案无涉，惟此次沙市衅系由招商局董张鸿泽一人酿成，厥咎甚重，据司道府县绅公议，此案赔款本应由招商局全数缴出，姑予从宽，官商半分认，除日本赔款一万两由沙市关筹给外。查沙市英国商货存放商局囤船者三千三百余两本应该局赔偿外，英国赔办约六千数百两，所有英国赔款其一万两，应饬令招商局将款缴到江汉关转给，以示儆戒，而昭平允。其沙市关税务司毁失衣物，应由该关监督，另行斟酌补给。现在沙市地方静谧，关局各项房屋饬令筹款，次第修复，除仍饬该地方文武各员妥为巡防保护，并咨总理衙门刑部外，所有此案审办议结各情形，谨合词恭折具陈，伏乞皇上圣鉴，谨奏。奉朱批：另有旨。钦此。

（《申报》1898年9月13日）

（日本）领事驻汉

汉口访事友来函云，刻下日商之赴汉口贸易者，纷至沓来，交涉事件日益繁盛，驻沙市日领事官永泷君势难兼顾，因此日廷另行派员来汉，专司一切事宜，兹已驾临汉渚，暂假洋街小波楼为办公之地。

（《申报》1898年10月20日）

荆州股票纪实

沙市访事友人来函云，荆州官商认领昭信票，其已交银两申解到鄂者，荆州府官借银二千两，监利县官借银一千二百两，枝江县官借银二百两，宜都县官借银三百两，荆右卫官借银四百两，江陵商借银七千二百两，公安商借银二千一百两，石首商借银二千一百两，监利商借银八百两，松滋商借银二千六百两，枝江商借银二千两，宜都商借银一千两。月前荆州府奉藩宪回批所缴之银，均着补交库平库色，其已认未缴之户，并着速行汇解以济要需。

（《申报》1898年10月25日）

1899 年

日员莅任

沙市访事人来函云，前日本驻沙领事永泷君奉召回国，代理者为横田君三郎。现在永泷君调驻意大利，沙市领事已简派二口君美久承其乏。前月某日二口君持节抵沙，挈瀛眷并翻译官一员，学生二人，入居使馆，中东寅僚互相拜会。又以日本公司船年内将驶行沙宜一带，因设筵邀请三公司中人，以联交谊而齐规例，马（码）头则拟定明春开办。按：二口君前曾代理驻沪总领事，熟于中国言语，兼通汉文，今兹奉命驻沙，必能与中国官场和衷共济也。

（《申报》1899 年 1 月 12 日）

振兴商务

武昌访事友人来函云，汉口商务局创办以来渐着成效，惟沙市、宜昌皆系通商巨埠，与汉口互为唇齿，自应设立分局，以期联络商情。督宪张香帅特檄委候补同知张司马赓扬前往沙市、宜昌等处，会同地方官创设商务分局，遴选绅商派充局董，俾商情无虞扞格，利源可以广开，商务得蒸蒸日上也。

（《申报》1899 年 6 月 24 日）

湘人来沙贸易益多①

湖南向以食米运至沙市易杂粮，今年颇庆丰收，故湘人之贩米来沙

① 原为《荆沙渔唱》。

者殊形拥挤。现在上熟米每石仅值钱二千四五百文，中熟者一千八九百文，又次者一千五六百文。穷檐蔀屋中人，莫不含哺鼓腹，其乐陶陶也。

七月某日，快利轮船抵埠，某水手私携洋棉纱、宜兴茶壶、玻璃盏、洋肥皂等物由驳船户李义顺驳运，忽被洋关巡丁查出，悉数运入关署，择日拍卖充公。

（《申报》1899年9月8日）

1900 年

英兵受窘

宜昌访事友人云，前者英国驻宜领事乘舟赴荆州拜会荆宜施道，既而某兵舰统带，恐领事或沿途游猎，爰派兵士三名，驾一小舟顺流访察，行至松滋县属小溪河，忽遇一民船舟子，见有异言异服之人，大声喝□，英兵不解所谓，置之不答。民船中之好事者，见其寡弱可欺，一跃而登，勒令泊岸，正在扭结不解之际，有解事者阻之曰此外国人也，国家柔远之经无微不至，尔等如敢无礼，吾族无遗类矣，众始惧而释手。是夜三英兵饥不得食，乡民或煮鸡子食之，三英兵恐怀歹意不敢下咽。时兵舰统带某君不见英兵遄返，虑为华民所害，发电至沙市告知领事，领事电知荆宜施道署道宪某观察急派兵役往寻，始获三英兵，枵腹数日矣。兵役告以来意，三英兵即欣然脱帽为礼，乃食以饼饵，偕之返沙。

（《申报》1900 年 3 月 24 日）

整顿荆州旗营

奴才济禄瑞兴德禄谨跪奏，为荆州旗营挑练闲散，另行择地立营，暨起支饷项日期，并请拣派北洋洋操教习来荆，以资训练，恭折具陈，仰祈圣鉴事。窃奴才查接管卷内荆州驻防，遵旨挑练闲散五百名，由湖广督抚臣在川淮盐斤加价内，每年筹拨银四万两，以作此项练军新饷。拟仿鄂省护军营制改练洋操，惟洋操军制必须建造营房、讲堂、操场，朝夕驻营，专精练习，方克有效。旗营附近石首县马厂地方空旷，与居民相隔较远，堪以立营，均经前将军宗室祥亨会同湖广督臣张之洞、湖北抚臣于荫霖恭折，查洋操功课详密，修造兵房非徒为栖止之地，必兼有讲习各项课程操法之所，尤须设立讲堂及体操等项屋宇。至成军后，军装衣靴等件，及制备体操器物、测绘算学器具书籍一切，皆为必不可省之需，所费甚巨。奴才与督抚臣详加商酌，核计前此会奏，请以前两月饷项拨用，尚属不敷，应请以前三月饷项拨为营垒军装各项之用，以资建造制备，至抽收川淮盐斤加价，系属新筹之款。创办伊始，开谕各商筹划经营，一时未能就绪，不能收有成数。前奏将饷项自七月起支，其时尚属无款可拨，现经叠次催收，数月内始据解到第一批十一月分新饷，所有此项饷银应即自本年十一月起，并现已将各闲散挑选。有人约计营房竭力赶办，明年二月底当可完竣。拟自是月起开练，起支新饷，前奏请派湖北护军营哨官赴荆教习一节，现与湖广督臣筹商护军营堪胜教习者，经鄂省各防营陆续分派教操，已无多人，现实不敷分派。查北洋新建陆军练法最精，其部下素多娴于洋操之员，湖北护军教习及武备学堂领班均多招自北洋，目前若选洋操教习，自以新建陆军为最胜，相应请旨敕下新建陆军拣派得力总教习一人，副教习二人，来荆州以资训练。一俟营垒修齐即当督饬协领等将新军移驻场内，认督练习，奴才等不时到营，训诫校阅，严定赏罚，总期兵有实用，饷不虚糜，以仰副朝廷整军经武，豢养旗仆之至意。所有挑练闲散，另营地暨支饷日期，并请派北洋教习缘由，谨会同湖广总督臣张之洞、湖北巡抚臣于荫霖恭折具陈，伏乞皇太后皇上圣鉴，谨奏。奉朱批：着照所请该部知道，钦此。

（《申报》1900 年 3 月 26 日）

荆州练习洋操①

沙市访事友人云，荆州将军济留守近就校场建造营房，在八旗闲散子弟中挑选精壮五百名学习洋操，每名月给银四两二钱，其正教习王某

① 原为《沙堤旭日》。

月给薪水银八十两，副教习吴张二人月给薪水银四十两，现在暂假器械局为操场，一俟营房竣工即须迁往。

（《申报》1900 年 7 月 9 日）

荆沙募勇

汉口访事人云，湖北荆宜施道爽召南观察，迩因北省拳匪揭竿起事，人心浮动，风鹤惊心，特于日前乘某轮船至鄂面谒督宪张香涛制军，禀陈沙市近日一切情形，并请就地招募沙防营勇丁，以资保卫，制军准之，随命观察返棹荆江，树旗召募所需军饷，由盐课项下开支。

（《申报》1900 年 7 月 18 日）

1901年

吉贝[1]广销

沙市访事人云，每届木棉上市时，沙市各商家均向上海黄州等处贩运，或购来江口董市，用大柏木船装运入川。近闻上海汉口黄州等处销棉甚广，反有来沙采办者，致各号商有钱无货，柏木船空泊江干，沧海桑田，市情诚变迁无定矣。

（《申报》1901年11月15日）

沙市关收税所[2]

沙市访事人云：正兴官银号向系宜昌府人饶某开设，饶因所开之和兴玉倒闭，银号亦因之歇业，现在银号已改为沙市关收税所，先拟归沙市关委员康某办理，后因康本有沙关文案差，不能兼顾，故须另行委人矣。

（《申报》1901年11月30日）

---

① 吉贝：即美洲木棉。

② 由《荆沙雁帛》分出《沙市关收税所》、《沙市关子口税》。

1902 年

整顿旗营

武昌访事友人云：湖广总督张香涛宫保，目击时局艰难，练兵尤为急务，节经延聘东西洋教习，训练防营数载以来，成效渐著。因念八旗驻防兵丁，本为国家世仆，近来营规废弛，积习甚深，当此创深痛巨之时，正宜奋勉振兴，以备干城之用。爰咨商荆州将军济留守，请酌拨旗兵若干营，移驻省垣，随同各防营一体操练，以固根本，而壮声威，留守深以为然，现已派拨旗兵二营，饬某协领督带来省，以便演习洋操矣。

（《申报》1902 年 2 月 4 日）

止运土药

沙市访事人云：川滇土药，向例于上年之冬，已在彼处定购，灯节左右即可运抵沙市。近因抽收膏捐，各土商中心忐忑，电传止运，大约须俟膏捐议定，方能运来也。

（《申报》1902 年 3 月 29 日）

求免膏捐

沙市访事友人云：此间烟膏捐，迄今尚未办妥。上月某日，烟业十三帮首事，联名缮具，禀词叩乞东湖县主杨葆初大令，转详鄂中上宪斟酌变通。其禀词曰：为遵谕条陈，恳恩垂鉴，转详另筹事职等仰承面谕，湖北新拟膏捐章程，共悉上宪为国筹捐之际，即寓为民除害之心，一举两得，法良意善。职等食毛践土，具有天良，敢不踊跃，劝勉遵行，无奈沙市百货，本以土为流动，若改烟膏，多有不便。职等贸易斯土，痛废相关，岂敢因循含默不语，惟恐竭蹶于后，莫若绸缪于先，议列条陈，环叩公祖大人台前，俯赐垂鉴，转详另筹施行，实为德便。议列各条，恭呈宪鉴：一、湖北全省八区，总以汉口为首善，必须汉口先行，举办见有成效，再令各处仿行办理。况设烟号，非集巨款，万难统收客货，今沙市无人承充，膏商各存畏惧之心，不敢出。亦且熬土之烟馆众多，若令膏铺由膏号购膏转售，恐利无所出，以致失业，拟请斟酌，次第缓行，以期尽善，而免濡滞。一、沙地从前每年土药销过万余担，后设野山关，厘金加重，商贩因湘中较鄂省土税每担少二十余两，故绕越鄂境上分路，由野山关以入湘，自此湘不来办。今沙地只销七千余担，本处分销一二，多系转销于皖豫等省。如行烟膏，则外省不得来沙办运，且押解牵制于商贩，大有滞碍不便之处，必思变计，裹足不入鄂境。买卖商贩，驱归外省，沙市必将冷落矣。一、沙市自轮船一多川云土出省由宜而汉，由汉而申，即将沙市置之闲散，幸有一线生机者，以本地花布出产为大宗，全赖川云土来沙，行运花布百货而往。无论烟膏行否，远商闻之，款虑买卖暂停，不到如本省膏捐必行，办鄂而未办湘。加之昔年土税已重，于湘川云土必皆绕越鄂境，而赴三湘，由湘而转运皖豫等省，及包揽子口逃挂洋旗，势所必然，设土不至沙，不但花布难销，土税及百货厘税反绌，市面必渐萧条矣。一、沙市与汉口土业为百行之一端，沙市土业百货之要领，其各生意货物，均赖土为转运。买卖土商向巨于沙，如改烟膏，禁卖生土，派勇押解买卖，各商必越境他适，而且皖豫湘省决不来贩烟膏，是既无益于膏捐，反有损于百货，花布必无生理市面，必至残败矣。以上四条，概属实在舆情，仰乞宪恩可否准予通融，转详上宪乞定变通之法，抑或于本省之土，另加膏税，名色尽在土上，一律完纳给票通行，外省过境，请示免加，以资流通之处，可畅税需，无损商贩，免至垄断，独登之，并无押解牵制之病，是否有当？统候鸿裁，合并申明。

（《申报》1902年5月9日）

美舰过汉

汉口访事友人云：日前有一美利坚国兵舰，由下游鼓浪而来，下椗江中，勾留数日，闻奉彼国政府之命，尚须驶赴荆州沙市，一观租界情形也。

(《申报》1902 年 8 月 13 日)

沙市人情与商情[①]

沙市访事友人云：日前日本轮船大吉丸，由汉口开行四川，人某甲附之，往宜昌道出沙市，雇小舟登岸购物，旋令店伙送至船中取值，不意舟小载重，偶与轮船相撞，店伙颠入水中，遽占灭顶。旋经店主率众而往，将甲及行李扣住，甲情急浼同船某某等人出为调处，将所带一切变价，备棺衾事，始得已。沙市各帮所销布疋，前经荆宜施道濮紫泉观察会同荆州府舒畅亭太守议定，大布每疋捐钱二文，庄布殿布每疋捐钱一文，刻已禀准。督抚宪饬由牙厘局代收，汇解以应要需矣。今岁芝麻收成甚旺，是以麻油每百斤只需制钱七八千文，其余菜豆各油价亦因之稍减，闻油业中人言及，若洋庄不开，麻价可望减至每担三千数百文，惟米价突然又涨，现在上熟米每石需钱四千左右，诚不知其何故也。江陵县杨葆初大令，以目今天气亢旱，木棉大半枯槁，因于八月十二日起设坛，虔祷，未知能上格苍昊早沛甘霖否也。

(《申报》1902 年 10 月 2 日)

---

① 原为《荆沙近事》。

1903年

荆宜施道整饬庶政[1]

沙市访事人湖北云，荆宜施道余尧衢观察下车之后，整饬庶政，雷厉风行。日前面谕各属员将门稿家丁一律革除，改用候补佐杂，名曰启事官。盖遵兼督宪端午桥中丞之意也，并饬荆州府通判沈别驾裁撤快皂二役，只留捕班，因革损益，此中殆自有权衡乎。

（《申报》1903年6月2日）

沙市厘卡上移

大江南岸窖金洲向设分卡，近日沙市厘局委员金别驾以彼处沙淤水急，货船停泊诸多不便，禀明上宪，将是卡移至上游套子附近，已由江陵县张芸生大令出示晓谕矣。

（《申报》1903年6月2日）

兼两湖总督端荆州将军绰等奏筹办荆州驻防中小学堂折

头品顶戴兼署湖广总督湖北巡抚奴才端方、荆州将军绰哈布、荆州左翼副都统奴才瑞兴、荆州右翼副都统奴才德禄跪奏，为筹办荆州驻防中小蒙养各学堂，并拨常年经费，恭折具陈，仰祈圣鉴事。窃奴才等钦奉光绪二十七年八月初二日上谕，作育人才，端在修明学术，着各省所有书院于省城均改设大学堂，各府厅直隶州均设中学堂，各州县均设小学堂，并多设蒙养学堂，切实通筹举办等因。钦此。查湖北设立文武及

[1] 由《荆沙近事》分出《荆宜施道整饬庶政》、《沙市厘卡上移》。

实业各学堂，业经奴才端方会同本任督臣张之洞拟定规模，奏奉谕旨，次第兴办在案。惟荆州驻防应设学堂，尚未筹定办法。窃维荆州据长江上游，驻防多勋旧后裔，承平日久，户口繁滋，近年人数多至四万有奇，生计既艰，教育尤为急务。且京师宗室觉罗八旗官学，前经奉旨改设中小学堂。荆州地据形胜，辈出人才，近年生□较他省驻防又最繁盛，非多设学堂不足以培根本而宏作育，应遵旨将旧有书院改设兴办。查该驻防旧有辅文书院一所，八旗义塾十所，各牛录官学五十六所。辅文书院成效素著，得士最盛，拟改为中学堂，其学生以生监俊秀中学已有门径，文理精通者充选，年限十五岁以上至二十四岁止，在学四年毕业。义熟十所，拟归并小学堂四所，其学生以秀良子弟能背诵经书一两部，文理粗通者充选，年限十一岁以上至十四岁止，在学四年毕业。官学五十六所，拟归并为蒙养学堂八所，其学生凡八旗童蒙，年七岁者，皆入此学，四年毕业。此项学堂往外国谓之义务教育，又谓之国民教育用意最深，立法甚严。凡幼童已届学年不入学者，罪其父母，将来拟参用其意，庶几教育普兴中小两学堂暂时考选入学，数年之后，即以蒙学毕业学生升入小学，小学毕业学生升入中学。

（《申报》1903 年 8 月 25 日）

荆州将军绰奏筹款充作驻防学堂经费片

绰哈布等片□再已裁缺之荆州三卫守备屯粮平余拨充荆州驻防学堂常年经费。经奴才端方檄饬荆宜施道查明详办去后，兹据荆宜施道余肇康详，据兼理荆州三卫官、江陵县知县张集庆禀称，查荆州三卫屯田分作江陵、公安、石首、监利、松滋、枝江、宜都及荆州、门直、隶州、当阳、钟祥、京山、潜江等十二州县共计额田六十四万五千余亩。坐落江陵额田十二万余亩，除历年永淹沙压荒废蠲缓之田不计外，现在成熟完粮之田四万余亩，将来改归丁漕，按科则计算，江陵平余约计制钱二千串。此外屯坐各州县就江陵额田十二万亩，例之屯坐，仅十分之二改归丁漕，即可将平余二千串，以十二州县屯田约略计算分提平余，不难足万串之数。目下正值开办清丈，将来事竣，某州县熟田若干，荒田若干，即有依据。其分坐江陵之田丈毕，如果熟田有盈，则平余自可加增，仍全供驻防学堂之用，以期涓滴归公等情。查荆州驻防兴办学堂培植八旗，材武英俊，关根本之至计，为强干之要图，筹拨经费尤为先务。此次平余本非州县所有，拨充学堂常年经费最为允当。现值开丈，军户不免观望，今年应饬尽力催征余款，若十全数报明，专款留备驻防学堂之用。明年改归丁漕分作十二州县屯田，各应得平余若干，令各该州县据实开报，按年照江陵县提充学堂经费，以昭划一。如开报不实，一经发觉即将该州县严行参处。清丈事竣，熟田有盈，平余加增，亦令悉数全充驻防学堂常年经费。应自明年开征丁漕之日起，由各该州县分认，解交藩司衙门，转解荆州将军衙门弹收，分发驻防各学堂备用。各牧令遇有交替，专案则入交代，不得短少，并由藩司严行稽核，与近年各州县所提丁漕平余一同批解。驻防学堂得此的款经费有著裨益，实非浅鲜等情，详请奏咨，立案前来。除由奴才端方檄饬，藩司立案，及分饬屯坐十二州县一体认解，并咨明户部，外谨合词，附片具陈，伏乞圣鉴，谨奏。奉朱批：户部知道。钦此。

（《申报》1903 年 8 月 26 日）

荆州将军绰奏遴员监督驻防中小蒙养学堂片

绰哈布等片，再荆州驻防学堂开办伊始，规模甫定，一切改并增拟事宜，亟应遴派监督考察，讲求始能悉臻妥善。兹查有湖北候补道喜源究心时务，上年自备资斧，□历日本，于日本大小学堂建置之规制，现行之章程，应用之书籍仪器均能悉心考求。该员志趣远大，事理详明，拟即派充荆州驻防中学堂监督，饬将驻防中小蒙养各学堂应行增改事宜，会同荆宜施道余肇康体察情形，研究得失，随时禀商奴才等妥速办理。谨合词附片陈明，伏乞圣鉴，谨奏。奉朱批：知道了，钦此。

（《申报》1903 年 8 月 26 日）

荆州兴学

武昌访事人云，荆州府居鄂省上游人文蔚起，每科乡会试获隽者，不乏其人。迩来荆宜施道余观察、荆州府舒太守接奉部檄兴办学堂，因谕令将荆南龙山两书院改为中小学堂，旧有之款改充学堂常年经费，惟驻防八旗子弟之向学者，尚无肄业之所，荆州将军爰商之兼督端午桥制军，以裁撤荆左右三卫衙门每年征收平余项下约有制钱一万千，请奏乞拨归旗营为创办学堂之费。某日奉旨允行。制军随檄委候补道喜观察为学堂总办，并添委署盐道梁观察前往荆州，指授一切。

（《申报》1903 年 9 月 23 日）

荆沙警务

沙市访事人云，此间开办警察颇著成效，惟以经费不足，办理殊艰。迩由局员熟筹良法晓谕，通衢略谓：警察之设固属清理街道，但经费不足，碍难多雇勇丁。沙市一局仅有巡勇两棚，所辖大街小巷不下百余，专资巡勇打扫，仍不能遍及。现在城内各街巷皆归铺家、烟户每日清晨自行打扫，局勇则专挑渣滓，随时经理而已，官民通力合作，街道独见洁净。沙市自应一律照办，合行出示晓谕，为此示仰沙市铺家人等知悉，各家门口仍须于每日清晨自行打扫洁净，将渣滓用竹箕篾筐装置门口，由清道夫转送僻静地方倾倒。至往来骡马遗粪街心，仍须责成两对门随时扫除，各清各段，不得推诿。至庙门公所无人之处则仍归局勇按日打扫。自示之后，倘敢故违，一经坐办分办委员查觉定行传案责罚，决不姑宽，其各凛遵勿违。

（《申报》1903 年 10 月 1 日）

1904 年

兼湖督端奏筹拨荆州旗营操衣等要需片

端方片再荆州驻防旗营兵丁，奴才叠准荆州将军绰哈布函电筹商，拟先改练常备一军实为当务之急，窃以练兵要义，军械必求其新，操法必取乎上。荆州驻防向来志气纯朴，赳桓可用。光绪二十五年遵旨挑练兵丁，由鄂省川淮盐斤加价内每年筹拨银四万两，仿照鄂省护军营制建立营房、讲堂、操场，改练洋操。经前荆州将军宗室祥亨会同本任督臣张之洞、前抚臣于荫霖奏明在案。只以饷源支绌，军械操法尚未能一律改换新式。今将军绰哈布遵奉谕旨，讲求练兵拟防照湖北省新练各军营制改练，虽工程辎重等队，未能同时并练，而先练之常备军马步队所需操衣、靴带、雨衣、背囊等件必须购备齐全，不得稍涉苟简，亟应设法筹措以应要需。拟即于练兵新饷项下每年提拨银六千两，解交荆州镇营，专供购办操衣靴带等项之用。并饬枪炮厂拨给新式快枪一千五百支应需，打靶药弹随时拨解济用。由将军绰哈布会同副都统瑞兴干禄慎选教习，督饬认真教练，以固根本，而树干城。所有按年筹拨荆州旗营常备，购办操衣鞾带等件要需缘由，谨附片具陈，伏乞圣鉴，再湖北巡抚系奴才本任，毋庸会衔合并陈明。谨奏。奉朱批：该部知道。钦此。

（《申报》1904 年 1 月 2 日）

兼湖广总督端奏监利等县民堤续被秋汛漫溃分别筹办情形片

端方片再本年五月间因大雨连番，襄河盛涨，潜江县永丰垸、天门县孙家湾、监利县易家湾各民堤先后河水漫溃，经奴才严饬分别抢修，并酌拨公款以工代振，旋据禀报已将潜江、监利两县溃堤堵筑合口，业将办理情形专折奏陈，奉朱批：着即分别抚恤，毋任失所，钦此。当即转饬钦遵办理，讵七月二十八九等日襄河秋汛涨至数丈有余，兼因江水甚大，抵塞下游，水无消路，倍觉汹涌异常。潜江县新修之月堤，经委员候补知府彭觉先、潜江县知县毕井田极力抢护，幸保无虞。监利县梁子垸民堤因水漫过顶溃决成口。又天门县孙家湾新工已将合口复被冲刷殆尽，幸居民先俱迁居高阜，尚无损伤人口情事。据监利、天门等县先后禀报前来，查天门县孙家湾溃口水流甚急，施工较难，前经该署县杨悦督民抢修，功甫及半，旋被水冲刷。民情困苦，再责令自行筹修，实属力有未逮，经奴才饬司酌拨公款钱一万八千串，津贴堤费。责成该署县杨悦在溃口处所退修月堤广集人夫，并工修筑。其监利县梁子垸溃堤亦经勒令该县刘延坦设法抢修，俾资保障。至被水灾民，业已饬令分别妥为抚恤。此外未经被淹各州县秋收尚稔，米价甚平，该灾民等或捕鱼为业，或小贸营生，糊口有资，尚不致流离失所，堪以上慰。慈谨所有监利等县民堤续被秋汛漫溃，分别筹办情形，谨附片具陈，伏乞圣鉴，再湖北巡抚系奴才本任，毋庸会衔合并陈明。谨奏。奉朱批：着即督饬赶紧修筑，以惠民生。钦此。

（《申报》1904 年 1 月 5 日）

造谣阻学

沙市访事人云，前者沙上匪徒妄造谣言，谓乡间所设蒙学堂，现由地方官派人严密稽查，恐于师生必多不利云云。一倡百和，闻者心惊。当经江陵县张芸生大令出示查禁，此风仍不稍息。某日大令因又发出六言韵示曰，近有痞徒横行，妄以查学为名，在乡滋扰蒙馆，造谣恐吓愚民。本县方兴文教，安肯辱及学生。官立民立一体俱重，读经讲经所颁初等一书，实系奏定章程。再有痞徒扰害，定予捆送来城。既而大令访悉此辈摇唇鼓舌，故态依然，有谓将由外国人挈同差保，至各学堂查核者，以致村学究纷纷逃匿，甚至诸生哗然而散堂中，逃避一空。爰饬地保肩牌鸣锣，谕令各生照常上学，其牌上告示云：照得学堂大兴，原为教导蒙童。痞徒造谣生事，愚民无故相惊。不知官学私学俱重，读经讲经不与外国相涉，更无差拿学生，务各照常上学，谣言切勿再听。如有假冒差役，定予捆送来城。

（《申报》1904 年 6 月 21 日）

江陵设立报馆[①]

江陵县张芸生大令前以沙市民智未开，特设阅报所购备各报，任人往观，以广见闻，闻者无不称善。既而某绅又就丝线街左近文昌宫设立书报馆，添办经史子集以及各种新图、新报以便参考，每日午正十二下钟开馆，六下钟闭门。

（《申报》1904 年 6 月 22 日）

沙市缝纫业生意大佳[②]

沙市访事人云，此间一切商情皆如往日，惟缝纫一业生意大佳，五月中有缝工数百人来自汉口，仍觉不敷，工作是可异也，或曰近日风气侈靡，居人于服御之物不厌，详求即此一端，已可见习俗之日趋于下，理或然欤。

（《申报》1904 年 8 月 10 日）

荆州留日学生名单[③]

荆州府属诸生之留学东瀛者日渐加多，计官费生十二人：王荣树、

① 原为《荆沙琐事》。
② 原为《金沙人语》。
③ 原为《金沙人语》。

黄瑞兰、李家铨、孙德泰、孙成、徐定清、刘文度、张知本、朱家璧、曹履贞、李家谷、徐志绎；公费生六人：谢步瀛、陈龙章、王明海、朱友英、徐成銮、陈祖兆；自费生二十五人：李家珍、黄传纶、杨清贵、刘楚宝、司克熙、陈克炜、孙德震、朱家炘、李正钰、时功玖、邓裕嵚、吴瑞麟、王运震、李家铭、邓振、王崇铭、朱家璘、朱家瑊、邓继支、郑之卓、邓裕澄、马鸣谦、王立猷、王立模、王瑞粹；又女学生五人：朱秀松、张镕、曾尚武、陈祖琇、朱敬仪。其中占江陵籍者四十三人，公安一人，松滋一人，枝江一人，监利一人，宜都一人，惟石首无之。至商于沙市之子弟往日本考求商务者，亦有数人，彼都人士殆有志向学者哉，然果不为习俗所染，一意将新学钻研则善矣。

（《申报》1904 年 8 月 10 日）

荆沙近况之学情商情①

沙市访事人云，日前湖北荆宜施道余尧衢观察发出番佛六百尊，以充荆属游学东瀛之诸生旅费，培植人材，可谓加人一等矣。

沙市警察局自樊大令接办以来，规模颇觉严肃，每一地段必悬一小牌标明，警察勇某人、清道夫某人，俾市人一望而知，设遇事故不至互相推诿，其法可谓善矣。

迩来商人之来沙采办棉花者，皆用制钱，以故钱价陡昂，前者每钱文换银八钱六七分者，现已加至八钱九分五厘矣。

（《申报》1904 年 9 月 5 日）

委办沙市保商局（湖北）

沙市保商局本由孙廷林观察专办，兹观察以接办宜昌土膏要差，又

① 原为《荆沙人语》。

有签捐商务及瓷器公司各事疑难兼顾，已于日前力辞，兹已改委员吴政修观察前往。其商务局一差，孙观察亦已力辞，闻将改委原办是差之桑、孙两观察专办云。

（《时报》1904 年 10 月 30 日）

自修炮岸（沙市）

租界之外所谓大慈庵者，向停泊民船。春间，英领事要求安设怡和趸船，经荆宜施道余肇康观察尧衢极力驳诘，至今未结。昨闻有盐商某禀经余观察，自筹经费估修，以杜争竞。

（《时报》1904 年 12 月 20 日）

1905 年

沙市（荆南中学堂师范学生毕业）

去岁荆南中学堂师范学生卒业者共三十八名，由道宪余尧衢观察给与文凭，准其于道属各府县充当小学堂教习，月给修金二十四元。

（《申报》1905 年 2 月 16 日）

荆江水师营请添公费（湖北）

荆州水师营饷储向薄时觉不敷所用，日前该营管带禀请鄂督援照常备军制，酌量添给公费银两，以备整顿。

（《时报》1905 年 3 月 11 日）

荆州施南遣生出洋

升任齐臬余尧衢廉访选派荆南中学堂学生数名赴日本留学，业已道出省垣。并经廉访先期咨报学务处，详请给咨。遄行施南府亦于日前在赔款兴学余项下资遣学生数人赴日本学习师范，以便归教乡人，业已起程过省。并经府尊施太守禀请学务处给咨立案。

（《时报》1905 年 4 月 6 日）

沙市开设师范传习所

沙市各绅近因小学堂缺乏教员，特禀准荆宜道蔡观察在城内设立师范传习所，聘请出洋卒业师范生传授各门，择定地段即行开学（否）。

（《申报》1905年4月29日）

湖北荆宜道照会沙防营调兵弹压松滋土匪

湖北松滋县距城一百二十三十里，与公安县及湖南澧州交界之祠堂冈地方，于本年二月中旬有匪徒伍华甫勾串附近公安修堤之土夫，与湖南红虎会匪徒陈竹亭等在彼处强牵耕牛，抢劫钱货，受害之人被其威胁，莫敢谁何。旋竟奸掳妇女，设堂聚痞，开炉铸械。附近居民知危在旦夕，纷纷迁避。松滋县主胡大令子功据报，急会同城守营把总马庆贵选带壮役，召集各乡团丁，亲往查拿，一面移请澧州、公安各牧令会同拿办。迨胡大令驰抵，彼处已由团首伍朗山率同团丁拘获匪党卢谋恒、伍家安、伍家学、李昌春、陈焕亭等五人，搜获飘布，并焚毁匪巢数处。匪首陈竹亭及伍华甫等则已闻风逃逸，既而所获五人中，有陈焕亭、伍家学两人仍被纸厂河人陈光爽乘隙放去，因即将陈光爽拿获押交。并查得公安县境内土棚数十座，所聚土夫均已逃散。同时湖南澧州牧某直刺派营勇一哨，并加派团勇拿获张家铭一犯，及伍华甫亲父、胞弟二人收押，所派营勇已进扎石子滩搜拿余匪。胡大令又恐再有肇乱情事，特禀请荆宜道调派沙防营官带勇五十名，并荆江水师炮船两艘，即日驰赴祠堂冈鹅颈湖一带驻扎，俾资弹压。荆宜道某观察据禀已照会沙防营，即日调兵前往矣（履）。

（《申报》1905年5月5日）

洋码头修理工竣

沙市关洋码头下一带驳岸，现均修理工竣，预备租给各公司安设趸船。日前经荆宜关道蔡观察发贴示禁数条，一、此项工程专为趸船利便商旅起，见凡民船于趸船未来之先，亦许暂时停泊，惟石柱、石椿不得抛锚下椿。一、各码头如已安设趸船，所有民船不得靠近趸船，以图上下人货。一、各民船停泊码头务宜恪守定章，不得喧哗滋扰，及在船聚赌斗殴等事，保正提差亦不得藉端讹诈。一、此项章程勒石江干，永远遵守（否）。

（《申报》1905 年 5 月 21 日）

监利县教民酿祸

鄂属监利县罗山地方有圣公会天主堂两所，向称和好。兹有圣公会教民某甲强将毗连某乙之灌田水道畅开，乙田大受侵逼之害，某乙畏之不敢与争，遂亦投身于圣公会堂，久之与会长声气渐通，乃将受欺情形详细禀诉会长，以曲在某甲向之申斥。某甲以会长袒护某乙，愤懑不平，竟舍圣公会而就天主堂。一日适某乙他出，某甲遂领率多人将某乙田麦悉行强割，以挑其怒。某乙将此情形白诸会长，会长即走谒天主教神甫，某君据理直争，卒未平允。事后某甲仍仗堂主之势，约集教民等纠闹至圣公会堂，会长均退避三舍，庖丁某适当其锋受伤毙命。现已有警电来汉，由驻汉总牧师余君文卿与天主教驻汉总神甫办理此案，未识若何了结也（泰）。

（《申报》1905 年 5 月 23 日）

监利教案之别报

监利教案已据汉口函告纪诸昨日报端，兹得武昌来函，所述略异，并存之，以俟续报。函云，监利罗山镇顾某人甚顽固，前有美国教会往该处设堂传教，顾即非之。适教民某在外买米，倚势恐吓脚夫，顾即耸动乡民与教民为难，教民惧逃入教堂，众逐至教堂门首，将玻璃窗击碎，近尚相持不下。又云美领事马君谓民人持械毁堂，地方官并不保护，并闻所持器械皆系官物，上宪以情节支离，已电令荆宜道查复矣（履）。

（《申报》1905年5月24日）

派员调停监利教案

监利教案已迭志本报，惟传闻异辞莫衷一是。昨又据官场传述起衅之由，谓上月监利县螺山镇有顾华亭弟兄因争产滋闹，一投身于圣公会，一投身于天主教，彼此各恃有依倚，互相争执两有微伤。圣公会忽报，由领事照会官场，谓有民人抢毁，荆宜道因派沙防营钱参将及委员张绍文前往调停其事（履）。

（《申报》1905年5月29日）

沙市绅商致上海商会函（为不购美货抵制禁约事）

上海总商会诸君公鉴：美禁华工波及士商，实堪痛恨，贵总会倡议抵制，并电示敝处，凡有血气莫不感激赞成。近已通知各行均允不销美货，惟当如何实行，届期务望示及，兹将管见所及录呈台鉴：一、美货牌名闻已调查刊有成书，惟各埠距离穹远，殊难遍及，请列表汇刻随报分寄各埠。一、实行之日须由总会议定罚章通告各埠，一面派人调查如有贩买美货者，由调查员报告其地商董议罚。一、须派人至美国各埠与华工妥约，改约以后须立切□自治规条，由总会举人监督，以善其后，而免口实。以上各条未知能否施行，祈斟酌采择是幸（外）。

（《申报》1905年7月3日）

荆州士商之抵制

荆州江陵图书馆同人因抵制美约事，于十三日下午三句钟，邀集师范传习所及学务公所各执事，商决办法如下：（一）此议由学堂提议联络沙市商界协力实行。（二）公举数人于沙市关卡随时调查入口货物以免美货□入。（三）所有各商未经售出之美货，许在本地缓行销售，但勿得与他处商人彼此通融发卖，以杜流弊。（四）美货销尽后，不准添办，违者查出全行充公。（五）此处本无美国码头向来系借他行囤货，嗣后如美人自行办货到此不许借行停留。

（《时报》1905 年 8 月 2 日）

沙市绅商抵制美货①

沙市绅商书（前略）敝处绅商集议抵制，无不人人踊跃，除前电覆外抱定不用美货之旨，此外美之教士，美之商旅照常礼敬，以符文明举动（后略）。

（《申报》1905 年 8 月 10 日）

电告沙市轮船不装土产

闻赣抚电致府云及前因英商太古洋行沙市轮船赴内河载运货物，曾经民船聚众拦阻，惟恐滋生事端，昨已札饬九江瑞道就近与驻浔英领事面商妥善办法。今拟沙市轮船只装洋货，凡内地土产等物，一概免运，仍由民船装载，现由乐领事转饬太古洋行遵办矣。

（《大公报》1905 年 8 月 28 日）

---

① 原为《汇录各埠致会少卿抵制禁约各函电并曾复函》中节选。

1906年

电饬修筑沙市支路

闻商部堂官核议四川总督电称，川汉铁路不由沙市经过，惟沙市系为商贾会萃之区，拟请修建沙市达汉口支路一段，以便商旅而维商务等情。查该督所请原以振兴商业，自应核准。前已电饬川督兴修矣。

（《大公报》1906年1月15日）

创办沙市织布厂

沙市商务日渐发达，兹有富户邓某纠集同志，筹款二十万创立织布厂一所，定于七月初一日开办，已派人赴沪购办机器矣（英）。

（《申报》1906年6月7日）

1907 年

江陵县易委之原因

鄂属江陵县地当沙市通商口岸，且系荆州驻防之地，其缺素称繁剧。前署该县之李天柱大令因案去任后，经鄂藩委武昌谳局承审委员林道堂前往署理，而林恐才不胜任，力辞数次。适前鄂督文案现署孝感县知县张嘉畹因赔累不堪，力求交卸，鄂督张香帅允其所请，遂饬藩司李少东方伯将张易委江陵，闻该缺每年可得四万余金，此亦香帅体恤属僚之意也（今）。

（《申报》1907 年 4 月 25 日）

荆州旗丁马厂庄田之调查

驻防旗丁业奉谕旨裁撤口粮，责令耕种，并将田庄马厂调查明确，俾令自食其力等情，已志前报。兹闻湖北荆州驻防人数较他省为少，而原有牧马厂几近五万亩，因历年荆州驻防与汉人势如水火，故典售之事甚少。又有魁恩季三姓历任显秩，所置膏腴庄田亦有二万余亩，几占荆州属地之半，将来旗丁归农必得其所，当不至有购地授旗之事也。

又闻鄂督赵次帅出京时与张中堂筹议裁撤驻防善后事宜，拟以鄂军赶练两镇挑选少壮旗丁入伍为兵，以免计口授田，多所困难。闻荆州将军松留守与次帅素有交谊，想此事必能和衷商办也（今）。

（《申报》1907 年 10 月 21 日）

要索出洋学费

石首县附生曾寿轩去岁在章玉臣大令任内请咨出洋游学，旋以进省过迟，未及东渡。该生乃措资赴日留学警察，本年随班考试，卒业领取文凭，回国到鄂后至学务公所朦禀，奉批原籍补给学费，又至臬署呈控章大令不肯热心教育，严禁烟馆等情。迨归石邑适值新旧县令交替，该生先见前任请领学费，经章大令谕以未奉批准，旋晤新任请给川资三百串，又经姜朗夫大令谕俟接准移交，查案办理，乃该生迫不及待，至学务会计处索先垫发，会计员以未奉文不允，该生即拳足交加，将会计员殴伤，幸经城乡各绅出劝，设法挪动他款六千，作为该生出洋津贴了事（为）。

（《申报》1907 年 11 月 29 日）

1908 年

履勘沙宜荆铁路轨线

勘路委员覃兆赐、王维城会禀鄂督，略称，职等奉委照料履勘沙宜荆路线，于十月初二日至沙市，由沙市后望板桥地方接勘，西北向十六华里，过荆州府城小北门，越小河二道，宽约二丈，正北行四十华里，至麻石桥，地极平坦，兴筑最易。由麻石桥至荆门城外之接官厅，计程一百零六华里，地势稍高，然极宽平，仍易兴筑，中间经过小河七道，以青布河为稍宽，约十丈余，此外均系鸿沟，无大桥工，此沙市至荆门州之接官厅大略形势也。再由荆门城外接官厅接勘，向西行至宫阳县，以步表计，共九十六华里，山岗居多，□黄木岗、桐树垭两处稍高，约二百密达以内，然或挖高补低，或沿山脚盘绕，尚易为力。中间经过小河六道，惟漳沮两河稍宽，约五六十丈，此外尚有小溪沟十余道，此荆门至当阳县地势也。由当阳县至宜昌府城，以步表计二百三十华里，均系大山连绵平地，绝少山之竣者。以河岗子、观香塘、风暴山、茶店子等处，惟最高处约百数十丈。据技手云，若筑当阳宜昌铁路，中间须开隧道十道，长者三四英里不等，甚为费力。重山叠岭，无可绕避之处，沿途过河九道，以龙家河为稍宽，约二十余丈，无繁重市镇土产亦少，除杂粮外，惟棉花间有出境，销售河南边界各处，然亦不甚多，此当阳至宜昌之地势也。再卑职等正禀详间，复奉会办王道谕，于勘至宜昌后，仍邀同技手等再由宜昌以下，依北岸勘抵沙市，比较由荆门至宜昌，与由沙市沿江岸上至宜昌两路难易等因。兹卑职等，遵由宜昌江岸勘回沙市，计步表约一百三十华里，先自宜昌府城东门外向南行，一路皆系山岗，至大坡瑙则甚属高峻，须开隧道一英里之谱。黄龙寺一处，山亦甚高，须开隧道两英里之谱，余依山岗，建筑尚不费力。行百四十华里至王家居，始落平地，由王家店至荆州府城约九十华里，均平地无山，中间有地太低洼者，恐局积水，所浸建路，须高在一丈以外。计过小河十四道，以玛瑙河为稍宽，王家渡次之此路，有离江边二三十里者，因江边近处地低连年为水所淹，故设法绕避。据技手云，此路较之由荆门至宜昌之路，可减一半工费，除图说由测绘员另呈外，理合将沿途大略形势，据实禀复。(青)

(《申报》1908 年 1 月 9 日)

沙市洋关购买趸船

湖北沙市商埠各码头从前只有招商局置有趸船，后被民人打毁，附轮到沙之客均须划船上下，颇形危险。现护荆宜道斌太守特委该关稽查员丁子文别驾赴汉，向船厂订购大号趸船一艘，以资便利。

(《申报》1908 年 10 月 12 日)

旗民工艺传习所成立（湖北）

荆州将军恩留守，以该管驻防旗丁，生计维艰，爰移商鄂督在藩库借银五千元，创办工艺传习所，挑选旗民中粗识文义者一百名入所肄业，以一年为毕业期限，刻已组织完备开办矣。

(《申报》1908 年 11 月 19 日)

1909 年

荆楚筹御水灾汇志

湖北大水为灾，米价腾贵，经陈小帅奏明，派员分赴湘赣皖三省采米平粜，并请沿途厘税一概豁免。兹因赣湘二抚以该省俱有偏灾，不得不兼筹并顾，鄂省购米须先核定石数，专派委员持照前往采办，免收厘税，如系商人仍应照完厘税，以示区别，俾有限制。荆州、沙市两埠现缺米粮仅支十日，而素恃接济之川湘两省，一则禁阻米粮出境，一则亦因水淹乏米，故购买无从。转瞬粮绝，必酿巨变。由绅士邓裕聪等电恳，咨商川帅开禁数月，以济燃眉。当经小帅电咨川督赵次帅略云："荆属灾情甚重，民食万一不济，隐忧尤大，委系急迫异常，川、鄂唇齿相依，我公饥溺为怀，必不忍坐视，务速饬开禁数月以振邻灾，而弭隐患。"尚不知次帅如何电复也。荆州府属水灾以公安为最重，江陵次之，枝江又次之。现荆道吴观察电禀督帅已派炮船两艘往公安镇摄，俾免滋事，并派委带铜元五百串，青饼一万零一百枚赶往散放急振。复饬江陵县王令国铎备熟食赶赴四乡散放，并带炮船随往弹压，但灾区广阔，振款无多，后患正未艾也。又荆州之万城堤与公安之丁家潦民堤对峙，日前万城堤危险已极，全城人民异常惊恐，荆州恩留守乃发兵渡河，用炮轰破公安丁家潦堤，水势直流入内，荆堤方获无恙。而公安则一片汪洋，田庐人民悉遭淹没。各属被灾之区如沔阳、天门、黄陂、汉川、武昌等县均时有饥民勾结匪徒抢掠。昨陈小帅特饬防营营务处，移行前后左右四路巡防队统领，荆襄水师统领分别转饬水陆各营实力弹压保护，其乡镇市集尤宜分哨梭巡，倘有弹压不力，定惟各该营官是问。各该地方官遇有被灾之区，亦应加意图维，严分良莠，如有藉灾为名聚众抢掠者，必非安分之徒，务即择尤严惩。小帅又以各属居民多典质以济日食，惟典商之铜元须向各市镇购运方资周转，而匪徒抢劫之事亦在在堪虞，是以并饬水陆防营随时妥为保护，并严饬不得稍事需索。天门县黑流渡南岸部堤内筑有月堤，五月二十二三日，河水陡涨一丈六七尺，致将萧家垸之卢家庙部堤冲溃，月堤亦遭淹漫。被淹者天门属上自多多垸起，下至戴家垸止，共计二十八垸，绵长九十余里，潜江属约十余垸，水势直由沔阳之沿江口芦林湖出，汉阳之沌口而入，长江淹毙大小男女约千数口，房屋财产牲畜难以数计。现由岳口镇绅耆善堂以馒头干粮前往放振，先行拯救水中屋脊并树梢上之灾民，而襄河水师左营江管带学朴已派哨弁钟昌贵率带艘板前往弹压矣。又石首县被灾之地人口流离死亡甚多，现已由县开仓放振，并由荆宜道在钞关借拨银二千两购米接济。昨电禀到省，复经小帅饬筹振局拨钱委知县陈继先购米五百石运往散放，俟振款筹集再行拨济。

（《申报》1909年7月31日）

荆楚筹办水荒要政

鄂属水灾以沔阳、潜江、公安、天门等县为最重，其生存者多流离至武汉就食。日："昨有由各该县来之饥民千余人，由武胜门外大堤口登岸，拟蜂拥入城。"守门吏立即禀报，城守营尚参将其奎转禀督院，奉谕拦截，严禁进城，以免扰害商业，并饬巡警道妥为安抚，雇船押解回籍。荆州府属江陵县全境除城内尺土外，余则一片汪洋。刻由荆宜道吴观察荆府斌太守商同地方绅耆，日备面食装至四乡放振，以救余生，府属石首县被灾亦重，除由荆宜道在钞关借拨银二千两购米往振外，省城筹振局因公款支绌，仅派员购米五百石运往振抚。陈小帅因筹振局款绌，拟劝同僚助济，特先捐银五千两存放该局，以为之倡。

（《申报》1909年8月2日）

荆楚筹振水荒汇闻

湖北京官因本年水灾较去岁尤重，极为悯恻，由陈太史会寿等发起，筹借京平银一万二千两交大清银行汇兑来鄂，发交筹振局派员解往灾区散放。一面在京劝捐归垫，又筹振局。近据嘉鱼县苏令锡鸿禀称，该县山多田少，出米无多，现受水灾以致粮价日昂，每石售钱八千以外，若不设法维持，诚恐会匪、游勇乘机煽惑为害更甚。刻已会绅筹款赴湘购米平粜，请发运米空白护照十张，俾得转给绅商赴湘购运，当经批准照数给发矣。汉阳县绅尹唯一等刻禀督院请拨款散放该县急振，陈制军当查汉阳水灾，前已饬筹振局拨钱三千串发交汉阳，府县赶紧查明户口核实散放急振在案，据禀前情特批饬藩司会同筹振局立饬汉阳县将前拨振款从速散放，以资存活。一面将办理情形具复察夺，勿稍迟延。潜江县长一垸之袁家月堤系绅首张庆宸承修，按亩抽捐，以充经费。现该堤被大水冲溃，讵有不法痞徒乘此被灾人多纷扰之时，声言此次月堤溃决由于张绅原办工程草率，竟将张绅殴伤后推堕水中溺毙。现该县陈大令福荫已据情通禀省宪，派差严拿凶犯矣。汉口地方近日忽来沔阳、汉川等处之饥民一千余人，四出强讨，夏口厅冯司马恐肇事端，爰派千总张朝禧妥为弹压，并随时派拨炮船资遣回籍。商务总会及商务善会，暨各绅商所设之协振所，目下共集有振款十余万元，汇由商会经手发往被灾各州县放振。计夏口厅一万三千串，沔阳州一万串，汉阳县八千串，监利、汉川、潜江三县各四千串，公安、石首、天门、黄梅、蕲州、蕲水、黄陂、孝感、黄冈、云梦、江陵、宜都十二州县各三千串，应城、蒲圻两县各二千串。但目下米价并未稍减，鄂督及绅士屡次电恳川督赵次帅请弛米禁，兹始接次帅覆电，谓川东亦有偏灾，米价同一昂贵，士绅坚请阻禁，念在旧治，唇齿相依，允饬重庆关局放米四千石至鄂，以济荆宜民食，须待秋获后，查看情形，能否弛禁，再行察办。鄂省官绅见川米已绝来源，湘赣等省又来米无多，现拟往安南购办，已电询价值，嗣接复电每一百三十三磅约银三两三钱，合之汉斗每石之价当在银四两五钱内外。

（《申报》1909 年 8 月 11 日）

鄂督添派荆属振务提调

鄂属荆州府江陵、监利、公安、石首等县本年水灾均重，前经陈小帅札委冯道嘉锡为该府属振务督办，兹又以灾区甚广，振事孔繁，添委候补知州方毓桂襄办是差，遇事禀呈冯道会同印委悉心经划，妥为办理。至方牧现充劝业公所邮传科长差应准留，俟振务办竣，仍回原差。

（《申报》1909 年 8 月 29 日）

湖北咨议局会议纪要

湖北咨议局自开幕以来，已将督院提出之农林、自治、教育四大项议题陆续议决在案。兹又将连日议决事项录下：一、核减典息以纾民困议案为议员黄文润提出，大致将全鄂典当照章减为月息二分。一，请裁两湖振粜米谷捐补卡议案为议员邹永钶提出，其请撤该卡之理由如左：（甲）该卡科捐太重，环球无此重征，邻于不仁；（乙）吾鄂民食仰给于湘，此卡之设坐困之道，近于不智；（丙）公安、石首二县皆吾鄂疆域，此卡名为补卡，实则所收皆两邑出口税，下民几疑不在湖北管辖之内，行政区划不明。一、请停外省留学生经费议案为议员时象晋提出，大致谓湖北历年派出外省留学东西洋学生数十人，每年需费二三十万，拟咨明各该省于来年正月起自行筹解，湖北不再代筹。一、请裁全鄂驿站以添邮政议案为议员刘定瑗提出。上月二十九日，开会提议争回川粤汉铁路商办集股办法，首由左树瑛君报告提议路事原因，旋复宣读黎绅大钧等三十人由北京致本局公函（黎函略谓，旅京鄂籍官绅，均以拒借外债为然，已公呈邮部停止借款，并公举胡莲洲、张尊五二君回鄂会商一切），次由张国溶君报告铁路性质，应否定名商办。抑或定名民办。众议员俱驳民办，谓一经入股即系股东，决定为商办，张君国琪、吕君逵先复先后演说筹集股款办法（招集商股借用武汉房租，开办彩票，按租摊股及地价铁轨，官招股票诸法）最后由汤副议长化龙逐一取决，众议员俱赞成开彩票等办法，而反对按租摊股诸条，当即删除作废。因为时已晚，遂闭会，俟初二日，在汉口四官殿开各界大会时再议。

鄂省财政支绌经陈制军援案奏请试办公债票，募集公债银二百四十万两，以偿善后局历年亏累。刻闻咨议局议员刘陶庵君，以宪政馆奏十局章第六章职任权限内之第四项，咨议局宜议定本省税法，及公债事件。此次奏办公债票大纲挈领，虽由制府筹划靡遗，而条目手续咨议局亦应照章议，及下届议期，即行报告提出请议。

（《申报》1909 年 11 月 17 日）

1910 年

江陵匪徒勾结滋事

鄂属江陵县本年受灾亦重，现在筹办工振，人夫众多，竟有匪徒勾结饥民四出剢夺。该处防营兵力单薄，不敷分布，由荆州道府江陵县令先后电禀来省，杨护督以该县前经巡防队谢统领派有驻兵两哨。现值宜万铁路动工，又须将该兵撤往宜昌，值兹冬防吃紧，匪徒肇事，亟应调营前往，特饬陆军第二十一混成协黎元洪协统迅即派兵两队前往，其原驻巡防队须俟省军到时，再行撤回。

（《申报》1910 年 1 月 26 日）

荆郡振局裁归州县兼管

荆属荆州府江陵、监利、公安、石首四县前去两年水灾惨重，故在郡城奏设振务总局，派冯道嘉锡为督，遴委随员数十，拨款百余万，以振抚灾氓。本年春收又歉，故春抚之后，局留未撤。兹者振款已经用竣，而监利、枝江、公安等县大水重来，溃堤十余处，灾民流离载道为数约近百万，非得巨款不能一振。值此财力支绌之际，委实无从筹措。昨瑞制军特电饬冯道撤局回省，将振务督办关防缴销，此后振务即责成地方官绅办理，不准向省垣呼吁请款矣。

（《申报》1910 年 8 月 8 日）

沙市趸船成立

湖北沙市商埠因无趸船，往来火轮均在江中起卸，殊为不便。前经沙市绅商制就趸船一艘，因税务司意存挑剔，经年不给准单，迄今未能泊船。现经新署荆宜道金峙生观察与税务司交涉再三，谓商人用去巨款，原为便商利民，何能废置不用，况江流湍急，风雨夜深之际，行旅尤为困苦，税司始俯首无词，将章程议妥发给准单。刻各轮公司已举快利为领袖，无泊趸船以为各轮先导，此后往来各轮上下乘客起卸货物无不称便矣。

（《新闻报》1910 年 10 月 14 日）

鄂督准（石首）立税契经征局

鄂督近据石首县绅张光耀等禀称，拟在该县自治公所内附设税契约经征局遴选殷实廉明绅董承办，以清剔积弊。瑞制军查前据咨议局呈请清厘税契积弊一案，业经详加复核，加具按语，箚局逐条补正，呈候公布在案。兹据该绅等禀称，拟将该县税契归绅承办，应行照准，俟咨议局呈复后，再行饬令照办以归划一，而免纷歧。

（《申报》1910 年 11 月 22 日）

1911 年

沙市审判厅之滥刑

鄂省高等审检两厅，昨据汉阳县民妇萧周氏上诉，伊子萧玉交因在沙市观看检察厅官检尸，被人哄闹，遂涉嫌疑，为检查厅逮捕，送审判厅两次，刑杖五千，逼令供认从旁滋事等情。梅厅丞光义、林检长祖彝以如果属实，殊违谕旨，特札饬沙市地方检查厅长查明，该同级审判厅有无刑讯情事，录案据实禀复，核办。

（《新闻报》1911 年 5 月 24 日）

荆州开办女学教育会

荆州府城内本设有女学三所均著成效，现该女生等在府学内添开女学教育会，公举唐秀华女士为总长，杨开华女士为副长，已将一切章程禀府查核矣。

（《申报》1911 年 5 月 27 日）

石首吞蚀学款调处之为难

石首县属高等小学堂暨初等农业学堂账务经理人不善，风潮迭起，前已被控有案，旋经该县某大令饬传地方绅士调处见事。日前该县生员张兆鹏、张少江等以该经理含糊浮报，吞蚀学款等情，赴提学司上控，奉批查，该生等前控各节已由该县令详称，业传绅士调处息事，当批由荆州府查明账据，具复再行核夺。现据所禀前情，仍仰荆州府派员赴该县高小及初等农业各学堂妥查一切支销钩深，据实具复核夺，勿得代为容隐。

（《申报》1911 年 6 月 6 日）

沙市分设大清银行

湖北沙市亦通商巨埠，向无华商银行，只一曰日商正金之代理店，故其金融全操之票号钱庄。刻汉口大清银行总办贾鸿宾主政，以沙市洋关等项收入应由该银行为之经理，特派张汝霖君往沙创办分行，业已在刘家场地方择定行屋，于日前开市，其资本系由汉口行拨出二十万两。

（《新闻报》1911 年 6 月 19 日）

荆沙关道驳覆洋商护照

驻沙日本领事桥口君近照会荆宜关道，谓：有该国商人高田兵槌，欲由沙市前赴湖北、湖南、河南、四川商业视察，请将护照填衔盖印挪还。荆宜关道吴筠孙观察已于护照内加盖关防备文送还，并请该领将照内“商业视察”四字删去，仍填游历字样以符向章。且请注明游历湖南、四川，勿往苗疆、猺峒暨番夷境内，以昭慎重。刻吴观察除申报督院核咨川督湘汴二抚外，特咨请交涉司转饬鄂属各州县一体照约保护，俾利遄行。

（《申报》1911 年 6 月 30 日）

荆州光复确报

某西报载十月二十三日沙市专函云，荆州于十九日为湖南与宜昌之民军合力攻击，战至次晨犹未停止，民军虽未大胜，满人已因之大恐，一时自尽者颇多，妇女尤甚，闻荆州总兵亦已自尽。当时即由城内天主教会赶办红十字会医救受伤之满人，满人于恐慌之际聚集于某法教士家，门首请其出为调停，并声明民军若不加害，深愿降服，缴出军火。旋果由满军以来，福枪四百枝缴于天主教会。于是两军即议暂时停战，在南门外武备学堂商议条款，并邀税务司及各教士到场参议，议决满洲将军应续缴来福枪三百四十枝，军火两箱。满洲将军即如数缴出，并议决每日缴来福枪二百枝，以五日为限，每枪一枝由民军赏洋十元。现在外间咸信旗兵将由民军解散送之出城，并闻两军争战之时，该处居民仅伤女子一人，余均无恙。现在瑞士教会守门者已抵沙市，据云该处房屋无一受损，且自光复后荆州民人甚形欢悦，现均迁回城中云。

（《申报》1911年12月23日）

荆州光复记

湖北宜昌军政分府唐司令官率兵于九月下旬攻取荆州。该处驻防将军连魁及左翼副都统恒龄聚集满兵二千余人抗拒，相持匝月。接仗数次满兵死伤过半，闭城待援。讵日久并无援师城中，弹尽粮绝，恒龄见事不可为微服逃走。将军连魁大惧央求日领事（驻沙市者）及法国主教、沙市税务司等出为媾和，议定出降条款七项，乃于十月二十八日开城迎降。凡满兵缴枪一支得领饷银十元，各满人皆持枪痛哭以去。及唐司令会同法国主教马神甫诸洋员入旗城，各旗籍妇女幼孩皆跪伏路隅，执香罗拜。唐司令谕令各自回家，毋庸惊惧，诸旗人如逢大赦，破涕为笑而去。兹将迎降条款附后：

一，满洲将军之主营各旗兵，全体解散枪械及弹药概缴归民军。二，城内满洲人与汉民军均同一法律，其主权及其支配亦得受同一权利及义务。三，满汉人之生命财产均同一保护。四，满洲人之公私建物及其他财产均一律没收。五，满汉人学校教育亦同等教授。六，满人中之贫困者准予筹谋生计之法，若骑兵予六月恩饷，以示体恤。七，旗兵缴枪一支者，赏银十元，不准隐匿私藏。

（《时报》1911年12月31日）

1912 年

荆州新潮流

王协统恤商沙。市为通商巨埠，当唐君攻荆州时，虽小经战事而市面仍自发达。该处向有戏园二处，自荆州降后依旧照常开演，前为优待军人起见，凡属军人阅戏一律减半，以故戏场观剧者强半皆军人。旧腊中旬，有驻沙王协统之正下士某等，在荆舞台因与某兵争座致起冲突，始而口角，继以扭殴，园主出为调处，反迁怒园主，将园中陈设捣毁一空，并打伤数人。事经王协统查悉，除将为首滋事之正目斩决以儆外，并给该园主青蚨一百竿作为偿赔，以恤商民。

连将军助饷。前清荆州将军连魁，清庆王第九婿，家产约值百万金。唐牺之兵围荆时，连魁首先开城投顺，故兵入荆州时，魁之财产均为保存未动，兹魁甚知感激，特将财产报效十五万充作军饷云。

（《申报》1912 年 3 月 2 日）

荆州亦有宗社党

当去□鄂军第七镇统制唐牺支团攻荆州时，城中驻防满军战队归降，所有军械子弹一律缴出，原以防其死灰复然。讵近日防范稍松，竟有由北京来之宗社党数十人，勾通旗人亮方（亮原系满营戈什哈）私运手枪炸弹，藏在亮宅地板之下。该党运来之军火始俱放在城外之康熙庙中，每于夜深人静，縋城运入，故并无人知觉。康熙庙内且埋藏地雷火炮，拟俟党羽到齐即行起事，占据荆州为根据地，渐谋恢复其旧势力。五月初四夜，正在城上縋运子弹，适遇第七镇巡查队长邵钧南过此，见各满人俱带慌张之色，即以大言恐吓，谓汝等黑夜在此何为，照实直供或可宽宥，否则一经查实性命攸关。各满人皆矢口不认，伪言在此纳凉聚谈。邵队长驳之云，既纳凉聚谈，何以板凳座椅一概俱无，况本日天气甚凉，岂有约集多人纳凉之理？此中必有诡谋，分付掌灯命各兵严行搜索。当经各兵将各满人衣服剥下检查一周并无他物，复在纳凉一带地点张望，忽见有子弹数颗带炮一只，各兵即拾送邵队长阅看，询以此物何来？各满人皆战栗答云不知不知。邵即命将该满人一并拿下，计共八人，带归镇司令部，请唐统制严加诘问。内有额克登（额与其兄额尔布昔在省城陆军三十一标民军起义，额尔布经汉口军政分府拿获正法）受刑不住，一一供出。唐即命将诸犯收押派兵至亮方家，地板之下起获子药炸弹五十余箱，手炮快枪二百余枝，并满文秘密函数十封。又在康熙庙掘出地雷，并快枪子弹等件，寄居庙内及歇在栈房之宗社党数人亦一并拿获。初六日已将额亮等十余人先行枭首，悬于满城将军署前，以昭炯戒而戢叛心。昨唐统制因公来省，已将办理情形详报都督府矣。惟该统制因枉杀宜昌警长王正言与民人范某一案被人控，经都督饬三司会同提审，唐遂灰心辞职。都督以荆州方闹宗社党须得人坐镇，故慰留其速回荆州。至王正言案准其延用代表人到案申诉，说者谓荆州如无宗社党，唐之前程必不可保矣。

（《申报》1912 年 5 月 18 日）

荆州宗社党私藏军火谋不轨

湖北荆州驻防旗丁人数甚众，自鄂军起义，一律归顺，所有枪械子弹均皆缴出充公，以防不测，其社患不可谓不深。讵料满奴亮方者，于家中后房地板下私藏子药炸弹二十余箱，手炮快枪二百余支，与北京新到之宗社党联络一气，每逢黑夜之际，用绳系住在城下放，宗社党人在外接运至城外康熙庙埋藏，俟北京之宗社党到齐，再行约期起事，希图先得荆州以为根据之地。不意前日，第七镇巡察队查夜至此，经满奴等一时难以躲避，假作大便之态度。该巡察队官邵钧南素行精细，见其形迹可疑，当即以大言恐骇，谓汝等夤夜在此，必有秘密问题，须从直诉出，如有半字有假，一经查出，性命攸关。各满人均矢口不认，俱云在此纳凉。邵队官云：既是纳凉何以板凳俱无，况本夜天气正寒，岂有约集多人纳凉之理？其中定有诈情，于是掌灯搜索，将该满人衣服遍查一周，复在该处寻觅，忽见有子弹数枚，锈手炮一个，当即拾起，由邵队官问曰，此是何物？从何而来？各满人均面红耳赤缄口结舌，答云不知。该队官大怒，饬令一并带回，由该统制唐君牺支严行拷问，内有额克登受刑不住，一一直诉，重责收押。当派兵二队至亮方家搜索枪弹并将亮方拿到外，复派马队一营将康熙庙围住，所有埋藏枪弹尽行搜出，亦将宗社党拿获数人，一并斩首云。

（《时报》1912 年 5 月 20 日）

筹款安置荆州旗民

荆州旗民自共和宣布后，饷粮停止，生计困乏。前经副总统委派胡鄂公、张盘二君往荆专筹旗民善后一切事宜。该员等抵荆已久，体察情形以为开办工厂，未必能强就学艺，若马厂垦务在老农犹难施其工作，何况从来未学耕耘之旗民。再四思维，非迅筹巨款，量予给资，分途迁徙不可。惟综计贫苦旗民数近二万，所需款项为数总在百万内外，当此公帑奇绌之际，惟有就地筹款之一法。现经胡君等劝导旗族富户捐出产业，变价可得银三十万两，其余拟劝荆沙绅商士庶捐助，倘有慷慨乐捐者，即禀请副总统从优奖励。昨胡君等已将筹办情形及所拟法驰禀黎公并内务司立案矣。

（《新闻报》1912 年 6 月 7 日）

淮南湘鄂西皖四岸全体运商电

袁大总统理财部熊总长钧鉴，窃查上年民军起义，长江各埠均在战线之内。商等运销引地适当其冲，或售价未领，或仓廒被焚，或盐遭抢劫，或船被拘留，他如船户水手之偷窃资卖各处，军饷之勒借逼捐种种损失不可数计。而楚皖等省以缺盐为名，屡有自由运盐之举动。商等营业所在即身家性命所关，岂能不以死力争。徒以在前秩序未定，控诉无门，嗣阅报载大总统命令盐法未改以前，各省盐一律暂照旧章办理。又贵总长电，凡各省自运自销之举，概予停止以期统一，各等因。仰见大总统、贵总长保持现状，实具苦心，必使商业能安，然后大局无虑，固不独商等私衷之感激也。乃鄂之汉口仍有刘贵哥运到乌盐四万包，又到有川盐数千引，皖之芜湖亦到有芦盐二万余包，皆由轮船运载而来，并闻湘省自借东芦盐二万余引之议，现尚以拓销边境，藉口未允取消，而皖省前拟借盐三万引者，今复变为五十万包，似此各为风气错杂纷纭，与政府统一盐法之政策，纯然反对。商等当大受损伤之后，值万分困难之时，犹复冒险办运，无非顾全命产，既未误销又非误课，横加侵夺是何理由？况已奉大总统电令而犹熟视无睹，几有不达目的不止之，概服从命令之变，如商等之薄弱又何从争较，有坐以待毙耳。第此种之现象，不出于专制之时代而出于共和之民国，商等不暇自悲而不能不为民国悲也。情急不遑择词披沥陈，如蒙准予维持，务求令行。总税务司暨交通部严饬各省海关路局，凡湘鄂赣皖四省淮盐引地如有轮船、火车运盐前往，非呈验两淮盐政总理护照，概不放行。庶几止遏来源，其已经运到之盐，应如何处置以保淮纲而恤商困，并求饬议施行，不胜迫切。悚惶待命之至，除呈明张总理外，淮南湘鄂西皖四岸运商洋吉昌等公叩咸。

（《新闻报》1912 年 6 月 22 日）

沙市土税解省①

鄂省自民军起义后，所有土药均归海关代征，兹经财政司查得沙市海关自去秋九月以后，代征土税一万余金，尚未提回，特呈请民政长饬沙市关监督如数解省，以便应付。当经刘民政长转饬沙市关监督姚炳之，与该关税务司交涉，将该税款归鄂拨用。该税司初执不肯，继经民

① 原为《鄂省新交涉》。

政长电，由北京财政部转咨税务处核准，电饬该税司遵照，始将此款解交。该监督遴派洋务委员李蔚芳赍解来省矣。

（《申报》1912 年 8 月 15 日）

沙市兵变详情

荆州沙市一带前由陆军第七镇驻守，本月六号忽有兵变之信，一时省中各界大为惊骇，旋得续电谓已平息，始各释然。兹录其详情如下：驻扎沙市商埠之二十五标第三营兵士为土匪煽惑，藉赎当起衅，竟敢拥入地方审判厅枪伤司法警察二名，并开监狱将罪犯百余人概行放出。有数犯出狱以后仍带镣铐而行，由众乱兵护卫，沿途放枪抢掠典当二家、银楼一家、钱庄三家，枪毙途人二名，并声言须杀该营管带箫国宝，萧乘马逃入荆州城，讵马受乱兵枪伤，中途遂弃马而遁。参谋谢某执手枪往来劝导，竟为乱兵所死。阖镇闭市，人心大震约半日之久，七镇统制唐牺支始调驻在荆州域内之兵一标，驰至分途弹压枪毙乱兵，并拿获正法共十三名，余众始摄服归营，其抢得财物者皆易服而逃。驻沙日本领事馆几被劫掠，幸有兵六人守卫，始得无恙，亦云险矣。

（《申报》1912 年 9 月 15 日）

沙市军队暴动之详情

驻沙陆军七镇念五标三营，素称纪律不严，该营第十三协协统萧君国宝屡次惩戒之无效，乃将其调驻章华寺，以其距街市远，可少生事也。本月四号三营右队有赌输兵士数人持蔽衣赴元降典强当多钱，被典伙殴伤，该兵即狂奔回营，报告该队，排官统兵二十余人，至将店伙提去三人锁于营内殴之几死。萧协统闻报，严饬将典伙送回，并于次日晨亲赴该营，责该管带之毫无军纪，所有闹事排官、兵丁均缚而重责。该管带系大流氓出身，其下官兵俱系匪党编成，并不知何谓军纪，甚愤萧之斥辱，鼓煽众兵，拟将萧推倒、乃于七号请萧在沙防营旧址看操，并因该镇统唐牺支将因事上省特备盛筵，为唐饯行。拟于酒后逞凶，唐萧未知其谋，并辔而往，幸随侍之弁某侦得密情，中途拦马告变，唐遂迳避往大吉轮。萧亦逸匿随营学堂。该营见萧久不至，知谋已泄，即各实弹露刀至协部寻萧不获矣。参谋谢容臣出阻被戕，各员役皆骇走，军装什物概被劫一空。于是，途中枪声大作，电线杆概被砍断，刦审判厅毁盐卡，狱囚二三百人全行释出，元隆、通济和二典原昌同震两钱号皆被抢，全埠秩序大乱，人心惶骇已极。直至下午六旬钟忽有人传萧协统手示告各乱兵内称诸同胞之不快意者国宝耳，与沙市商民无涉也。今国宝自行辞退，请勿扰害商民为幸，该营管带等立意在推到萧（其所出布告有本军推倒不平协部字旨正大商民毋庸惊恐等语）。今以目的既达即号召将整队归营，不料唐统制已由荆州城调来二十六标全队，并萧所率随营学生二百余人，三面将该乱兵围困，一方则逼近大江，勒令缴械，再议办法。相持一夜之久，商议未决。至八号，七镇唐统制牺支传令左右夹攻，其堵住后路者，则以火烧毁沙防垒旧营，该乱兵处绝地，始大慌乱，弃械装，匿于民房者甚多，溺水弊命者亦不知其数，枪毙者二十余名，捉获正法者亦十余名，队官、排长俱死于水，管带未知存亡。兹将唐统制所出布告录下：迳启者，牺支数月以来，未能为地方谋幸福。深用歉然，不料本日驻沙二十五标三营兵士无故滋扰累我商民，疏于防范，咎在牺支。除派得力军队迅将滋事军人，严行剿解，并呈报大都督将牺支议处外，用特函达诸君转告，商界照常贸易，镇静毋恐，是所至祷云云。

（《时报》1912 年 9 月 17 日）

沙市兵变续闻

沙市兵变情形已据鄂函刊登报端。兹又接鄂友来函，照录如左：驻防沙市鄂军第七镇二十五标三营兵士数人于本月四号持湖北官钱局钞票在元隆当店赎当，硬将纸票作钱千二百文，较市价短百文之巨，店伙不收，众兵即朋殴之，受伤甚众。事经该管十三协统领萧国宝所闻，至营重责诸滋事军人数百棍，队官、排长亦记过罚薪。有差管带某亦受斥责，该管带与萧素有嫌怨见众咸愤恨于萧，拟戕以复仇，乃于七号在营设筵请萧观操，并为统制唐牺支饯行（因唐是日晋省）。唐以轮船将开辞未赴席，萧因闻有变亦未敢往。众兵久候不至，竟出队将协部围困，该营管带以下各官俱在内，□队协部守卫兵不能抵敌，纷纷四散，众兵入内寻萧未获，竟将总参谋谢义安杀害。该营所出布告在市，谓只推倒协部宗旨正大尔，商民切勿惊骇云云。乃观其所行竟与乱党无异，连劫元隆和济两当店及同震等钱号衣庄银楼，凡犯彼凶锋者立即枪毙，又劫审判厅，打开监狱纵出罪犯二百余人，全市大为扰乱。萧协统匿于随营学堂不敢出，唐统制在大吉轮闻岸上枪声，知系二十五标三营与萧为难，即乘划下轮绕上游入荆州城。□第二十六标全标及机关枪队往剿，会同萧协统所率随营学生，将滋事之兵围困，勒令缴械再□办法。该乱兵所占地面滨江今三方受困，已□绝地犹恃强不肯缴械，相持一昼夜之久，两军均未开枪。至初八晨，唐统制始传令进攻，左右夹击，后方复以火助威，该乱兵死于枪者数十人，自沉于水者亦数十人，捉获正法十余人，余众乃弃械求降，亦有匿于民间者官长等或自刎或溺水，无一生存。现唐统制、萧协统已电都督自请严处矣。沙市商民此次损失不下十余万，闭市一日夜，次晨犹不敢开门，经唐统制力任赔价损失，始□开市云。

（《申报》1912 年 9 月 17 日）

1913 年

沙市建设油池交涉

美商美孚煤油公司现拟于沙市偏僻之处设立油池。据云其指定之地点距沙市颇远，而与民生实无妨害，前已要请外交司认可，昨经胡氏函复，略谓各国商人设立油池一节并无条约可据，惟前清美商美孚德商咪驰在汉设立油池时，曾由该两国领事转请江汉关监督咨部立案，现沙市既要设立油池，应由该埠关监督查实有无妨害禀复，始可允许。

（《新闻报》1913 年 1 月 25 日）

湖北荆州镇守使之激潮

丁槐不知何许人，现经大总统任命为荆州镇守使，是以省议会军政股起而否认。昨十七号特提出反对理由付印公议，一俟大众通可即咨请政府销用。将其所持理由录下：

一、荆州虽据长江上游为楚北门户，然在今日军器日利、水陆交通时代，不惟不足称险，且无防守之必要，此对于外患之不应设镇守使者一。

一、荆州现驻旗人为数甚少，断不至有他故，各乡土匪亦不常见，且有军队□团驻守，已足资缉捕。至于外省匪徒之来，尤不在此，盖川匪必经施宜，湘匪绕□堤，此地无镇守之必要，此对于内乱之不应设者二。

一、现时财政困难已达极点，各项行政俱力求撙节，凡无设立之必要机关俱须从缓，况毫不相关之镇守使乎，此对于财政上无应设立者三。

一、省官制内并无此项官制名称，即不能违制滥派，此对于法制之不应设立者四。

（《时报》1913 年 5 月 24 日）

美孚又在沙市建筑油池

汉口美总领事前以美孚洋行为拟扩张扬子江上游营业，在沙市附近柳林洲地方建筑油池，援照汉口丹水池成案办理，特照会外交部驻鄂特派交涉员胡朝宗饬江陵县照约保护。胡外交员当查长江建筑油池原系汉口丹水池开办最先，较之各埠所议章程最为完善，惟此后镇江、金陵各地纷纷建筑，其章程内载中国他处口岸不得援例等语，似不足为坚拒建地之柄。此次美领要求甚坚，磋商数次，必欲达其目的，可否准照丹水池成案通融办理之处，爰呈请外交部鄂民政长鉴核，顷已得外交部电令允准。鄂民政长特饬该外交员迅与美领妥订章程，务期与民情地□毫无防碍，以免他患。

（《时报》1913 年 6 月 29 日）

沙市之水灾

最近二年间一入七月间常罹江水泛滥之灾。沿江各省堤决圩坏化为泽国，莫能防御也。闻湖北沙市地方自上月十日起江流涨溢，十五六日之交，水量益增，已达三十英尺余，致江水高于市街。唯沙市设有万城堤异常坚牢，尚得无淹没之虞，然堤外民房悉为涡流侵害，城中道路皆可行舟，领事馆、海关、招商局前面浊浪及门，日本居留地淹没水底云。

（《顺天时报》1913 年 8 月 2 日）

函商直装沙市货物

旅沪客帮商务联合会致招商总局陈辉亭君函云：昨接还云承示，牛皮水脚已函知贵□局就近与怡太、日清等公司会商改减，足见我公信义交孚，感佩之至。兹有沙市洋杂货帮大吉祥等号，持贵沙局凭信来会，请本会附函转致贵局，该帮谓以沙市商务日臻进步，贵局素有趸船，各商均赖其便。由来贵局不允直装沙货，该帮颇有怨言，应请贵局见信之后，俯顺群情，照常直装沙货，以塞漏卮而挽利权。尤有恳者，据长沙糖杂货帮永丰协等报告，谓申至汉，汉至宜，水脚均以九扣九五扣回用，惟汉至湘潭、长沙、常德，回用仅以九五扣，该帮号东来函质问庄客，何以各公司未能统一，独厚于宜汉而薄于吾湘，且近来湘长等埠商战日激，未亚于宜。闻该省商界素负热心，业经组织中华汽船公司，发见本会与贵局暨各公司交谊既深，不得不以忠言相告。尚乞转商怡太、日清各公司，请将汉口以上长沙等处回用订同申汉一律俾得划一，而免两歧云云。

（《新闻报》1913年10月30日）

述刘荩臣先生荆州失败事

昔光武谓耿弇云：非常人必有非常事，盖推论于成功后也，若时机未熟，事势所牵，则非常人又未必有非常事，是故论天下事者，要在设身处地，略迹原心，不以成败论英雄，而后天下事有真是非。而后之志士虽身在艰难困苦中，垂死无援，亦不致情随境迁，易兼善之初心为苟全之。下计，小之臭遗个人，大之毒流天下也，呜呼！公为斯言，固有所不获已者，然身之所历，据学直书其真伪，既为人所共见共闻，而是非则天下自有公论也。清长江水师分五标，成二十二营，荆州其一也，以副将领之隶岳州镇标，始以沙市御路口为营部所在地，建衙署焉。光绪初年，副将高公光效以地当要冲，荆防满员，往来取道迎送为劳，请于提督，迁石首羊发垴，距沙市百八十里，离县治十里。后河道淤塞，不利舟行，所部炮船，除守汛外，所余寥寥，泊藕池口隔营部亦有十里，营部旧称协署，有火药库一毗连焉，相沿调三四船兵约五十名分守之。当无事时，其防护力，未尝不厚耳。刘公炳庭，号盖臣，湘阴人，为湘军名将刘公正隆仲子也，少有大志，慷慨激昂。甫十余龄，慨然思继先人志，只身下江南，投长江提督李公成谋帐下，初为材官，饶有胆识，敢出大言。李奇赏之，拔为外委，时年方弱冠也。公不自菲薄，涉猎群书，谋略过人。李愈为器重，故不数年间，积官守备，惟性不甘下人，遇踞傲者，辄面折之，虽大庭广众中弗顾也。然生平刚而无欲，人亦莫如之何，与江阴副将湘潭胡公忠胜齐名，复好夸耀。炮船桅杆，顶象塔形，相传为宝塔顶，例用朱涂，公饰以金箔，又船舱之号牌用朱圈墨字者，公亦改以金圈朱字。尝自负曰羞与哙伍聊，以此为识别也。且纪律严明，知人善任，僚属之间，相见以诚，不拘礼节。遇重要事尤能宽以文法，假以事权，有古名将风，其名大振。二十年间，官至副将，秩晋总兵，而后任提督如黄公翼升、彭公楚汉、黄公少春、程公文炳，咸倚畀之优加待遇，尤以程为最。至上疏荐公明敏果决焉，惟最后之程公允和，相知未深，不无隔阂，时公官中军副将也，然公之赴荆州者，此其原因矣。(13 日)

辛亥夏，程巡阅归，而公迁荆州令下矣。荆皖相距，道阻且长，公虽宦游三十年，而清廉自矢，两袖清风，欲行不得，□变什物为资斧，殆亦所谓廉吏，可为不可为欤。公初因前任官眷未迁，遂将家口卜居岳阳，单骑赴任，于闰六月七日受事，旋又循例往谒总兵白公事焉，余应公召，后公月余始抵石首。公亦言旋时吴楚间，水灾惨酷，公每与言，天下汹汹，大难将作，如无用武地何。盖石首地势战守俱难，然□公初志固未或少移也。八月朔，公以迁眷，便道还湘，初不知武昌义旗之骤举也。石首僻处一隅，不通□报，武昌争起，绝无所闻。念四日署中始得荆宜道警电云，闻省垣有乱，恐匪徒逆流上窜，希扼要堵截。时都司高君光锐，代拆代行，商之余，暂不发表，且探其详。越数日总兵鲁公洪达驰檄调防，高又以随营兵力太单，不可不为根据地，计决之余，一方准备，一方使促公，还遇诸涂，公星夜归、议不应则违抗，应则空虚，无已姑半应征半乞缓焉。本军饷项例分四季，支于鄂库，时领秋饷，船虽先期出发，而时局变迁，长途险阻，已不复能恃矣。公以用兵之道，筹饷为先，爰先就地借钱米各若干，权为接济藉固军心，复上书说鲁，力主截厘，宽为筹备，盖城陵矶厘局，本属饷源，而又接近岳州也。于是公复密与地方官绅所部将校约，首以保护商民生命财产为唯一之宗旨，而饷源不继，亦唯地方是赖云。□有幕友张君闻仙，以余继之故，改馆左都署，兼司度支。中秋后，赴岳探亲，值饷船抱空，返寄椗岳州，都司徐君连山未及同行，鲁从公议，截厘获银钱各若干，按四营均分。荆州者，便交与张，适岳州反正，张婿方君某参议义军，张得任为荆州水师代表，然阳夏之战争方烈，汉满之胜负未分，张未知公之蓄志也。恐蹈不测，因之观望，迟迟其行，此亦人情之常，不得不为张谅也。然饥军谋变，不易维持，且公以干戈扰攘，来日方长，若过事搜刮商民，根本摇动人心，恐慌，非持久之道。大会将校倒箧倾筐，尽出其生平所有贵重衣物，典质一空，得八百串散放在营各船。又令高都司及千总陈君遐年、把总葛君昌俊，外委周君佐朝，复商厘局拨若干串，补给守泛各船，兵心赖以稍安，而公之家即毁于此矣。(15日)

又有金君德基者，□馆右都署，生平好作大言，时闲居藕池口，营兵中多知其名，闻革党尽书生，以金为有为者，团结六十余人，中宵迫胁，托为奉命，诘朝整队，向石首典商募饷得二万串，时天甫黎明也。公事后闻报，愤极。又虑挺而走险，贻患无穷，以病不能行，属余代表说金解散团体，缴资作饷，当按名倍给之，并一力担承，俾无后累，此九月十四日事也。呜呼！公用心之苦，所处之难，从可知矣。然公之家已毁，而难犹未纾，其隐痛又何如也。余翌晨将行，署中守护兵，群起鼓噪，枪皆实弹，如临大敌，迫官长为公言，河下兵俱暴富若□素服从者，敢有妄为，但恳加饷云。又有少数官，不满高意，已诱之来，将有所困。公力疾出，双方劝导，允其要求，并宜言：“高奉令而行者焉。”用嫉若嫉，余一任所为弗避也。其围□解，余即成行，且偕幕客谢君锡五以行，濒行时，公又许以便宜，相机对付，其智虑之周密，仓卒中多类此也。余初来时，与金有杯酒殷勤之雅，相见甚欢，乃先劝其相时而动，勿甘为祸首，金以为然，因以公命要之，金但任解散，而以财散难聚为词。余见事已至此，莫若为公市义，且为痛快。遂徐徐笑曰：“果不出刘公所料也，姑置之，但前车已覆，君能保其不再蹈覆辙否？”金慨然曰：“刘公如此推诚，吾必有以善其后。”余乃别佥，约高陈诸君为守护者，贷晋昌恒商款三百串，归报公命，果然利欲移人，而署中欢声作矣。先是守备黄某死于沙市防。次黄子某与协防千总李逢升有隙，告李谋乱，证以白旗，指为散布，公佯受理，慰归治丧，而一笑置之，且密荐李继其任。又岳州光复，鲁留原职，露布各船，普挂白旗。公知荆防，练有满兵，寡众之势悬殊，且守汛者，一船孤悬，绝无战斗能力，万一满兵来相袭击，水师精锐，损失必多，召诸将校，询谋佥同，先守中立，以静待动，免成轻举。又遣其族侄升平走华容，与湘省巡防营带赵公云龙联合，以树声援，复拟使人侦探战事，籍察时机。余自请赴汉一行，公不可，以其族侄孙煜华代之，盖怜余孱弱，不惯驰驱也。公本意先固吾圉，俟有可乘之机，即请鲁命以水师全力袭取沙市，疏通江路，别乞陆师规复襄阳，则荆州不攻自破，而沿江诸邑，传檄可定，何必汲汲于张白帜为哉？后收复荆州，卒如公识，此公与余计□熟者，初未为外人道也。然势与心违，时移事过，公既不复乐道，而凄凉方寸，舍我谁知，倘不为表出，俾世之留心世事者，有所考证，恐公之心迹终无以明，而千秋是非亦无复有公谕矣。其一时侥幸成功，或未知底蕴，而轻议公者，尚其次也，呜呼。以此非谕，公非所谓常人，又未必有非常事乎？然余所谓不获已者，亦即此也。（17日）

十六夜，张由调关使人赍驻岳湘军军务支部部长阎君飞鸿移文至，请公响应，公默认之，盖地势限人也。未几有人进言，鄂督黎公疑公有异志，已另委人接替，罢公归田，其人虑公盘踞，勾结营兵将为劫夺，公疑信参半，力持镇静。而某又言马家寨集匪数千，将助其人，焚署轰库，得公甘心，免图报复，公笑曰：“死余个人可殃及无辜不可，果尔余甘让之，为保全地方计耳。”适煜华归述汉阳失守事，公长叹曰：“天不祚汉耶。”言未毕，又谍报官兵中有闻民军失败者，多怀疑于扰商要饷事，终恐不容于公，拟谋害公，告公叛于清军，作先发制人计，公仍视如无事者然，但密令亲随备船只护夫人、公子辈归，约余与旧人部王君象贤订生死交，与共患难。余与王谋于夫人，不忍公轻有用之身，死无名之手，议挟还山，略事休息，告旧湘中，别图进取。决定后，要公再三勉强应允，而犹从容草檄，委高代理职务，以书告鲁，作为请假。且作书留别诸将校云。仆以病躯难胜重任，徙家入山，退避贤路。诸君有不了事，仆始终负责，努力自爱，后会有期，明去志以志离情，公之心碎矣。此九月十八夜也，中闻公一筹饷于县令祝君汝嘉，不报及武昌总商会，传单谷处，设保安团为自卫计，其实补助民军兵力所不及也。绅商请械祝无以应，使商于公，竟筹应之。又监利县令孙君某请益炮船，公亦报之，并复书中有云："湘鄂有事，愿相提携。"由此观人，其非与民军暗输同意者，而能委曲周旋，若是耶，公临去时，委众书籍字画器皿，值数百金，鲁素知公者，深谅其为力绝计穷而去。光明磊落之心，昭然若揭，为叹息者久之，调沅江参将钱公四和继之。既属保全其遗物，又议馈送其赆仪，更下令查办某阴谋暴动者后四营，赠公百串，并归其遗物，然则非公平日声望足以服人，秩序紊乱中，谁复肯为体贴耶。(18日)

后吾赣水师统制杨公福田，以公宿，将招为参谋，公以病稽。壬子春，李公燮和司令长江，慕公名，聘为高等顾问，挽公至戚。苏军飞划水师统领，钟公鸿钧，函电交驰，殷殷劝驾。公疾亦寻痊，逐再起屡说李合旧有水师为一气，先设学校，徐议改良，勿骛虚名，转滋流弊。李韪之，告中央，许可焉。迨李引退，公亦言归，而总稽查黄公汉湘，竭力挽留，嗣以取消顾问，改任承政科长，会合水师旧部，报告政府，保存公共遗产十数万金，为兴学育材计，总统袁公，至嘉奖之。是年冬，本部取消，黄北上，公复南归，此公与长江相终始者。余辛亥岁初抵湘，自以为门客之能事毕矣。请别，公以汉满相持，江湘中断，不忍令其冒险，留住山中月余。公虽在病中，而雄心勃勃未尝须臾忘天下事。洎乎停战，余以老□为念，坚请东行，公饯以酒，诲勉有加，扶病送行，洒泪而别，此又余与公十年宾主最后之别离也。以上所述，见闻既确，纪载即详，然实情实事既无所用其铺张。而公是公非亦不敢稍为掩饰，况长江父老，石首贤人，尚有存焉，无难质证耶。惟余之疾首痛心不能自已者，则以丁未年，余客金陵，因报馆嫌疑，提督某公，将逮捕焉。公时调裕溪，余尚未乞援，而公已驰书中军张公有亮，力为剖白，卒赖保全，是公又为余之鲍叔也。然当石首危疑震撼之秋，余未能出一奇计，转危为安，至师狗盗鸡鸣之故智，不亦深负知己，腾笑古人乎。呜呼！国士之报竟如是耶，虽伴公入山苟全终始，区区之心或为公谅，而揆诸谋入军师，败则死之之义，尚有何面目立于天地间，卖其余勇为世之贤人君子笑耶。噫嘻！余知罪矣，夫复何言！（20 日）

（《申报》1913 年 12 月 13 日至 20 日）

1914 年

沙市交涉署之裁并

湖北宜昌、沙市二埠，俱为条约上之通商口岸，前经外交部于该二埠各设一交涉员。上年冬减政议起，鄂省长以宜沙二埠相距匪遥，而且交涉事务单简，会请外交部将宜沙二交涉署合并，部议未能照准，只将宜昌交涉员一缺裁去，由宜昌关监督兼理，沙市交涉署则仍旧设立。兹吕省长因近来财政困难，较前尤甚，据财政委员会寄到财务部会计司所拟裁并湖北省各机关一案，迭经会商，不能不再行裁并。查沙市交涉分署，事务简单，值此财政奇绌之时，似可无庸设立，特具呈外交部，拟将沙市交涉事宜归并宜昌关监督兼管。即请由部会同国务总理，呈请大总统，颁发命令，免去该沙市交涉员卢本权本官，所遗，令宜昌关监督兼交涉员刘道仁接收，如此，年可节省经费一万八千余元，于财政不无小补。此举于事实上，亦无窒碍说者谓：外交部必可议准。不日当见卢本权之免官令也。

（《申报》1914 年 5 月 6 日）

记沙市见闻

记者由上海经宁镇越汉口以来沙市，见其地民物丰富，商旅愉适，不□□无穷感叹，谨以所见闻告之当世。

沙市居武汉上游，为入川之孔道，上达荆门、襄阳，下达长沙、常德，地虽通衢，然无山川可凭据。历史上之战争价值近已销灭殆尽，故自光复以降，当世伟人终始未一光临，而公家虎狼之侦探亦终始未一光临，以是士民安堵，工商如旧。凡百人士久不闻戏角之声，几不知有丧乱之戚，呜呼，沙市之人何幸而得此。

夫其地未经丧乱，元气犹存固矣，又以其土地饶沃，米麦极丰，致生活程度视扬子下游仅三分之二，或仅得其半。然据沙人言之则谓三年前之生活程度仍不得今之半，兼之人范俗□，不事华靡，除其地所谓小老板者，外，非值喜庆，鲜御罗绮即有之，亦极陈旧。故中人之家，月十千者，可不虞饥寒。苦力者日百钱，乃酒乃肴醉且饱矣。呜呼，沙市之人又何幸而得此。

沙市去荆州十五里，荆州为前清驻防要镇，故满人甚众，然满人虽众，又皆能各自营业以资生事。记者往来街市间，恒见满人妇女之贫者，仍衣旗服挽旗髻，手携其所制之毛巾衣履等往来求售。而人亦不以其为满人也，稍呈轻侮状，其男子之从事于苦力者，小营业者皆有之，而富有资产以财雄于沙市者，亦有之。总之，皆能自谋生计，不虞冻馁，较之宁镇满人求生不得相率，□□□□者，不翅霄壤。呜呼，沙市之满人更何幸而得此。

其地距汉口水行约千里，陆行三四百里，三公司及日清之浅水轮舶上下其间者，约七八艘。惟以江底多活沙，行必以日，故上驶必三日或四日始达，水大时较捷。

沿扬子而上则入川，越沙洋（镇名，距沙市百余里）入襄河达襄阳老河口一带，以入山峡渡江，入湖南之长沙、常德。由沙而上之，扬子愈进愈浅窄，川中下驶之民船，必以沙市为结束地，而川盐又以此为转运中枢，故其地几若汉口、成都间之承启地，而荆门、襄阳、常德间之商业中心，其地理上之关系如此，故商业甚盛。

出产以棉为大宗，丝豆米麦芝麻等次之，故荆庄大布及荆缎颇有名于时。每年布之所产在二百万疋以上，布有大布、小布及捲布之分，其价亦视此为低昂，平均计之，每疋约□串文，色泽，以捲布中之黑色者为最佳，其蓝者亦可与广东之竹布埒，以四川为极大之销纳地。荆缎以被面为最流行，视苏杭所产者燥而无光，实以练丝之术未事改良，而饲蚕植桑亦不得其道，其价每疋约七百文，每年亦得数十万串。

其地既产棉，而入口货之大宗又以洋纱为第一，每年约得数十万包，其价值超出棉之出口者远甚。阅者□无疑吾言乎？良以沙市之棉不能如通州所产者细而长，而手工所制之纱又万不敌机制之匀细。惟有以熟货易生货，供四邻棉织之用，中国商业大都无不如此，宁独沙市苟于其地办一纱厂，以本地之棉供本地之用，且可以其余运销四川、湖南、襄阳一带，较之运棉出口、复运纱进口者，伸缩之间，其数已不资矣，况足抵制外来之纱以入川乎！汉鄂路落成后，其销数更大，闻李绅某曾创议及之事垂成而兵兴，嗣后亦无有议及者矣，惜哉。

此外之入口货，则糖、洋布、海味及舶来品等，其价值亦甚巨。

今所有之新实业，则面厂二、机器布厂一、木机布厂一、贫民工厂一，此外尚有织袜者、织毛巾者，然皆毛细，且亦不甚发达。面厂之机系日本制，去灰不清。机器布厂方试办，无成绩之可言、贫民工厂仅有织布印刷及藤工三项，工人不多办理亦嫌不得其法。

记者初来沙时，见街市中之学堂名牌触目皆是，询其数约二百余，为之大愕，实究之乃皆私塾，而学堂其名者也。其中之课程及教授法，庶几于学堂者，约十之一二。而真正学堂计公立者三，官立者一，公立者为商业中学校，生徒不足二百人，教员十余人，计本科一班，预科二班，各科尚完美，办理亦甚得法，经费出自盐捐，由商会主之，惟无适当之校舍为缺点耳。此外则为布捐、两等小学二所，每校约生徒七八十人，亦各分三班。余则为官立之沙市高等小学，校舍尚佳，生徒亦约百人，惟新得省令节减经费，能否支持又一问题矣。他若荆州城内尚有荆南中学一、乙种商校一、荆州高等小学一俱官办，窘于经济，至其办法若何，记者未事参观不敢臆测。

治事机关昔有交涉局、审判厅、禁烟局、警察局、征收局，除征收局为生财之地，警察局恃警捐支持不仰给公款者外，余均裁并统隶江陵县知事矣。据老于官场者云：禁烟局为最佳谋，一局长殊不易易，而沙市之人又无不疾首于此。县知事为皖人，记者虽未得亲其□□然从其措施之处窥之，诚不愧为宦场中之能手也。

（《申报》1914 年 5 月 20 日）

沙兴铁路合同签定①

宝林公司代表费兰巨昨晚签定沙市至兴义府之铁路合同。其内容与去年十二月间签定之草合同相等，内有该路应以英国材料由顾问工程司监造，以华员为总理，由宝林公司供给经费以为报酬等款。

（《新闻报》1914 年 7 月 27 日）

① 原为《路透电（二十五日北京电）》。

1915 年

沙市电生之反对

沙市电报局局长邓寿庵，日前因本局电生数人唱京剧取乐，以为有碍局规，大声叱责，全体电生不服，当与大起冲突，一律不肯上班服务，似有同盟罢工之意。邓局长即电汉口鄂湘电政管理局自请辞职，经管理局复电邓局长，饬其勿得遇事操切，各电生亦应谨守范围，勿再逾规越矩，始得和平了结。

（《申报》1915 年 3 月 7 日）

鄂民反对湘人开垦风潮

湖北公安、松滋、石首等县界连湘属。地土膏腴，淤荒甚多。近来湖南澧州无职业之民，前来筑堤开垦者络绎于途，而不法之徒又乘机混迹其间，冒开垦之名行骚扰之举，抢劫烧杀，结党横行，鱼目混珠，良莠莫辨。于是公松石各邑人民，遂尽目开垦湘人为匪徒，禀请地方官设法对待。该县知事等则抱敷衍主义，鲜肯认真办理，一抢案之出，非松滋诿公安即公安推石首，纵时有冒开垦之湘匪发现，两邑均以不了了之。鄂人受创日深，只得聚集群力自为抵抗，因酿成反对湘人在鄂开垦之风潮，该湘人等亦厚集武力，预备械斗，势甚汹汹，居民多畏惧迁徙。公石枝各邑正绅无术调解，昨特来省，以开垦湘人滋生事端，抢劫烧杀，结党盘踞等词控告于巡按使署，段巡按以湘鄂唇齿断无畛域可分，筑堤垦荒又属正当办法，该土著等对于外来客籍，务各耕垦相安，不得稍存意见。惟侨居日众，良莠自必难齐，保无宵小混迹及土匪勾结等弊，亦应预为提防，特饬该县知事等迅即查明实在情形，另拟办法详报以靖地方。

（《申报》1915 年 3 月 25 日）

沙市各界之救国热

沙市为汉口上游巨埠，而救国储金之实行，乃独后于各埠，其中原委无关重要，特略之。迨五月二十二日始由商界组织机关附设商会之内，当场担任经费者得八百元，以商会会长彭君雨村总其成，业董程涂二君副之。二十八日乃假泾太会馆，开成立大会。各界均有到者共千余人，储金得一万余元，自是以后各帮逐日分途演说，自行开会有集数百元者，有数千元者，绅学界又为之继，最可敬者十八埠码头（即挑抬苦力）亦自行在南岳庙开会集金并赴商会请派人到会演说，此十日间总计约可二万余元。而月薪储金之议，且在筹议中，乃事方蓬勃，而日本领事之干涉忽至。

三府街（本非租界）有日人所设之三和洋行者，忽有人揭讥刺图画，专刺购用日货者于其门首。适有童子过其前，以其可玩攀而视之，乃日人竟指为揭示图画之人，喝其徒扭童入内痛殴之，幸旁观者婉言解释，又以警士之干涉，乃得和平释放。而殴童子者，则固我同胞中之一，而供奔走于该行内之中华民国人也。其次日，日本领事即藉此致公函于团长、县知事、商会各机关从事干涉，其致商会者略谓：该会首倡抵制日货、救国储金之议，万一发生交涉，当由该会担负完全责任，勿谓言之不早云云。因之储金乃为之顿挫矣，然沙市人民经此番挫折之后，嚣竞之风忽一变而归于沉静。六月四日遂有花界救国储金义务会发现会，由四日迄于六日假荆舞台为会所，每午后五时至夜十一时，与会者皆到场奏曲，以售券为储金，点戏之所入亦然，总计三日售券之资约千余元，点戏之资称是可二千余元。城内外各学界，又将于十三日集于甲种商业学校，谋所以储金者。

当花界举行义务会时，警士之勤独至花界，出入时警士必衣警装为之迎送。警长邢某则乘三关头包车为之督，记者初颇讶其任事之勤，纵询之他人，始恍然悟其所以。

其与救国储金相继而兴者，则提倡国货也，现各疋头店、洋杂货帮，均已同心赞成，绝不再进某国货物。惟有一种欲不进不能，且年输数百万金购者，又率为乡农，则制我死命之某国洋纱也。吾之主张则非为抵制某国货计。

盖沙市之急，宜创设纱厂与夫纱厂之利，记者早以其说介绍于读者之前矣。事阅一载，虽有闻吾说而兴者，然迄未有成局。以产棉之地售生货与人，竟至欲屏其熟货而不得，此非国人之咎欤？纱非精巧奇异之物，苟器械利，资本足，而以实心任事者，济之断无有不可制造者。苟设一厂于此，不独可以供本地之需求，且可以供四川全省之用，有心实业者，苟一计及由沙运沪之出口生货，及由沪运沙之进口熟货之关税，水脚则知沙市纱厂之利，迥非他厂所可比伦，海上实业大家倘有兴起者乎？记者深愿救国诸君稍分救国热忱注意及此，则国与民受其裨益者更不可以道里计矣。

（《申报》1915 年 6 月 17 日）

荆沙信义机器面粉公司仙鹤商标

启者。本公司机制面粉，已历三年，所出之粉，业蒙各界欢迎，均称佳品。嗣因出粉尚少不够销场，是以复至外洋添办美国式最良大机械一部，建筑五层洋楼，本年四月工竣开机，逐日出粉八百余包，细心研究，精益求精，粉以洁白为宗旨，以细腻为目的，于卫生大有裨益。曾经农工商部注册，建立白鹤商标，又经财政部立案，无论运至何省，概免税厘。凡赐顾者请认明包上白鹤商标为记，庶不致误。特此告白。

（《申报》1915 年 9 月 29 日）

沙市警政改组

沙警政将改组，湖北各商埠之繁盛者汉口外，当推沙市为最。兹闻沙市商会以该埠商务日见繁盛，户口亦渐加增，乃前年反将商埠警厅裁撤，改为警察专局，权限缩小，实有顾此失彼之势。特禀请段巡按将沙埠警政仿照宜昌商埠，规警厅成例，仍旧设立巡署。曾饬静候委查，再行核办。惟迄今尚未委员调查，故沙商会昨又禀催巡按乃调该埠警局段局长来省面询，一切以便斟酌改组。

（《申报》1915 年 10 月 5 日）

湖北沙市区初选举之黑暗录

选举一事关系綦重，不待智者而知。而此次选举关乎解决国体问题，犹不能不慎之于始。而岂知江陵县沙市区选举之黑暗，尤为出人意表。自阳历九月抄由知事委沙市绅首邓裕聪、郑世燄等充调查员，复由该绅等派各界人分别调查，汇齐调查人名册交由知事审查。此种办法秩序殊觉井然，殆审查榜示时而黑暗之内幕揭然宣晓矣。榜示人名有调查册载明其不动产在三万元以上者，工商实业资本在三万元以上者或竟除名，或列入初选举人榜内。其最可怪者有中学校以上毕业者，有与中学校以上毕业相当之资格者，更有在本国高等专门以上学校三年以上毕业者，虽调查册注明无遗，不惟消灭其复选之资格，并初选举人之选举权亦无故剥夺。前有在日本法政三年毕业者李君持其文凭依选举法二十四条之规定，并依限请求更正，不但不自认错误，反云尔既得日本毕业文凭，何不贴印花，此种文凭当然无效，职是之故，明眼人觉其黑暗至甚，争之无味不如退避为愈，此调查人名册榜示后之情形也至十月二十五号在荆州城县城隍庙为投票地点，前数日内，榜上有名者尚觉安静，即运动亦为各文明先进国所不免。乃有旗人某回荆大施金钱运动，闻初选举人每投一票，洋五十元夫马，在外复选举人在省每投一票洋五百元夫马，在外以致一班逐臭之夫，如中颠痫路几为穿。而一班有选举权者之门限，张来李往，日无暇晷，此求彼应，左右为难。此种情形原不为怪，乃于投票时有李君后至，其票为他人顶去，李君既来不能不争，而前者已去复补给一票，其因事未临场者约有数人顶替冒领，无奇不有。后以被选举人数不足选举人已星散，忽乱将事凑成其数，于是沙市区被选者维郑氏占优，胜选出者如郑世燄、郑世融、郑德耆、郑先资、陈楚枬、邓辅卿、周国恒七人，此选举投票时之情形也。噫！选举为何等郑重事，乃出之以乱七八糟毫不依法定手续办理。在一班赴腥逐臭者，不过利欲熏心，希图花边原无足责，而主持选政者竟至糊里糊涂。于审查选举人名册时，意为去取，不接法规，于投票时，只图了事，毫不注意。窃不知投票监察员监察何事，投票管理员管理何职也，观立法院议员选举法一百零九条不禁废书三叹！

（《顺天时报》1915 年 11 月 2 日）

1916 年

荆州要求独立之冤案

湖北荆州镇守使兼鄂军第一师长石星川，日前接到宜昌寄来邮信一封，内署名者有杨荣发、杨保全、孙成章、杨友三、孙中和等六人。函中所言大致为要求驻防荆州鄂军迅速宣布独立，并言同人现已公推杨保全为大都督，拟请贵使担任总司令。杨君现在沙市开贸茶馆，贵使如允赞助，希即与杨接洽云云。石使据函遂派兵前往查抄，将杨保全、杨友三、孙中和三人拿获，惟未搜获证物，比交执法处研讯，均不认为党人，且不承有致函石使要求独立之事。而杨友三则为保全之叔，孙中和乃其雇伙，至孙成章则在枝江县江口开贸聚福祥货栈。杨保全供称，素识，因亦拿获，然严讯亦无供招，俱云冤枉，盖其被人陷害，昭然可知。此种案情在理自应将诸人交保候查，断无凭一邮信认为充分证据者，乃石使竟张大其词，电禀将军请示，一面将诸人暂交江陵县收禁。其时镇守署收发所，又接宜昌寄来一函，请转交杨保全等，署名者为杨荣发、张海亭等，函中所云：尽属党中秘密，计□云：将营救其出狱，并有不知兄等如何败露，羁禁江陵县狱等语。夫杨保全之同党，既明知杨已在禁，必更谨慎岂敢再昌言党中密计以证实其罪，且此函不寄监中而直寄镇署，若惟恐其密语败露之不速者，其为陷害手段更益显著。幸将军署因案关党人，特饬解省发军法处迭次讯究，认为杨保全等系被仇人借端诬陷，并无犯罪事实。惟杨等不能指实系被何人诬陷，惟云与宜昌商人张全兴、李成午等曾结有仇。然查张全兴本因债案收押宜昌，李成午则因贩卖鸦片被罚，意中疑系杨因索债嫌隙报告，或出彼二人所为亦未可料。现军法处以宜昌距省甚远，调查烦难，已禀准将军将杨保全等解回荆州，由镇守署就近调查明白发落。说者谓：“杨等冤情虽已解脱，然仍不免暂受羁禁之苦，且迭受刑讯，肢体已残。”吁！处此时代，吾民生命之危险，竟有如是者。

（《申报》1916 年 5 月 12 日）

沙市之日本商业

扬子流域得容日本商业驱驰其间者，实自甲午之战始，以扬子上游千万里之膏腴，我国实业家不之注意，而外人之营业日见发达焉，是可慨已！

日本之通商于沙市者，大小商行约十余家，最著者为武林、三井、三菱，余如药房、鸡蛋饼、杂货店之类，凡足为日本商业之标本者，几无不备。侨居之日人约四十余，另有日本领事馆一所，观象台附焉。

沙市虽为日人通商口岸之一，然无特设之租界，其情形盖与南京无异，杂居市廛之中，我国又无治外法权以统治之，日人既可节省建筑市场之费而获益，与有租界者无异。日前三府街某洋行，传有私售鸦片情事，警察局既得报告，遽派警查缉，乃既入门。日人以无端检查即加呵辱，警衣警棒悉被夺毁，且声称钱票若干忽失所在，由领事出而交涉警察局，乃偿两千串了事。

其重要商行中三井、三菱则专注于棉，及进口之十六支棉之纱，武林等则注于桐油、柏油及种种山货，总之凡可以运销其本国或欧美者，皆从事焉。荆州棉之出产其额本巨，近以洋纱大行，除留作自用与运销汉口者外，殆无不为日人购去。近年市价几随日行之开盘为低昂，而进口十六支棉纱皆为日货，吾国纱厂大都皆仿十六支者，独未尝注意于此，抑又何耶？棉纱销数年固在两千包以上也。

沙市商业习惯出货之后率不兑现款，期长者两月，短亦一月或半月。日商之无资本者，苟得一殷实日行为之担保，货抵汉口之后，正金银行为之周转，故除三五家大行之外，余均从事于此。果其消息灵通，受货有主，无不以空拳而致富者，吾国侨外之商人，未知有此能力否也。

（《申报》1916年11月22日）

/1916年/

纪沙市之商业学校

荆楚一带学校之毕业者多矣，今独记沙市甲种商校者，盖有所感也。

昨日为该校第一次毕业期，记者辱该校校长之招□往观礼，得此时机，始得尽悉该校之历史，与此后无穷之希望，谨据所见闻以告留心教育者。

遍湖北全省学校之中，属公立者几无一二，而沙市商校独以公立称，盖仅区区公立两字，已历经无限风波，然卒能含辛茹苦有此一班毕业生出现，此该校之所以可贺，而对于该校主持机关之商会，尤可敬也。

商校之常年经费出诸盐捐，盐捐本前清时所特设，以之拨充荆南师范者也。光复时沙市商人佥以为本地之款，应归本地办学，乃本是理由。呈请民政长□刘心源长鄂大加嘉奖，当予批准。讵正在进行之际，忽有人从中播弄，推翻前案，商会乃摘各种理由请愿，议会几经磋商，而议会始得通过，继又禀请大吏更几经驳覆，而大吏始允照拨，嗣复以其为公立也。当地人士之不得染指者，又起而控讦之，更以其为公立也，大吏又欲攫之去改为官办，并提经费去至前段巡按，时争之尤力，卒乃拨经费若干，年归省立英语专门学校，复更其名曰荆南沙市甲种商业学校，于沙市之上复冠以荆南两字，其用意之所在，诚非记者之愚所能臆度矣。

当此风涛震撼之中，专事捍御维持之司者沙市商会也，而商校校长及发起人胡李汪郑诸君亦克尽奔走之力。商会之主旨则谓沙市出产最丰，然无一不被外商所制，故不得不培植人才，谋所以兴国际商业者，故迭经波折百屈不挠而始有今日也，并闻该校经费如有不足之处，亦由商会筹垫，其力亦毅矣。

记者观该校诸生之成绩，均尚优美，纵未能全达商会之目的，然大辂椎轮今其始端也。故今日之毕业可为商校贺，尤当为商校勉矣。

至该校毕业诸仪，则与他校相似，而长官及各机关之莅临者亦极众，监考者，为省委荆南道视学彭君，校长则王君楷卿也。

（《申报》1916年11月28日）

荆州之棉

荆州古称产棉之区，逐年之销于日本，沪汉及四川云贵者，为数颇巨，兹据调查所及略述如左：

产棉之地极广，如江陵、荆门、松滋、宜都等县无不出棉，近年来公安县属之濒于洞庭者，几尽变为膏壤，为地不下千百顷亦无不植棉，故棉之产额愈巨，而需求者亦随之日增。

棉之类别约分两种：一土棉，一则洋棉也。惟所谓洋棉者，并非印美之棉，然又实非中国种。其始播植于荆州也，实在清初类木棉，实大而味苦，性坚韧而长纺织厂极乐用之，尤为日人所乐购。至土棉则实小而味甘，柔软宜于絮，四川云贵乐购之，故土棉之入川者价视洋棉昂，而下行者则洋棉又视土棉昂矣。有此两种绝好之销路，宜其日兴未有艾也。

每年产额若干，极难得详细之实数。第知今年棉之收成仅得往年之半，而初次棉衣上市时，各钱庄之进出款项已达二百余万串，二次三次均不在内，则每年之出产必在千万串以上所可断定矣。往时以江口为棉市之中枢，近亦渐渐衰落，其地现仅有花行二十余家，此外则各小乡镇凡产棉之地，无不有花行六七家，综计之，当在百家以上。而日人之购棉者，各乡镇皆有其机关焉，日人购棉之数每年约自千包至七八包，每包约二百斤内外，以其贸易之大，市价几听其操纵矣。至与棉相属之各种营业（为轧花机之类）亦无不惟日货是赖，棉既外流而自古出布之区如荆州者（容另章记之）遂不得不仰给于棉纱，纱之销，数年千万以上，皆日产也。至入川之棉，以棉纱之销于川也，其数已视往昔为减，然以改植洋棉者多，尚未现若何影响，以后则正难言也。

按荆地既宜植棉而产额又如是之巨，使能善为提倡从而改良其品类，更自设纱厂以经营之扩生计而挽漏卮，宁独荆州一地之幸。盖今日救国之道，惟希望实业一途，而实业则惟以棉铁主义为最有希望，我国出产丰富而足与各国竞争者，棉铁也，故今日为捍卫图存计，惟有望全国之人竭全力以赴此主义而已。

（《申报》1916年12月4日）

湖北沙市创办贫民工厂之情形

创办之理由。沙市为鄂省巨埠之一，商务虽盛，贫民亦多，且辛亥以还，旗民之无所依归者亦复不少。刻当军兴之余，隆冬之际，哀哀穷民日食维艰，老弱者将不免于沟壑，而强杰者难保其不挺而走险，流为盗匪。疮痍未复，何能再受骚扰？是以江陵县知事叶尔度君特行主张于沙市地方创办贫民工场一所，既可以容无业游民，复足以振兴商业，而维治安业。将创办理由呈由荆南道胡俊采转详饬遵云。

经费之筹措。叶知事当以创办此项工场原为安插贫民保卫地方治安起见，且刻下政府经济空乏万难拨款兴办，势不得不邀商地方绅董及商会妥筹经济，以便阴历年内开工，特行召集各国绅董及沙市商会长在县署筹议集款兴办，当经全体赞成。除沙市商会已允担认开办费五百元外，其余各乡团董亦均担任承募。叶知事当以此次办理工场，规模较大，需款较多，唯恐难于一时募齐，□暂招工人一百二十名，俟经费扩充，再行推广。至各乡团董充募之数，共约一千六百元之谱，统限于十二月（阳历）十五号一律缴署以凭办理，一切亦经各绅董承认矣。

场址之勘定。该知事当以此次匆促办理且经费亦不甚充裕，未便另建堤址，致稽时日，多耗金钱，特勘定川主宫（即四川会馆）为场址，以其依近汴河桥，交通便利，且屋宇宏敞，因陋就简，略加修葺，即可兴工。业经商准该会馆首士宋敬修允予借用，惟以二年为限，业由双方订定合同。刻正纠工修饰，大约十二月二十号即可开工云。

（《晨钟报》1916年12月10日）

沙市追悼蔡公大会

自蔡公噩耗传来，荆沙此间人士久欲开会哀悼，以布置未周，延至十二月十六日始开大会。会场假丝线街之帝主宫（即黄州会馆），宫之正殿以白布扎成孝幕缀以花，殿之中央则以彩绸为灵亭，中供蔡公遗像，四围以鲜花绕之，灵之左右及殿外之两廊及殿之对面之戏台悬挽几无隙地，都计之约二百余。是日各界到者近四五千人，由石师长之代表孙团长主祭，商会会长副之，祭时甚严肃。与祭者近千人，殿中几无立足地，行三鞠躬礼并佐以军乐，殿外之立而观者尤众，莫不叹悼。祭毕，由孙团长报告蔡公历史，继则商会长说追悼蔡公之故，并以后国民之天职，时有童子张义端者，亦登台演说并继之以泣云。

（《申报》1916 年 12 月 28 日）

1917 年

荆南棉业发达

荆州古称产棉之区，近来愈为发达，兹特调查如下：荆属计七县，惟江陵、宜都、松滋、枝江四县产棉区最广，几占地七分之一。迩因湖南洞庭滞塞，所有荆属滨湖支港之公安、石首等处，亦尽成为膏壤，种棉尤伙。所种棉类大别有二：一土棉，实小柔软宜于絮，一洋大棉，质性坚宜纺织，年产若干尚无稽考，但就江口花行计有二十余家，其他各地乡镇之产棉较广者，无不各有花行数家。各行营业大者年约百数包(每包二百斤)，小者亦十数包，惟去年统计出口在四千包以上，土棉因柔软宜弹絮，故四川、贵州、云南极为乐办，近来湖南亦有前往设庄者。洋棉质坚，故日本纱厂多派人往收，而棉价亦时为其操纵云。

(《申报》1917 年 4 月 18 日)

鄂属收回商号小票之近况

鄂省从前各地方商号，藉口铜元缺乏，私出百文小票，在表面上虽云便于行使，扶助整币，而实则变本加厉，流毒地方，妨害金融，莫此为甚。是以财政当轴，曾经通令从严禁止，勒限收回，兹将各属最近查禁小票情形汇志如下：

松滋。该邑查禁小票，准备著手进行，业将办法呈报来省，现奉张财厅长令云呈悉该县小票充斥，该知事拟从调查入手，分作三期，限令全数收清，办法尚属妥协，应予照准。惟第十二条收入罚金，悉充办理取缔纸币，一切经费之规定，核与部定条例不合，应将该条删除，俾符定例。且此项罚金系行政罚金之一种，嗣后无论收入若干，自应遵章报解，毋得擅自支销，是为至要，仍将办理情形随时报查。

沙市。沙市商会去冬曾会同该县知事叶尔度，拟订查禁市票规则及调查表式，呈由财政厅转呈省署核准。惟所拟办法迄今仍无实效，小票之流通市面如故，官票信用之低折如故，是以张厅长特令该会及该知事妥为筹划，呈覆以凭核行。兹该会已另拟办法于日昨呈报，其文如下：查沙镇行使之市票多系零星小票，其成串者尚属不多，前已遵照查禁，规则调查呈报商等统计，全数通盘筹划。如此项市票数既无多，即可加印小票，陆续放出，万一不敷，再行呈请加印，断无准备不及之虑。其筹集铜元一节，查本省造币厂正拟收集黄铜及制钱，专铸铜元，以资流通，此项铜元既无外输之弊，市面自不至，仍前缺乏。且沙镇市票票面多注照兑官票，其照兑铜元者百无一二。即市票禁绝以后，政府不筹增铜元流通之数，而金融之现状万不至较市票未禁以前，稍呈剧烈之变动。官票□用，近来虽稍有低折，而市面上尚不碍流通，是查禁之法无庸纯取渐进主义，在发市票之商店既以官票为收融之具，市票与官票之蜕嬗，即寓于此，转移之间至铜元缺乏，兑现之不能实行，诚为不可掩之事实。此种市票既皆无现可兑，代以省库小票，虽未能□同现金，而信用既厚，人民自较欢迎，决不至因市票既绝，而□何之反响云云。

（《申报》1917 年 4 月 21 日）

纪荆州镇守使之自主

三十日英文京报云，□□唯息湖北荆州镇守使石星用□通电各省军事长官，现以时局危急，防务万难，疏忽故于二十五日起宣告戒严，一意拥护元首暂不能承受该省长官命令云云。按观此宣言可见，虽名曰戒严，其实与两广之宣告自主无异。石星川与襄阳镇守使黎天才均黎总统旧部，北军将领中在黎总统直接统辖之下而荐升今职者独石黎二人耳。当督军团叛乱之初，石黎两将军曾自请率队入京保护元首，后经督军王占元劝告，以大局可以和平解决，决不必入京，此举遂作罢。自南方发起讨叛行动后，人多猜测石黎两人将与南方一致。今石将军既已表示态度，黎将军之必接踵而起又无疑矣。此举足使在岳州之吴光新不能复保其地位，故关系甚为重要。闻王占元日前曾派兵若干往助吴光新，果而则石将军此举不啻与督军挑战矣。况黔滇桂三省军队正向岳州进行，以驱除吴光新（在扬子上游公然宣言赞助叛党而独立者独吴一人）为目的。今使黔贵军攻吴于南，石星川之军攻吴于西北，则吴若不退往汉口，必无幸矣。又观鄂中军队之行动似与罗佩金及戴戡，所率滇军之行动有一致之势。罗戴军队，现正占一横断四川东部之地位，与鄂省石黎两将军将讫置之军线适成一直角。夫此种形势，将来是否发生，现自言之过早。但假使果成事实，则湘川两省必入南方派人之手无疑也。

（《时报》1917 年 7 月 3 日）

复辟失败后之荆州旗人

湖北辛亥首义荆州驻防旗营并未顽强抵抗。共和告成，黎总统在鄂督任内，以旗丁饷糈停止，生计告竭，特拨给巨资，分别遣送各县安置，教以农业工艺，俾自谋生，以免聚集一隅，致生他变。无如定章，未尽妥善办理，又不得其人不免敷衍从事，以致遣者自遣，留民仍留，其狡黠者或领资而盘踞如故，或去而复返，故四年夏秋间，袁氏帝制自为时代，又有第二次筹办荆旗生计处之设立，虽以无款，未见有何措施，然旗民迭蒙振抚，亦尚相安无事。此次复辟变起，彼旗族中人竟欲乘机而动，散在各县之壮丁纷纷归荆（据探报此中实有人主持），拟揭竿起事，幸鄂军第一师长石星川，督同地方文武极力镇摄，设法防维，并派军警扼要稽查堵截，不准旗丁入城，乱谋得以不逞。近日共和复活，惟此遗孽不为善法处置，终属国家之患。昨王督军特令行石师长会同地方官，按照从前遣散章程，斟酌修改，速将在荆无业旗民按籍驱散，以遏肇乱之机。又闻石师长部下有旗籍兵士一千五百余名，现已禀由王督军批准，一律退伍，各给个半月恩饷，俾另谋生计。此项旗兵多已更换汉姓，作为荆州人入伍，其招致之由，系奋威将军丁槐在荆州镇守使任内，值赣宁变作，湖北陷入四面楚歌之境，所有鄂军各师旅迭起告变黄陂，在鄂亦不敢用时。前第八师团长刘铁招纳散兵亡命数千，由沙洋起事，直扑荆州，丁槐仅有兵三营，不敷防布，乃临时招募旗丁数百名，将刘击退，于是荆旗遂开为民国服兵役义务之端。迨后石星川驻荆编制鄂军第一师，前将军段芝贵不敢尽用鄂人，因令将丁槐所招旗兵编入。并增招一营，是以有一千五百余人之多，豢养数载，迄无异志。讵此次复辟信来旗兵等志得意满，呈露一种不明了之态度，石师长深恐其勾结旗民滋事，是以力主解散，现须与无业旗民一律遣送各县。又荆旗绅首如喜源（前任湖北襄阳道）琨源（前热河都统）铁忠（前清湖北兵备处总办，现任京师镶白旗都统）于复辟酝酿时，亦曾出力报效，实现后，又复谢恩请安，弹冠相庆。兹者张逆失败彼辈皆胆落魂销，相率潜逃回荆，闻王督军为安，彼辈反侧起见，以此次复辟系张康为祸首，段总理曾命不许株连，特令江陵等县知事妥为保护，勿许歧视，大约仍可以此为安乐窝矣。

（《申报》1917年7月22日）

沙市普照电灯公司股东维持会启事

敬启者：敝公司装机开灯将近一载，今欲扩充营业，敝会同人自当□力维持，决无向外人抵押借款之事。兹者胡伏茨同谈维舟私行在申汉向中日实业公司借款六万两，购订机件，希图舞弊。股东等叠次开会，决不承认，已将胡伏茨总理取消。除禀驻沙日领事外，特登申汉两报，申明中外绅商，凡伏茨等以公司名义抵押借款，后日不得向普照赔还，以公司名义购机，亦不得向普照偿价，请先为拒绝，以免轇轕。敝公司不胜拜祷之至，祇候台安。伏希公鉴。

（《申报》1917年11月13日）

荆州军队确已宣告独立

湖北第一师师长石星川已电王督军声明，在允诺南方之要求，召集旧国会惩办段祺瑞等未实行以前，与中央及武昌脱离关系。目下在荆州之军队为湖北第一师司令部及步兵第一团，其干部将校如左：师长石星川湖北阳新县人，参谋长傅人杰湖北沔阳人，副官长叶逢春湖北武昌人，步兵第一团长孙国安湖北黄冈人，步兵第一营长袁宗武湖北汉川人，步兵第二营长曹德全湖北黄陂人，步兵第三营长高万金湖北宜昌人。又荆州军队已否与襄阳镇守使第九师长黎天才相联合，现尚未明，荆州长沙秩序如常。（汉口四日东方通信社电）

（《时报》1917 年 12 月 5 日）

荆州独立后汉口商界之反应

汉口商务总会自接荆州独立之报，于昨日开会集议维持汉口市场之策。汉口钱业会馆亦于昨夜开会集议维持金融之法。（汉口四日东方通信社电）

（《时报》1917 年 12 月 5 日）

荆州独立与通城失守警耗

湖北石星川、黎天才二军，世所目为南方系之军队者也，然石为北洋武备学校出身，且系段芝贵提拔之人，故所部虽完全为鄂军，而以编制不完，实力薄弱，历年政潮均未敢袒南。而攻北黎天才虽为南系将校所部，实力较石为充足，无如将士多为北人，如旅长张连升等均暗中牵制其活动，致镇守襄郧亦未敢有异志，每次南方有事，望此两军响应均为事实所不能。然鄂督军以黎石据荆襄形胜之地，防之亦极甚，近如石部之鄂第一师分防各地调动得七零八落，石在荆州不过有兵一团，其第一旅长朱兆熊则驻沔阳之仙桃镇，负警备襄河下游责任，第二旅长胡廷佐则驻扎德安，并分防黄州武穴马炮工各营，又留在省垣（近已调往蒲圻一带），石氏徒拥一师长虚名，旅团长皆可直接于督军。兹武汉地方忽得，石在荆州沙市宣言独立，于二日通电各处与鄂督军断绝关系，王占元接电疑系党人假冒，已电荆询问并劝其勿为党人所惑，此说是否可信，尚未能征实。如石氏果有此举，则必与襄阳黎天才预有接洽行见，第九师亦以脱离关系见告，湖北即陷于糜烂不堪之境矣。又闻新堤地方防军亦有不稳举动，一日夜半，王占元已乘兵轮前往劝导，该地当岳州战地防线之冲，就便视察防务，二日尚未回署，石星川独立电到，系转电新堤请示云。

（《申报》1917 年 12 月 6 日）

黎天才不支持荆州独立

驻襄阳第九师师长黎天才仍持旁观态度，声言荆州独立之举并未赞成，但据一般人士之观测，黎之进退将由岳州之形势而定。（汉口六日东方通信社电）

（《时报》1917 年 12 月 7 日）

荆州独立之详情

荆沙石星川独立之说，现已证实，其通电大致以中央政治不良，忍无可忍，特宣布自主暂与鄂省政府脱离关系，以待解决，对于王占元尚鲜指摘之词。襄阳黎天才独立之谣亦颇盛，惟四日午间，未见其有通电发表，据闻系襄河、沙洋以下地方电线已被割断，致通电不能传到。顷向军署探询，则谓襄阳独立，纯出党人造谣，荆州则确为实事。然石星川性素和平，此举恐非出己意。闻系有人勾串该师司令部员兵，逼迫石氏发布通电，该师各级官长多未预闻，第一二两旅旅长朱兆熊、胡廷佐均由防地电省声明，未曾与闻，并严诫部下不得附和。荆州沙市所有鄂军只第一团团长孙国安所部三营，孙为前清第八镇标统出身，向来守分，恐亦未必赞成此举。二日午后二时，王督军得石通电，召集各文武官会议，已决定用和平手腕对待，当电石氏劝其勿得盲动，糜烂桑梓，且言如为排予，愿甘退让，但今日南北和议未定，予负斡旋大局重任，此时实不能退避，一俟和议告成，定即洁身而退，奚必操戈同室，涂炭生灵，措词颇觉哀痛，语语以保境安民为重。电发后又派起义功人，现充军署军法课长程汉卿，立乘官轮往荆劝导，疏通意见，黎天才处亦派谘议官喻鸿启驰往疏通。程汉卿与石星川为总角交，当时曾在王督前自言，可以力劝石自取消。四日晨据他方面消息，程乘轮已抵荆，有电报告谓可期和平解决。然闻王督一方虽宣言用和平手腕，一方则积极调兵备战，连日近畿之第十一师、十五师、二十一师各军，均抽调军队，由津浦、京汉二路南下，三号一日京汉车装兵抵汉口，即有五次之多，为向来所未有，连快车、专车俱系装兵。武汉江河中昨封船数百只，预备运兵赴荆襄，大约始之以劝诱，继之以威胁，如果石师长等决定独立，则彼部下定然进攻武汉，战祸仍不能免也。但黎天才至今未见独立通电，殊足为荆州独立之障碍，有谓石与黎本约定同时独立，因其部下不从，拟观望时机再动，若果如此，则石已成孤立之势。（后略）

（《申报》1917 年 12 月 8 日）

荆州宣布自主之鄂督通电

湖北荆州宣布自主，现已证实。昨日松沪护军使接到鄂督王占元来电一通，照录如下：除滇黔粤桂湘川及南京、蚌埠已去电外，各省督军都统护军使督办司令均鉴、正密。荆州石师长通电，意以保全地方，促进和平，宣布自主，当即派员驰往劝告，并复电敦嘱，即将前电取消。顷接复电略谓，实因荆州近于湘边湘粤大军压境，抵御无力，进退两难，只得一面宣布自主，一面电陈静候指示等语。现再飞电促其从速取消，并妥筹对付方法，迭接各旅团长来电均云，并不知情。此次自主实仅一二人主动，观此情形，似尚不难解决。现在襄阳上游极称安谧，武汉沿江一带防务极严，当不致别有变动，诚恐远道传闻失实，淆惑众听，谨电奉闻。王占元鱼印。

（《申报》1917 年 12 月 8 日）

荆州独立之恶风云

荆州石星川独立，外传其与襄阳黎天才联合，必继之而起。兹悉黎至今并无何种举动，对于王督极表服从，且所部第十八旅旅长张联升将率该旅由沙洋进攻荆州，现在停兵未进者，因省中正在调和也。王督前以南军谋据荆襄甚急，而石与黎平日因有主客之见，总不十分融洽。黎部之张田两旅长又为直人，趋向北系，黎受制实不能有所举动，前曾遣张旅为吴光新后援，开拔入川，嗣以川事得手，湘局危急，荆州兵备空虚，颇虑石师内应，已命张旅由施南折回，调防荆州，二日行抵沙洋，适石星川独立，阻张旅赴荆，张旅长遂电省请示，现闻并自告奋勇，愿取荆州。王督因欲力劝石自取消，令其暂驻沙洋候令。至石部附和独立者只第一旅长朱兆熊（已由沔阳往荆），第一团长孙国安，其第二旅长刘佐龙，第二团长谢国超皆来电申明，未闻荆事，表示不赞成之意。第三四两团团长胡廷佐、李胜美及炮工马辎各营营长周福堂等执何态度，目下尚未明了。石氏通电西南各省之电，已经汉口电局截留未发，或可和平下台，亦未可知。但闻石在荆沙已广招徒手军队，夺取税款，驱逐官吏，颇积极进行，如其部下大多数赞成独立，则不易挽回矣。兹将关于荆州独立各文电录右：荆州石师长电武昌督军钧鉴：窃维国基未固，祸患迭乘，风雨飘摇，兵戎屡见。我鄂人民自辛亥一役，所受痛苦，已觉不堪，况历年风鹤频惊，几无宁日，商受无形之损，民遭无妄之灾，种种情形，言之心痛，幸钧座绸缪未雨，持正不阿，虽常处怒涛骇浪，痛觉风雨无侵，此不独鄂省人民受无穷之福，即他省人民亦拜惠无疆，而我鄂军人感维持之苦，衷受抚循之厚德，尤觉沦肌浃髓，匪可言宣。惟段内阁虽倒，而南北意见仍同床各梦，似无和平解决之余地，际此时局日艰，川湘扰攘，湘桂之军已占优胜，滇黔之队亦乘机而出。荆南与川湘毗连，犬牙相错，近通常澧远接巴巫，势必以祸川湘者祸鄂。当此湘粤大军压迫鄂境，所部力薄，抵御万难，若不设法维持，巨祸即在眉睫，且钧座咸日电令，亦有不贪功不邀名，固围防边，即是尽职之语，细绎词意宗旨亦同，故本师防区迫不得已，即于本月一日宣布自立，一切苦衷谅为钧座所曲鉴。所有以后应如何和平解决情形，仍听训示。师长石星川叩冬。

襄阳，黎师长电武昌督军钧鉴，顷接石师长通电，已于东日宣布自主等语，现在十八旅奉令开赴荆州，听石指挥，不知行抵何处。(后略)

(《申报》1917 年 12 月 9 日)

荆州独立军已有开战消息

荆州独立，昨传有和平希望者，系由王督军派员与石星川商榷条件，令其于调停期间不得添招军队、擅提税款及更换地方官吏，任听南军至荆。如守此旨，则各守和平，两不相侵。闻石虽阳为承诺，实则自由行动。现鄂省闲散将校、激烈党人，如黎本唐、蓝天蔚等到荆者有百余人。沙市商埠警察专局长，江陵、公安、石首各县知事均被更换，松滋知事郑光弼（皖人）因有贪劣声名，且被石部枪毙。刻由湖南常德方面运输至荆，军械颇为不少。荆州有前清满将军之军械库一所，储藏土枪抬炮之类甚多（据记者所闻均属废械不能实用)，顷已编就四梯团，拟渐次扩充成两师，俟会合川、湘各军，即下窥武汉。所有荆属各县局存款已被提搜五十余万串，足敷暂时军费。由汉口扬子江船厂所造二百余吨之江犀小炮舰，舰长朱某原早与勾通，上月杪装运吴光新军饷二十万元、枪弹四十万颗、炮弹十余箱上行至沙市，适值独立，遂举全舰归附。又闻有楚字号之炮舰一只，亦有响应之说。但石所切望其响应者重在襄阳黎天才之第九师，黎与石本早有成约一致行动，今竟寂然毫无动作，而黎师之旅长张联升且将奉命攻荆、石，惧张进逼。有电致黎天才，请派其十七旅长由猶龙率军尾蹑张后，以牵制之，未知黎能照办否。盖黎师两旅长张为北系，由为南系，平时黎、由皆与石联络，张独不与，今日黎天才之急难响应，即为内部不能一致，然时局瞬息万变，黎师终恐有响应之日。闻荆州现定进取计划，拟联湘西之军由荆袭岳州北军之后，一面约同湘阴、平江、华容之湘、桂军，双方夹攻，期在必得岳州，以通湘鄂之道。另以一军由潜江、汉川下攻武汉，据长江中流，以扼南北之冲。又以一军（即拟用黎天才军）侵入河南，占据武胜关，横截京汉车道，以遏北来援军，顾其计划虽然如此，实行则诸多阻碍。现自冯总统发表停战通电后，湘桂军并未攻岳，滇黔川各军虽占有重庆，然重庆以下至宜昌尚有四五旅北军，重庆南军断不能迳行直下，石所视为手足之黎军又不能出力相助，倚为后援者仅有湘西一方之兵。石部原有第一师附从者，又只步兵两团（孙国安、胡廷佐之两团，闻胡团尚有一营在沔北，未奉其命），工兵一营，湖北退伍兵固满坑满谷一闻独立，即蚁集荆州，其奈徒手无械何，纵使湖南接济，至多不过枪数千支，大小炮二三十尊，其力总不能谓强。现闻王督一面劝导服从，一面已准备攻荆，业命第二混成旅长刘曜龙，第三混成旅长卢金山，第十八师长王懋赏，第十八旅长张连升，以四混成旅之众包围荆州。刘旅由公安、石首攻其后，张旅由沙洋、天门攻其前，卢旅由宜昌、宜都、枝江攻其左，王师由汉阳、沔阳、潜江攻其右。石氏明知形势不佳，其复王督各电，措词极婉，惟以促成和局为言，王督对人宣言亦谓：石为促成和局计，并无进窥武汉意，本督对荆亦未发一兵，静俟时局解决，自然就范云云。不知此皆镇定人心之虚语。顷据沙市传来消息，刘曜龙之第三团杨团长已于三日之夜由公安往袭荆州，被独立军击败，北军死百余人，并夺获大炮数尊，斯说恐系该地谣言，若果非虚，则荆州战祸既已开始，日内必续有大战。又闻张连升军亦于五日由沙洋进攻沙市，被石军击败，退回沙洋，石已派兵追围，此说恐亦出于谣言。因日来谣言无奇不有，昨汉口市上竟盛传南军已占岳州，进攻省城，据此而观，所传石军战胜二说恐与此相类也，石所致襄阳德安两电，兹并录如下：

致襄阳电。襄阳黎师长鉴：襄密。溯自辛亥以来，政局纷争，愈演愈剧，我辈同舟风雨五载，于兹险阻艰难，备尝之矣。虽则护国保民为军人天职，然其本意实欲巩固中央之信用，调和南北之意见，以真正之民意成纯粹之共和。庶内患既消，斯外侮可御，无何筹安会起帝制出现，督军独立复辟发生，我辈忍气吞声犹不敢积极进行者，以数年维持南北之成绩，恐灰之于一旦耳。现在西南各省大军已聚长沙，王范师溃北人之气已夺，当此之时王督犹复心怀疑忌，侦我行动，派队监视，又复分析贵师兵力，以为离间之计，冀取渔人之利。我辈同系南人，既在嫌疑之中，自属切肤之患，夏问密约，刻不能忘今既时机已熟，彼此自表同情，特电请吾兄同意，一致主张自主，并恳急电张旅长，令其暂缓来荆，免致误会，如伊请令声称攻省为之声援，否则请令由旅长尾后，牵制西南方面，不独完全接洽，且确知其势力雄厚，计划周详，岳州不日可下。现已电令刘旅长一致自主，并请吾兄就近指授机宜为要，至我辈此后利害与共，休戚相关，既属同心，决无异议。诸希大裁，立候明教临电不胜神驰之至。弟石星川、傅人杰、朱兆熊、胡廷佐、孙国安等同叩东。

致德安电。德安刘旅长、黄州谢团长鉴：襄密。民国缔造六载，于兹我鄂军人创深痛巨，辛亥义师大半裁撤，流亡遍野，举目寒心。即本师存留至今，亦属不完不备。政府每谓经济困难，所有空额悬而不补，试问彼之成师成旅经费数十百万，独非我全鄂父老之膏血耶。妄分南北、衅自彼开，湘省起义不一月，而长沙完全占领，从此乘胜进攻，则克复岳州，会师武汉，当可计日而待也。本师分防各属地处一隅，倘即此不图，将来南军大功告成，则我先之不见容于北者，恐今又不见容于南也。兹已于东日宣布自主，务望贵旅速将所部集合德安，一面向黎师长、由旅长处联络，一面宣告自主，黎、由前有成约，双方赞同，此次必能与表同心，谢团长处已电知能集合德安更妙，否则即在黄州同时动作，贵旅向称精锐，当能同德同心，告厥成功也。石星川、朱兆熊、傅人杰、孙国安、胡廷佐及在荆全体军官等同叩。（按刘旅全部并未附和）

（《申报》1917 年 12 月 12 日）

石星川独立后之布置

兵财问题。荆沙独立情形已屡纪前报。兹闻石星川氏以独立军饷需异常困难，甚形焦灼，统计增设临时机关及扩充军队预算，月需二十七八万元。现正极端筹措，已实行者，闻有三端：（甲）组设财政局，石氏已于四号札委唐羲明为荆州财政局总办，颁发木质关防一颗系湖北护法军财政总局名义，为统一荆属财政机关，主管该军临时财政之出入，当就城区教育公所为局址，范围甚大，位置员司数十人，内分五科：一总务科，二税务科，三库务科，四出纳审查科，五科未详，已出布告正式成立。所有荆州常关、沙市税捐局、川盐局、硝磺局、烟酒公卖局、布花落地捐局、百货筹饷局、鱼捐局、屠宰税局、印花税分所、猪捐局十一机关，均归节制，各加照会一通照常办公。（乙）守提税款荆州所属仅有江陵、石首、公安、监利、松滋、宜都等七县，然该军驻防完全在其势力中者，尚有德安府属之随县、云梦、应城、应山、安陆府属之安陆、京山、潜江、天门八县除沙洋以南之荆门、当阳、远安为张联升旅长隔断，襄河以北之沔汉鄂军、北军杂处未能管辖外，已由石星川氏派委十五员，分赴荆安德三府属各县守提税款，每员给札一份，手枪一支，武装卫兵四、八名不等。又藕池口米捐局、长江埠布厘局、岳口统捐局、安陆船关、应城膏盐局均已派员提款。（丙）派认绅商捐，石氏以仓猝独立，无款建设，三号柬请，荆沙绅富巨商醵助经费。当时商富各户为托庇保护计，异常踊跃。先由沙市首富邓积庆堂认捐一万串，荆旗巨富文子和合族共认一万五千串，荆城商会认捐三千元，沙市商会认捐三万元，其余个人认助三百五百及一千者计数十人，限两日内筹备现款送缴司令部，作临时建设之用。石氏以此乃一次之捐助而经常军费尤巨，复又函请沙市商会按月担任若干，由会长彭文藻召集二十一帮商董议决，如能保护商埠不受兵祸，每月愿捐军费三万元，至统一大局为止。盖沙市为财富之区，故有此能力也，石氏财政之计划大体如是，至军事上之设备，连日亦颇著着进行，其已发表者如下：（甲）招募旗兵。石师长以该师散驻下游不在势力范围之内，留守荆沙仅及七营，难敷分布，查有旗籍老兵千余名（系陆军三十一标旧部，其绿营勇丁不在此内）早欲投效，特札委前宪兵管带果清阿（荆旗人）为招募旗兵委员，二号即在东城旧佐领衙门成立办公处，扬旗招集。（乙）改编炮队。该师炮队自去春暴动失败，悉被遣散，全付缺如，兹石司令以炮兵为全师骨干，防守重镇，非炮不可当，将本部基干营改编炮队一营，并整理万城东城各要塞炮台，札派傅人杰为炮台台官兼炮兵营长，惟仅有过山炮二尊，特借水警三署三生七快炮六尊，以资练习。（丙）军队出动。沙市下三十二里之黄金口，扼水陆孔道商业繁盛，二号由孙国安派一团二营一三四连步兵武装实弹开往防守，又派该营第二连出防坞穴并于第一营抽调二连出防桥亭。孙氏又于沙市江岸天字码头设立水陆军事临时检查所一处，自兼所长，分派水陆检查员二十四人，督率卫兵一排，驻守各趸船码头，凡上下大小轮船民舟均须严重检查。（丁）联络湘省。此次荆州独立由蓝天蔚氏游说而成，独立之次日，蓝氏即取道江陵赴湖南与谭浩明商榷进行之策，石星川亦以独立之事关系甚大非南军援助未易得手，特派参议丁石阶随同蓝秀豪赴湖南商榷一切，闻驻常德第二师长陈复初前日已电致石氏，谓如会师武汉当拨所部军士协助云。

（《申报》1917 年 12 月 14 日）

荆襄风云中之沙洋北军

《英交楚报》七日湖北安陆通讯略云：此间人士所聚谈者无非为湘省近事，种种谣言时震耳鼓，但无事变发生。日昨有兵一队行抵沙洋，拟往沙市，第未启程之前，而沙市响应南方之消息已至，若兵士再向前进，则势必交战。战为凶事，固华兵极不愿为者，无已，惟有暂驻沙洋耳。寺院、会馆、商会、学校、木厂咸为兵士强占，即民间房屋亦有被兵占居者，故沙洋一镇不啻成一军营，电报、邮件皆须检查，且向商会要素筹饷，居民惶惶，然恐昔年事变复见于今日也。民国初年沙洋被兵，商界集资遣之去，为数颇巨，以苏籍商人出资为最多，顷闻襄阳业已独立，果尔，则沙洋之北兵无论得资与否，当悄然退走也。

（《申报》1917 年 12 月 15 日）

汉口商界呼吁取消荆州独立[①]

汉口商务总会派代表前往荆州陈说，荆州独立与内外贸易皆有妨害，恳求为维持商务起见取消荆州独立。（汉口十五日东方通信社电）

（《时报》1917年12月16日）

荆岳间谣诼之一斑

鄂督王占元对于调和南北问题早有决心，故荆州独立并不用兵，只于其周围四面派军防范，使其势力碍难发展。现在荆州虽已招兵数千，苦于与湘西交通隔断，军械不能运入，仍然徒手。外传省军与荆军已开战，及公安、石首、通城均有南军侵入之说，皆属谣言。公石有第二混成旅刘曜龙之军，通城有第三混成旅卢金山之军及直隶之军际兹和战未定，王氏以调人资格，宣言保境安民，实已立于第三者之地位，南军断无于此时遽侵鄂境，丧失调人体面之理。其向岳州进逼者，盖以岳为湖南固有疆域，声言北军非退兵无和局也。又有谓通城失守，系湖北退伍军突起占领者，不知通城至今固安然无恙也。惟该邑地处偏僻，电报须由蒲圻、羊楼峝、岛转递，一时难辨虚实。兹始见通城知事李继尧及商会长、城区保卫团长等致省垣军省各署青电（即九日由羊楼峝发来）云：通邑地瘠民贫，交通不便。此次大军云集，所携多系银元，购买一切物件，商民找付维艰，铜元异常缺乏，拟恳令官钱局拨给铜元数千串，以济市面而活金融，伏乞示遵。县城安谧如常，知念并闻云云。由此而观，即南军入通邑境界之说，恐亦未必可信。总之，近日谣言蜂起，十九无根，如宜昌失守，黄州独立，德安响应诸说，皆无其事。而离省较远地方，且谓武汉已失，王督已逃，有亲友在远地者多来函探问虚实，亦足见谣言无地不有也。随枣独立一事，汉口《大汉报》曾载

① 原为《国内杂电》节选。

有王安澜通电布告宣言，及讨王督檄文，今遍询随枣在省人士，云接家报均未道及，此事确否，尚不敢必。或为党人故播虚声，以乱人心欤？惟《大汉报》因载此檄文，十三日武汉警厅已禁止该报出卖，并函邮政局勿为寄递。该报社设在日界，与他租界交通，又有特别区阻隔，受此打击恐难继续出版。至岳州十一日，开战说亦为谣言，闻十日总统又以个人资格，电南军续行停战一星期，刻王占元已将孙传芳军由岳调回武昌，王金镜军退至蒲圻，亦确为事实云。

（《申报》1917 年 12 月 18 日）

荆州独立势将取消

石星川独立原抱一乘时扩张权利之见，讵为王督实力所束缚，现已时逾半月，大势毫无发展，连新编之兵仅共十一营，焉能一战。石氏处此进退两难之境，乃一再密电王督，以其独立宗旨实在反对中央之继续主战，及趋避南军侵其防区，以○促和平保安，荆、沙绝无侵袭武汉之心，所招新兵六营、亦为补足该师缺额与敷衍党人起见。王督以石本无能为一旦用兵，地方即遭糜烂，且虑牵动湘、岳休战议和之局，虽有密令附近各军相机进取之举，至今并未明令攻击。兹闻石又来电提出条件六项，能否成为事实，尚未敢武断，然取消自主已在酝酿中矣。其条件大致探悉列右：（一）请求王督催促中央速颁停战明令，正式议和；（二）荆沙防务仍由该师完全担任，和议未成以前不得派他军协防；（三）取消靖国军名义及临时组设各机关，仍用鄂军第一师名义力保治安，其荆属之民政、财政均归省署主管；（四）南军前敌已侵入荆署防区以内者（按南军为周伟、宋鹤庚所部已进至湘、鄂接壤公、石二县属淤泥湖、猫儿湖地方）应请王督与南军司令交涉撤退及停止侵犯；（五）荆沙自主后所用军政经费应准作正支销；（六）和议成立后该师应照陆军建制募补足额改编为国防军队。以上六条似尚无重大严酷之要求，王督以和平为念，或可曲原酌就也侧闻第一项王督已联苏、赣于十三日电达中央催促颁令，第二项王督未能照允，仍须派张联升军到荆协防，其余皆可俯从。并拟即以该师改编为国防第十九师，所招新兵则编入步辎各团营。炮马成团，须筹经费，尚俟缓议，盖石军炮马仅各有一营也。又闻石提此条件，第二十一混成旅长孙传芳亦有劝导之力，兹觅得孙致石星川、朱兆熊电录后：荆州石汉舫、朱渭卿二兄鉴：支电悉。天祸中国政变迭兴，六载以来，兵戈迭见，商困于市，农叹于野，流离之苦，目不忍视。今外人兵舰已驶入内江，据舰长云，尚有各国舰队陆续开来，彼之用意，可想而知，想明达如兄等必不愿亡国之惨。自我兆之，自我见之。我辈军人以国防为天职，以保民为责志，均应和衷共济仰体时艰耳。督军坐镇武汉，维系南北，为国为民，时抱隐忧，是以迭电中央和平解决，济世苦衷，天下共见。若夫横生枝节，强恃兵戎，虽曰无侥幸图功之心、其谁能谅？窃恐鹬蚌之争未已，而渔人有以利其后也。务恳克日取消自主。现中央将有明令宣布停战，倘再不协商一致，将来伏莽业生为患滋多。我兄鄂人对于桑梓爱护宜周，此举无论胜负祸国殃民皆所不免，辛亥之惨至今思之，犹有余痛，叨蒙不弃，用敢直言奉告，惟兄实利图之。孙传芳歌。

湖北各县现隶荆州独立军范围者，只江陵、枝江、松滋、公安、石首五县，而公石二县且驻有北军，非完全居于石军之下。随枣独立军则为虚张声势之举，县城未被占据。只有两三千人大半分布于山中，出没无当，迹同草寇。黎天才部下并未响应，刻下各县地方虽多党人勾结，土匪骚扰，四处劝捐勒索，饷不过使小民受损，终不能成事。即如与皖毗连之圻春、圻水二县，近亦有千数人起事，高揭鄂东护法军旗帜，以陈允厘为鄂军第一司令，李树芬为参谋长，发表通电。宣言告示声势似颇浩大，究其实际，仅有土枪猎铳百余支，圻春知事督同警队团防往剿，格毙数人，众即溃散，向皖境英山方面逃窜。现该知事已电省，大报其功，县佐警佐警队、团防各长均请奖予嘉禾、文虎各章。王督为保卫地方计，亦大为嘉奖。此类土匪本无县不有，以斯为功，将来汇案请奖，吾知必至数百人之多也。

（《时报》1917 年 12 月 21 日）

荆事可望解决之一说

荆州石星川独立，原冀黎天才、刘佐龙、谢超、邓贤才等一齐响应，益以南军逼于外，党人助于内，幸而得据武汉，则鄂军首领舍彼其谁，将来盛名不难媲美黄陂。讵天不从愿，襄阳黎天才既不与一致行动。（闻黎师军械官蓝蔚文现来省办冬服，语人云：黎氏对于石军独立，不独事前绝未与闻，即宣布时石于文电要求外，并派参谋官萧载赓赴襄联络。而黎氏极持冷静，亲语萧云："荆沙独立有何可恃？以军实论则器械缺乏，炮马俱无，不能一战；以形胜论，则左右后三面皆在吾军及其它北军包围之内。幸督军电示不用武力解决，吾亦本此宗旨，对于荆军暂守中立，但吾军驻防区域，石军不得假道出没，及诈虞侵犯，致生战端，有碍和好，云云。"德安刘佐龙旅长与李胜美团长对于省城又绝对表示服从，黄州之谢超一团远在下游，距省甚近，更不敢动，石于此三军均不能得其助力，所可望者只驻扎荆州附近宜都之宪兵一营，然宪兵司令邓贤才与王督为旧日拜把弟兄，其兵士虽跃跃欲动，苦于为宜昌北军牵制，亦弗敢轻举。石所望响应之各军情势，既已如此，而助势增援之党人，复毫无能力。刻下各县虽纷起护法靖国之军，不过藉名勒捐募饷，骚扰小民，无关大局，即声势最盛之鄂北护法军，亦未能占有随枣二县，仅在枣阳山中自称雄长。随枣二邑，黎天才军实未附和。有人言王安澜仍居汉口日租界中，徒借民党报章为之鼓吹，摇惑人心而已。党人助石，又仅如此，为之援者，端在湘西南军乎？然闻湘省内部情势极为嘈杂，陆荣廷系与孙中山系积不相能，故谭月波与程潜（程为孙系）貌合神离，有不能一致进行之势。刻程潜已趣其湘军与粤军一部分进逼岳州，主张急取岳阳，下捣武汉。谭月波受陆荣廷密旨则欲取湘而止，大部桂军皆未随程之湘军出发。程之辞省长、谭延闿之复任督军，实出于陆意，电宁转京密请，不然中央突复谭延闿职，果何为乎？闻陆荣廷因欲限制民党活动，殊不愿提出正式要求，即对于国会一事，陆固不以旧会为然者，惟恢复旧会可举陆为副总统，抱此愿望，意遂莫决迁延至今，犹仅以召集国会为言，而不明指为集新抑复旧者，盖以此也。陆系一派既主媾和，不主侵鄂。为荆州援者只湘军程潜一派，程前已遣周伟、宋鹤庚由澧洲分向公安、石首而进，原可与石军联络，不意公石二县王督亦派有北军，将石军与南军之联络线阻隔，湘省所获北军器械，又半为桂军把持，半为湘军留用，所传枪炮若干已运至荆，皆属虚张声势之谈。石军增编六营，其械系湖北第三旅杨承贞（前纪误为定国）卖给与搜罗水陆警察团防之枪凑成。刻下岳州续行停战之期至十六日，又满闻复经约定，再展一星期。现和局虽在未定，所争者只一国会问题，而苏鄂赣三督始终抱定一调停宗旨，战祸或不致复现。荆州处兹孤立无援之地，人心已多涣散，附从石之江犀炮舰已经王督说合，于日昨开回武昌。第一旅长朱兆熊亦有派代表来省之说，石氏如再不自转圜，必起内变，原有地位亦不可保。闻日昨已有电致调人程汉卿、孙传芳云，荆州独立，原在促进和平，保卫地方，以免中央继续主战，及趋避南军之侵犯，并无反抗督军进兵武汉之意。现督座既以独立名词不宜袭用，取消未尝不可。惟为敷衍党人，安抚部下计，不得不出以条件之要求，其条目如下：（一）请王督催促中央速颁停战明令，正式议和（王督允为照办）；（二）荆州防务仍由该师完全担任，和议未定以前不派他军协防（王督拟仍派张联升军协防）；（三）取消靖国军总司令名义及临时增设之卫戍司令、财政局各机关，仍用鄂一师名义保卫治安，其荆属之民政财政照常归省城主管；（四）南军前线已侵入荆属防区，以内应请督座与各该司令交涉撤退及停止侵犯；（五）自主后所用军政经费应准报销；（六）和局成后该师照陆军建制改编为国军，现募新兵六营及将校团即以之补额。闻王督对于三四五各条均承认，六条改编国军亦可办到，惟军费缺乏，购炮买马，需费甚巨，拟于三个月后酌量办理。观此情形，现未磋商就绪者，惟张联升协防一事，王督以和平为念，或能曲就亦未可知。今将二十一混成旅长孙传芳劝石取消独立电附后：

荆州石汉舫、朱渭卿两兄鉴支电。敬悉，天祸中国，政变迭兴，六载以来，兵戈三见，商困于市，农叹于野，流离之苦，目不忍视。今外人兵舰已驶到内江，据舰长云尚有他舰陆续开来，彼之用意可想而知。想明达如兄等必不愿亡国之惨，自我兆之，自我见之，我辈军人以国防为天职，以保民为职志，均应和衷共济，仰体时艰耳。督军坐镇武汉，维系南北，为国为民，时抱隐忧，是以迭电中央和平解决，济世苦衷天下共见。若夫横生枝节，强恃兵戎，虽曰无侥幸图功之心，其谁能谅。窃恐鹬蚌之争未已，而渔人有以利其后也，务恳克日取消自主。现中央将有明令宣布停战，倘再不协商一致，将来伏莽丛生，为患滋多。我兄鄂人，对于桑梓爱护宜周，此举无论胜负，祸国殃民皆所不取，辛亥之惨，至今思之犹有余痛，叨蒙不弃用敢直言奉告，惟兄实利图之。孙传芳歌叩。

按据东电：黎天才已于十六日宣告自主，与上述消息适相抵触，惟此信发于十六以前（十五日），今日时局瞬息万变，而军人之态度又往往不可捉摸。意者，黎之自主，发信时尚无征象乎，姑存之以待续报。

（《申报》1917 年 12 月 21 日）

荆州独立之作战计划

湖北荆襄相继独立，西南之声势日见蔓延，而北洋主战最力之曹锟—张怀芝行将率队南下，决不因荆襄独立而改变其方针，是两方均不退步，和平解决之希望已绝。中央之计划，先荆州后襄阳，因荆州连带宜昌，而宜昌又为川鄂之门户，且岳州之准备甚形接近，可以策应两方。厉兵秣马，北兵分路夹攻，以新堤驻扎之湖北第三混成旅及岳州驻扎之第十一师一部由新堤前进，以河南之混成旅由德安出应城，并联络宜昌吴光新，以李炳之之部下，同时直下，突破荆州。刻下滞留武昌第十一师一部，已由武岳铁路向新堤进发，据官场传说中央将任命荆州宣抚使一员，或云招讨使岳州总司令王金镜氏大有希望。并以明令宣布石星川之罪状，褫夺职官勋章，派员接充鄂军，第一师师长未经附和，各军队卫戍司令南元超亦大有希望。是荆襄方面之防务，又如临大敌，毗临各县，日在惊涛骇浪之中。至荆州独立军之对付，以襄阳既已作一致之行动，无西顾之忧，窥伺宜昌，已成不可掩之事实。派委朱兆熊为司令，率带新编第一梯团由宜都出发，分取赶进水路，派有兵轮一支及水警炮舰多艘，溯沙市江岸而上，水陆夹攻。并派唐义支为攻宜昌总指挥，自称湖靖国军第一军总司令为石星川，参谋长为傅人杰，副官长叶逢春，司令部设荆州旧师部内，共编四梯团，第一梯团长刘某，第二梯团长胡廷佐，第三梯团长副司令朱兆熊兼之，第四梯团长孙国安兼兵站总监，至警察厅长为张仁辅，水警第一厅长兼交通处长徐国瑞，布置俱已完全，兵戎相见。不出旬日，襄河以内，风声鹤唳，土匪乘机窃发，民不聊生。王督军对于军事上之布置，已力竭声嘶，原冀和平解决，不料两方均不见谅，本与北洋派关系较切，不能不偏重北洋方面，致有今日之现状也。

（《时报》1917 年 12 月 27 日）

1918 年

旅沪沙市帮公请息战

旅沪沙市帮以连日报载，荆襄一带仍有发生战事消息，情关桑梓。昨日在商帮协会集议后，当即拟定函稿，分达王督军与石、黎两师长，请其维持地方，勿生兵衅云。兹觅得上王督军函稿附志于后：督军钧鉴，敬启者。荆襄战祸，风鹤惊傳，如在眉睫，万一不幸，吾沙其靡遗也。遥望乡关，忧心如捣，恭读报载养电，促进和平，全国皆蒙公福。岂托隶帡幪，反罹惨劫，除函请石、黎两师长勿启兵衅外，仰乞督军飞饬荆襄附近各军保守和平，勿与石、黎两军发生衅隙，俾沙市全埠商民之生命财产得以保全，则感公之德。曷有涯涘肃勒，恭叩钧安！伏祈垂察，旅沪商帮协会沙市帮全体同叩

（《时报》1918 年 1 月 3 日）

沙市招商局非我有矣

我国商业幼稚，纯粹为本国商家营业而伟大发达者殊不多，观惟轮船招商局经营数十年较有成绩，我国航政之不致为外人所垄断者，赖有此耳。

乃近闻沙市招商局已改入英籍，悬挂英旗，嘻奇哉！沙市地方非石星川为护法靖国而新告独立者耶？独立之第一功乃在将本国辛苦经营之商业断送于外国，呜呼！吾真不知护法、靖国等名词当作何等解释矣。我招商局股东闻之，其亦有动于中否乎？

（《大公报》1918 年 1 月 16 日）

沙市军发行军用票

昨据沙市来电，石星川与谭浩明业于本日揭示发行军用票之布告，略谓此项军用票得与中交两行官票同样通行，凡纳租完税以及其余一切公私债券，悉得使用该军票云云。至其发行额虽声明第一次只发行一百万元，然究其实际殆似无限制云云。

（《顺天时报》1918 年 1 月 16 日）

沙市招商局改悬英旗

湖北黎、石两军宣告独立，荆襄一带战云弥漫，早晚即有战事发生，该处商旅异常恐慌。兹得本埠商界消息，沙市招商局因鉴于粤军政府扣留广利轮船装兵事，恐蹈覆辙，预抱戒心，闻已将该局各轮船移入外国船籍，故沙市招商局暨各轮船，自本月十二日起，一律高悬英国旗帜以保安全，冀免军事影响云。

（《新闻报》1918 年 1 月 18 日）

沙市商会之恐慌

湖北监利县已有湘军驻扎，兹因王占元派兵进攻，沙市商会恐发生战事，监利商务异常危险，昨特电请谭联帅设法阻止，电云：万火急。长沙谭联帅钧鉴：民国成立六载，于兹祸乱相寻，迄无宁日，湘省自钧座一至，倒悬立解，瞻望旌麾，仰幕何极。顷接监利商会电称，王督现派有多数军队向监利前进，人民甚为惶恐，盖该处已请有湘军驻扎，该军弹压认真，地方颇称安谧，若再派队来荆诚恐两相接近，倘有误会，致生冲突，糜烂何堪。素仰我公爱民如子，一视同仁，用敢电恳转电王督速令该派来军队停止前进，如蒙俯允，则感颂鸿恩，当不仅监利一隅已也。谨电奉恳敬候赐复。沙市商会正会长彭春膏、副会长廖如川同叩真印。谭联帅接电后当致王督电云：万火急。武昌王督军鉴：顷据沙市商会正会长彭春膏、副会长廖如川等真电称，顷接监利商会电称，王督现派有多数军队向监利前进，人民甚为惶恐，该处已请有军队驻扎，弹压认真，地方颇安，若再派队来荆，冲突立见，糜烂何堪。设想若居心欲启战争，则商民等只有委之劫数，其更何说。若果爱重和平则万恳转电王督，忍此须臾以待解决，则万民受再造之恩，岂仅商界而已，迫切陈词，伏乞电请王督速令派来军队停止前进，至叩至祷等语，特此转达，并祈见复。浩明寒印。又复沙市商会电云：荆州送沙市商会彭、廖两会长鉴：真电悉。监利已有湘军驻扎，王督若再派队前来，则冲突立见，糜烂诚不堪设想。执事等代表商民来电呼吁，具征维持苦心不胜佩慰大局，迄无解决之期，人民已陷危险之境，凡有血气太息同深。王督果爱和平，自应忍此，须臾以待解决，何至派队相逼，致启衅端。除转电外，先此布复，辱承藻饰，愧不敢当，并以志感浩明寒印。

（《申报》1918 年 1 月 24 日）

石星川答复沙市帮之措词

旅沪沙市帮前以报载，荆襄一带有发生战事消息，在商帮协会集议后，当即函恳王督军与石师长请其维持地方，勿开兵衅。去后兹闻石师长已答复商帮协会，沙市帮诸君原函录下：敬复者。顷接琅函，藉悉。种切，谬承奖饰，愧不克当，诸君远客沪江，垂念桑梓，苦心孤诣，至为钦佩。当兹时局多艰，政变迭起，星川忝领师干，深愧无状，何敢妄走极端，自蹦乡邦。此次之举，实以全省人民已陷水深火热之境，若不及早维持，必将永痛。沦胥昼夜思维，但乞达到根本和平目的而已，绝非私怀野心，徒逞武力，区区苦衷，可质天日，辱承明教，爰布腹心。尚乞时惠德音，藉当面谈，为盼肃复，即颂旅安。弟石星川启。

（《申报》1918 年 1 月 24 日）

监利开始大激战

日前鄂军第三旅进攻监利，克复县城，旋因湘西援荆赶至，仍将监邑收入荆州范围，并委贺公使为知事。刻下十八师及十一师之一部集中于此，前线相距县城仅二十里，备壕，筑叠拟定三路进攻，一由监利以攻其正面，一由当阳以抄其后背，一由潜江、天门以攻其侧面，接触已不远矣。顷有黄州商人由沙市乘大元轮船返汉，对于荆宜间之战事情形，所闻似较确实，据云：宜昌吴军近日谋攻击沙市甚烈，每于山头架设大炮轰击荆军，然荆军防线之上□湘中军队，刻下皆取守势。故吴军虽炮击声绝，未还射，至小小冲突，时有所闻。荆湘军队稍受挫折，然非激烈，战事亦无若何胜负，其详细情形，因两方面均有秘密，遂不能尽悉。而沙市下之监利业有战事，大元轮船行至该处之时，尚见烈焰冲霄，枪声未绝，该轮因受检查停泊数小时，遂得明其原委。南军方面，湘军守第一道火线，荆军守第二道火线。北军方面，卢金山之军队守第一道火线，王茂赏之军队守第二道火线。激战数次，北军稍占利，然因大炮不足，未敢前进。至两军死伤之数，当大园轮停泊该处之时，红十字会方展旗停战，至战场撤运战死及枪伤兵士，故未悉。又据传闻，监利方面日来迭见战火，尤以十七日一役为最激烈。是日自晨至午，两方相持约八小时之久，互有死伤，计北军军官死三人，伤一人，兵士死百余人，伤不计数；南军死军官一人，伤四人，兵士死伤约二百余名。尸骸枕籍，呈惨象。次日即有维持人道之耶教牧师（名未详闻，系瑞典人）出而干涉要求两方不再接近，庶免手足之相残，否则监利中外人民之生命财产脱有损失，函面均应负完全赔价之责云。

（《大公报》1918 年 1 月 25 日）

石星川退出荆州

荆州为自古用兵之地，石星川据之，可以断北军入川之道，可以壮湘边南军之形势，即襄阳之黎天才亦有相互策应之关系，然而石竟不为坚守，而轻于委退焉。夫石军较弱于黎，所遇又为怀愤出川之吴光新，自难免于败退，□胜败何常之有。湘军出队相援，且阻在咫尺，倘背城借一，未必其不可有若干时日之支持，乃必亟亟退却，且必亟亟向邻湘之公安退却，此中或别具兵事上之计划未可知也。虽然退走，则自退走可耳。二十三夜之沙，市其掠劫纷扰，则何为也？以此卜之，似又仅以劫财逃生为唯一之目的，而兵事如何策画，抑且未遑计及矣。

惟是湘军既明认石黎为友军，又隐隐约约遥为声援，则石军之失败，湘军宁有终于袖手之理，而况石军之明向湘边退却耶。呜呼！牵一发而动全头，武岳间南北风云，其前途正未知所届也。

（《申报》1918年1月25日）

吴光新报告占领荆沙电

急。各省督军，广州龙巡阅使，承德、归化、张家口各都统，上海卢护军使，《申新时报》徐州张督办，天津各报馆，北京各报馆均鉴：本日通电，奉闻军队克复荆沙，计达台览。此次石星川盘据荆沙，牵扰大局。新奉中央电令出兵申讨，当饬所部各旅三路进兵。乃石星川一面通款求和，一面勾结湘军分队来逼，各路战事同时开始，幸托国家威灵，将士忠勇，不及旬日竟克荡平。兹将是役经过为诸公一详述之：一湘军田梯团长率二千余人，及鄂军由宜都来逼，经我刘旅由长阳迎击，驱逐鄢家段一带之敌，于巧日进占宜都，敌复增援反攻，又被我军击溃，分窜枝江、松滋。于是我军跟踪追击，于马日进占枝松。一湘军滕梯团长率二千余人，及鄂军由白洋来逼，经我李旅由古老背迎击，比将红花套白洋之敌，尽数驱逐。正在追击中，朱兆熊复由董市登岸，指挥湘军增援，经我军前击，当时击毙滕口及营长以下者数人，兵士伤亡数百人。于是朱弃队，先登兵舰潜逃，我军夺得山炮四尊、炮架二具、枪枝百余杆、子弹百箱。于是兵士纷纷争船乱窜，溺死于水者甚多。其他自万城市退却，我军遂于马日占领江口，不忍进逼。闻石部在沙市勒捐不遂，继以焚掠，是以李旅分兵前军张团于养日进占荆州，刘团于漾晨迫抵沙市，乱徒犹在威吓商会，索逼巨款，经我军当场击毙数十人，争渡被逃者数百人，截得山炮六尊、步枪千余枝、子弹约万，其它军用品甚伙。外人生命财产皆经我军保护无恙，人民赖以庆生。一黎部颜□观由当阳来逼，经我朱旅迎击，大败于玉泉山，毙敌官兵四十余名，夺获枪枝数十杆，遂于巧日进占当阳。敌复由荆门增援于清溪河，同时由荆州增援于河溶，又被我军分路击溃，望风披靡。朱旅遂聚集兵力，亦即向荆州前进，于敬日进抵马山万城一带，当令停止作战，此是役之详细情形也。特电奉闻诸希鉴察。光新有。

（《申报》1918 年 1 月 28 日）

石星川致败原因

沙市来电称：石星川失败原因大略如下，石氏原来在荆州宣言独立时并无攻击声，宜昌意志纯为部下所制不能自由。（一）彼等向自身所欲发展地方各采随意行动；（二）在沙市附近之战败即其覆没之主因；（三）对于吴光新在宜都白羊方面败战之结果，部下主战某某等将军费六十一万吊卷币逃亡；（四）石氏欲率其部下奔往南方却为部下湖南军所阻，对于石氏竟出反抗态度，要之石氏之覆没，全为自己部下所误。即此后行动亦颇有山穷水尽之景，其逃亡实出于万不得已云云。

（《顺天时报》1918 年 1 月 30 日）

荆沙战况

王占元初有暂置荆沙不顾之心，为救吴光新出险计，遂派陆军第十八师及第三混成旅入监利。于时吴军攻宜都、当阳、枝江等处，攻监之军为湘西军堵击。湘军前卫司令即胡瑛，与北军一战于柴码头，再战于乌龟州，湘军败向华容，而监利遂完全为北军占领，溯江而上，绝无阻滞。湘军总司令张学济退归沙市，宜昌之军为荆军第二师长朱兆熊迎击，战于白杨一败，战于董市再败，于是宜都等处相继失陷，军队沿途溃散，朱兆熊逃归沙市，以电话通知总副司令部各官准备作逃计。惟唐克明镇静，徐徐下令，各败兵渡江向公安集合，徐图再整，自二十一日晚起至二十二日晚纷纷渡江。沙市人民惶惶无主，商会拟备巨款欢迎北军，一面恳石军团长邹廷燮维持秩序。荆沙所余之残部三千人，由邹集合，举邹为临时总司令，警备沙市，一面商会代表与法人马某往说条件，时吴光新已入荆州城，即遣人搜索沙市残部，邹□处于两难之际，开枪作街市战，于是街头巷里均有枪弹之音，一时死者、伤者、逃者、啼者、喘者众声并作，其状不可形容。自上午至下午一时，尚难解决，乃有中国红十字会汉口分会所组之救护队，队长王明福与会长王明文冒险执红十字旗摇于市上，劝令停战，枪声乃稍止。一面向败余荆军要其缴械，允由十字会给资回籍，众始将枪械交出。该会分途保护至文昌宫、万寿宫、禹王宫三处停住，计一千四百余人，乃与吴光新商同准送回籍，由该会发给护照，不加残害，于是荆沙完全为吴军占领。败残之军及总司令邹廷燮、曹团长及军官三十余人，兵士一千四百余人，由该会每名发给官票五千，保护出境回籍。

荆州独立凡两越月，吾民之痛苦乃至极点。沙市商会所出之款达二百万有奇，而石星川逃走之夜，败军抢劫商家，由中国红十字会出为维持，允给资回籍，劫风始止。被劫者凡五十余店，记者于宜昌以下，监利以上，皆曾亲往观察，其被祸之村落市镇，凡五十有六处，而尤以宜都之董市，石首之塔市驿为最惨云。

（《申报》1918 年 2 月 16 日）

南军得岳后之援荆州

北军自到岳州后，以为扼住联军咽喉，即可制联军死命，故皆决心备战，毫无诚意言和。其在岳州之军，实原有三师之多，并携有飞机四架，声势赫赫，若有几分战斗力者，故联军攻岳之计划，原准备两月之血战，乃两军周旋战场仅止五日即弃岳州而逃，较之前次由长沙逃至岳州时尤为敏捷，用将左右两翼之捷电录下：

左翼方面来电云：长沙谭联帅钧鉴。宥晚荣昌亲率所部陆长胜、王莅全、李梅芳等营攻破塘口敌人防御线，敌即溃退。当分三路向岳州追击，荣昌济一同督队前追，经于感日下午戌时攻进岳城，敌败走时纵火焚劫，惨无人道。此役荣昌所部计获野山炮及枪弹无算，除会商严密布置安抚居民外，谨先电闻。详情续报，韦荣昌、马济呈叩感亥印。右翼方面来电云：长沙谭联帅钧鉴。我军感日正午与敌军激战三小时，敌军向岳城败退，午后六时，我军直逼岳城，敌军纷纷退出。韦、马、程各总司令，赵师长、林旅长均至，现已将岳城完全收回。刘建藩叩印。

北军系分两路退走，一由武岳路退蒲圻、通城，一由水路退新堤。临逃时焚烧房屋，人民生命财产损失之数尚无确报，次早始行扑灭。尚有北军万余人，因联军入城过速，未及逃走，已全体缴械被俘。是役双方死伤之多，为南北战争来所未有计，新墙一役，湖南第二旅林修梅之军因偷渡小河，阵亡八百余人，总计联军伤亡约三千余人，北军方面又有过之。谁生厉階，使我南北同胞自相鱼肉，亦可哀也矣。

岳州既下，武汉动摇，王占元来电谓愿修旧好，请勿遽攻武汉，谭联帅当以我军将士异常愤激，勇气百倍，势难遏止，尊嘱一节，不能如命等词复电拒绝，一面电促前敌各将领从速乘势相机进攻武汉，俾大局得早解决。惟闻吴光新袭取荆州，为联军进攻武汉之一大障碍，谭联帅现决计一方面进取武汉，一方面赴援荆州，除催令三路援鄂。总司令从速誓师出发，外并加派桂军第二支队宾华东司令率兵十营由津市前进入荆，以厚兵力，藉免会师武汉之后顾，复可援黎天才之厄。兹闻李书城等已正式通电赴援，其文云自冯代总统停战令下，李、陈、王各督复力主和议书等，顿兵湘隅，静待解决。近则曹锟进攻襄樊，吴光新袭取荆沙，节节进扰，逼我湘边抗命背约，忍无可忍。窃念强邻伺隙，正邦人尝胆卧薪之时，国基方兴，岂我辈燃箕煮豆之日，挥涕誓师，原非得已，愿我同袍共鉴斯忱。湘西援鄂第一路总司令李书城，第二路总司令田应诏，第三路总司令周则范叩印，云云。岳州既下，荆州吴军已陷于孤危之境，未知援军到后情形又将何如也。

（《申报》1918 年 2 月 19 日）

沙市日舰之行动

日本军舰伏见号已决定暂留沙市、汉口间，充保护商船任务，业于十八日朝保护大〇丸下江，沙市、宜昌间则以该国军舰隅田号充保护任务云。(以上十九日沙市电)

(《晨钟报》1918 年 2 月 21 日)

前敌消息昨闻克复监利详情

王汝勤克复监利已志昨报，兹闻某要人昨接王汝贤报告克复监利详情，略谓：据第十五旅旅长王汝勤报称，职旅曹团长得霖率所谓并由炮四门连将监利之敌军击退，并俘虏多名，内有伪军佐及关防暨靖国军旗□□用品等甚多，现已将监利完全占领，我军并无伤亡等语云云。

(《晨钟报》1918 年 3 月 24 日)

川沙市乡经董开董事会

川沙县各市乡经董前日在城内积谷仓，开董事会讨论整顿保管事宜，兹将议决案录下：(一) 提议本仓储谷应否推陈易新。(议决) 推陈易新办法俟立秋前，新陈交接之时，察看年岁丰歉情形再行会议酌夺。(一) 提议常年谷息如何办理 (议决)。自本年起，所有积谷息金除提用经常开支外，每年尽数存于南北两典以厚基本。(一) 提议保存积谷本息 (议决) 查本仓详定章程第七条，除本境灾荒，应办平粜赈济外，其余无论何项公事，一概不准挪借，自应永远遵章办理，每年息金，亦在此例。(一) 提议保存本仓房屋。(议决) 查本仓房屋自民国三年重修后，至四年春有铸新学校，商借校舍后，经迁出归还，由本仓酌偿修费，不无暗亏。自本年起，除原附设之交庙事务所及修志局，俟择相当地点，即行迁移外，其余概不借用，以重公产。

（《新闻报》1918年4月15日）

湖北石首团总与党魁之激斗

湖北石首县管辖崔家岗地方，曾发现团总张明安与党魁王邦凯激烈战斗，事后所得详细情形，特即披露于后。

崔家岗本为繁盛之镇市，人烟稠密，商务发达。该地居民推举张明安为保卫团领袖，年虽老迈，志不衰弱，因访闻附近党魁王邦凯联络党人。声势甚大，乃统率乡勇剿彼巢窟。王邦凯号称领袖，党羽甚多，并藏有军械，而张明安虽统一团乡勇，奈徒手空拳，一见党军势力浩大，多欲规避。张愤甚，奋勇争先，竟遭屠戮。王令部下遣散。乡勇，恨张入骨，死后在曹家厂枭首分尸，并另派参谋王国华前往张明安家抄毁，幸邻众□出而哀求，始允捐纳巨款助彼军饷财物，赖以稍保家小性命。闻张明安膝下有子名光鉴，当伊父惨遭杀戮时，呼天而天不应，捶地而地无闻，斯时县城秩序不靖邑宰远离，他避忍数月。兹幸全邑秩序完全恢复，知事返任，张光鉴乃将此案始末情形投报县署，经知事调查，俱属实在，除一面速派干警四处侦缉，一面捕详高等检查厅核办。昨刘检察长，据情特通令，所属各厅县一体协缉，此案主要人犯以凭依法惩治，而伸国法云。

（《益世报》1918年8月14日）

湖北沙市最近之情形

记者由汉口乘大吉轮赴沙市，于前日抵埠，沿途经过尽两昼夜，无甚记述。惟沙市一镇素有“小汉口”之称，是表示其商务较汉口不及也。记者于是因车轿之便，大街小巷游览一周。沙市之商务与夫市面之繁华，犹之前二十年之汉口。当京汉铁路未开通，扬子江航业未发达以前，汉口之商务亦如今日之沙市。将来川、粤、汉铁路一旦开通，沙市商务之发达，不能以小汉口目之，只可名之第二汉口。

沙市一镇属江陵县，知事为叶尔度君。叶君由前清到省，即办汉阳厘金局差，曾署某州差，改革后署监利知事，署宜昌知事。自吴光新克复沙市，以叶君在宜昌对于军队颇能尽照料之职，于是调署沙市知事。吾知今日后为知事者，只需得军队之欢心，并可永远做官也，吴光新去后，沙市之秩序由第八师王汝贤完全担任，维持现在各会馆、各庙宇所驻扎者皆丘八太爷，纪律尚好。而徒手游行大街小巷者亦不乏人，幸无冲突情事。惟此间曲院招侍丘八太爷入室之后，即唱普通戏一则，藉以敷衍，然丘八太爷亦高兴而去花街柳巷。丘八太爷此往彼来未免大煞风景，王师长汝贤生平吃素，不茹量腥，亦好佛家之一也。

沙市警察之腐败如前二十二年之汉口无异，街头巷尾任意便溺，路边大道堆积秽污，黑夜无光，行走维艰，人力车铁轮驶于条石之上，颇摇不定，危险不堪，甚至人民口角，警察呆若木鸡。警察专局局长为叶知事兼差，当局屡欲另派，均为吴光新拒绝，盖恐后来者不如叶知事得军队之欢心也。

（《时报》1918 年 10 月 4 日）

湖北沙市政闻种种

沙市之商务可称“第二汉口”，已于前函述之矣，兹悉此间虽为商务繁盛之区，行政机关不甚完备，如警察则腐败异常，而司法委之江陵县知事以致公署人员任意妄为，除献媚军队外，所有娼寮戏院莫不见公署人员之踪迹，且不名一钱，反咄咄逼人也。

警察专局局长先为江陵县知事叶尔度兼差，系吴光新为之保护，现吴氏他去，沙市警察之腐败当道早已知之，刻下由王兼省长另派崔振魁之部下申某前来接充，昨日已抵埠不知何日到差。

沙市〇为川岸，即销川盐之地。目王督军不准川盐下驶后，沙市食盐异常昂贵，现在来源断绝，当局每日派销五十引盐，系将川岸完全破坏。查产盐每引六百斤售银三十余两，以百斤计之，每百斤售银五两余，今芦盐之派销每斤须售银九两，是价值商超一倍。沙市商会不敢违抗亦无可如何，惟宜昌商会会长李尧琴反对，曾经上省一次，王督军以其偏护西南，勾通党人，严予申斥，并令将该商会另行改组，此亦打草惊蛇之一法，闻李尧琴现年六十余岁，前清翰林性极执拗，莫须有三字尚未成狱亦。云幸矣。

省议会议员江陵复选（沙市属江陵）划在第六区投票地点，定在江陵县公署复选，虽无一定日起而收买议员者先后皆聚集沙市，其卑劣手段一如武汉价值之高，每票售钱五百串，现在跌至二百串，因先已指定，故有江河日下之势，其拼命要干者有关棣张某（前议员）、谢某。省署昨日来电，关、张、谢三人不准当选，江陵县知事告以至情，彼三人执迷不悟，预备复选之日择其年老望众者守□，愿以性命相殉。并有一部分主张将指定最有来历者打死一二，亦甘抵偿能否成为事实虽不可知，要亦怨恨所致不平之鸣激之使然，望当局稍恤人言，以善其后也。

吴光新在沙市时，其幕府有两奇人，一卜课者，一算命看相者。卜课者，吴氏行军之前必使决之，而后定有验有不验，不知其姓名（系沙市人为记者所述），此奇人已得某征收局差。其算命看相者为北京大名鼎鼎之亚康节，姓孟名继纯，现在高升为宜昌知事，每有客往，动辄品人之气色，恬不为怪，所谓一行作吏，不失本来面目者也，中国官场如此，如此一叹。

（《时报》1918 年 10 月 7 日）

沙市欢迎新总统就任

沙市十一日来电，徐新大总统就任式之日，沙市各户均揭国旗以表欢迎之意，官民两方面对于徐世昌亦怀好感，并期望徐氏解决时局云。

（《顺天时报》1918 年 10 月 13 日）

1919 年

沙市创设济良所

鄂西沙市商埠，近年来成一繁华之区，选艳征歌妓馆林立，因而强迫虐待等种种不人道之事时有所闻。昨有友自荆沙来，谈及该埠近状，云有四川名画家张善滋君，侨居沙市，鉴于该埠青楼中人横受虐待，惨不忍睹，各妓呼救无门，束手待毙，永无拨云见天之希望。张君乃首先提倡创办一济良所，并邀集邑绅李绩丞，侨商童月江等从事进行，更得该埠驻军第八师长官赞助，于是共筹款万金，为沙埠破天荒之善举。且云该所范围颇广，凡一切无依妇女，或被人诱拐者，均可收容。章程完善，组织合度，诚慈善事业中最有秩序者也。

（《时报》1919 年 6 月 2 日）

沙市捣毁日商纪实

此次青岛问题发生，宜、沙举动异常文明，何至有捣毁日商情事。所谓日商者，不过一理发店也，即令捣毁，又值几何。况沙市系属内地，日商不应杂处，我当局为维持邦交起见，业已令行查核，虚实不难立见。兹王督军、何省长特电复外部如下，并录宜沙方面之访函以存其真也。

军省两长复外交部电。北京外交部监正：密。卅电敬悉，查此案前日据沙市警察局、江陵县知事电称，二十六午后七时，有小学生数十名藉抵制为名，在沙市三府街日商三相理发店门首挤破玻璃数块，军警、知事立即解散，幸未酿成事端等情。经会电该处文武，饬令以后务得严密保护在案。兹准前因与原报情形不同，或系日使过甚之词，或系县局有意讳饰，现已严令查复，并电宜沙交涉员亲往查勘，一面严拿滋事之人，一面将日商损失妥速议结，仍分行文武，于日店严加保护，不准稍涉大意。此外，汉口、宜昌等处凡有日店均早经分饬加意保护矣。除再严饬外，承询谨复。王占元、何佩镕东。

宜沙方面之举动。（商界）宜昌、沙市为鄂省上游之两大商埠，文化程度虽较省垣稍逊，而人民智识民气激昂不在省垣之下。自青岛消息传来，武汉人心大震，亟知非提倡国货不足以救危亡，故两埠之商会特为集议，欲提倡国货势非将某国之货销毁，不足以表示提倡之诚意决心。各商□一致赞成，□□殆□，不三日内两镇所存业国之货至若如汉口之〇商屯集某货以居奇者，则绝无其事，亦足见其热忱也。

（学界）两埠所设之师范及中学高初各等学生亦以千计，自闻"青岛问题"危及国家及兢兢以唤醒爱国精神为职志，结队游行以辉皇爱国之耳目，露天讲演以启发爱国之心思，传单散布张贴通衢以使之触目惊心，忧勤惕励坚其爱国宗旨。然未闻警厅之干涉，军队之摧残，亦未闻匪徒窃令扰害秩序，地方治安依然无恙。岂该地学生之文明过于省垣欤？毋亦官厅待遇之眼光差异也。

（《时报》1919 年 6 月 11 日）

沙市兵变详纪

兵变情形。第八师之师部虽驻沙市，而沿宜昌以下滨江各要隘无不有该师队伍散驻其间。在前用兵时代，统驭得人，军民尚能相安，嗣内欠饷问题未能解决，该师荣誉遂不免有日下之势，然而人民虽稍有损失，综其大旨亦尚未尽违背保护之原理，惟是中央之给饷不时，人民之接济有限，该师饷乃仍归无着，而且积欠既久，即该直辖长官亦殊无能统御，王前师长汝贤之辞职，该缘是故也。迨王汝勤营长该师后者即计划解决欠饷之方法，无如为炊无米，不得已而称留京畿以待欠饷之颁发，虽亦当经具颁国库证券以充军，实顾各兵士久处涸辙，谨持纸币宁能济事。故于月之二号傍晚之际，遂有驻宜小部兵士索饷哗噪之事，及经长官抑压，孰知竟以是而触动危机，秩序大乱，经他部军队出为弹压，其事始告平息，此系得自传闻，故详情不得而知，俟探明续报。

商民罢市。又据沙市方面消息云，现驻军费三十余万，沙市商人已极负担之苦，然以托庇宇下，故亦忍痛以供。乃未几，驻沙军队领到中央发给之国库券数万两余元，勒令商民使用，商民畏危，亦不舍忍收受以求苟安。惟是此项证券既非通用之制币，势难周转货物之需，由是支持无术，因而倒闭之商号为数极多，距近驻沙军队复以军用票与商民强迫交易，稍有不遂即多纠葛，一般商民以力有未逮，因之近来已均罢市云。

（《时报》1919 年 10 月 21 日）

沙市商界大恐慌

鄂省前经中央发行之国库券，王督以影响于金融界至巨，故鄂中各主军迄今未行使。乃闻驻扎沙市之近畿第八师王汝勤所部前此向中央所领军饷曾经搭发国库券，于是遂引起兑现问题。惟沙市商民对于兑现深以力□愿，违为虑然处于武人权威之下，又不敢公然违抗。无已，乃吁恳王督军主持打消兑现之说。刻得武昌友人电告，确悉督军已会商省长署，妥拟维持方法，令行当地军民长官审慎办理，一面并请中央以后勿庸再发，以免影响市面。惟方法究竟若何，尚待续闻云。

（《大公报》1919 年 12 月 1 日）

1920 年

沙市军民相安

沙市地方自民国成立以来，每届阴历年节，市面极为冷淡。今因八师王汝勤师长驻扎该地，际兹阴历岁首，市面较前颇形繁盛，军民各自安居乐业，绝无风鹤之惊，颇有太平景象。设非该师长维持得力，曷克臻此。此前由沙市方面寄来王师长最近对于士卒之训词一纸，于此亦可见该师长之训练有方也。

王师长之训词：军人之责，首重职守。一年之内，自问作得完善与否？善者继行，不善者应如何改而行之，再行研究，此系责任之关系也。又全国人民对于国家均负有责，而我军人较人民之责倍重，故对此更不可不时时存在脑筋之中。国家困难，应维持之，国家患难，应分担之，全国人民应保护之，此系对于国家、人民之关念也。又凡我同人应养成最高等军人之资格，如何能达此目的，心存“道德”二字而已。人无道德，非人类也。道德者何？即是作事处人合乎天理，问心真真无愧足矣。每逢对人之事先想人，若以此对吾，吾心如何，能顺吾心即作去，不顺吾心即止。常存责已之心，自无是非。若常存责人之心，终日是非，务速改正。上下以及同人若相处感情不洽，自己前途危险，并害及公家。又人人不可存巧取，心要存忠厚心若人人以巧取心，处事必致争之不已，若人人以忠厚心，处事必能相洽，感情日厚，团体日坚，一旦有事愈能同生同死，非本师长与诸君屡次排除大难，若非团体坚固，焉能收其效果？诸君岂忘之乎？是以大家得享最高尚之名。有此根基，诸君前途将来必有蒸蒸日上，望此系至理，不必营谋，祈我同人时时以此言为居心作事之方针，深有厚望焉。

（《顺天时报》1920 年 2 月 29 日）

沙市钱商与库券

财部发往湖北方面之国库券近因展期兑现，而沙市一埠钱商纷纷停止交易，于市面上不无影响。日昨，鄂督电京报告情形，请为停发，并论及第二期兑现之期务请依限，不可再展，以维信用云云。

（《顺天时报》1920 年 5 月 4 日）

江陵驻军之筹款

驻荆长江上游警备总司令（吴光新）所部暂编第二混成旅，中央积欠饷项已达五六月之多，迭电催索，迄无响应，现状颇不易维持矣。该军杨参谋长于不得已之中，特于日前（阴历初二）商同姜知事邀集各钱帮典商于商会处，由杨参谋长维持军队之法，始而要求各董代筹十万元以济军饷，各行主以血本攸关，咸默然不语。继而提出条件提议谓如能筹得十万元者，即允各钱典得发行当五十铜元票币，且不加限制。不然，不仅加以擅发纸币之罪，且勒令停止营业。各商咸一致请求停业，而不愿认此十万金之巨款。该参谋长以事已至此，不得不出最后之一途，特将各商主软禁于商会中，并出以威逼手段，始由商会长出面转圜，派裕通、公益、同益三钱庄及恒和、汇元长、鼎盛长三汇庄各出六千元，庆成、履泰、元昌等六家典商各出四千元，两共六万元，始行释出。保金地方固属不□，然而商户苦矣，噫今之所谓军队。

（《大公报》1920 年 6 月 4 日）

湖北松滋县境匪祸激烈

松滋接近湘西，匪祸剧烈，洵为吾鄂各□所未有者。试述其情形于下。

甲、鹅颈湖市日前突来二百余匪，用洋油烧毁该市全部数十家，杀死良民二十余人，轰抢钱财二万金。乙、该县杨林市由匪首张道焕、马福堂、张福廷、范华亭、徐乾喜等率匪二百余名在黄春和门首杀毙良民一名，并入市勒索钱二千余串。丙、纸厂河市于上月二十八九日等迭被勒捐及抢劫钱财布疋各项共计损失二万余金，且常在该市出没，发生拉人勒赎情事。丁、磨盘洲市被匪勒索钱共计四千余串，又与该市毗连之余祝三被匪掳去，勒赎钱二千余串，又裴家场被匪捣毁铺面并勒索钱八百余串。戊、街河市当铺被匪将金银首饰衣物号码抢劫一空，计钱二万余串。并在该市各铺勒索吊拷店主，又被勒去钱一万五千余串。巳、西斋义盛当被匪抢去金银首饰银钱及衣物号码等件，其损失在十万以上，其他铺户如袁鹤龄等十余家，共计被抢约五万余金。

（《大公报》1920年11月7日）

鄂省兵变消息何多

驻沙市第八师，乃王汝勤所部，蒂欠军饷较他军为多，去年曾哗变一次，中央以无积极办法，故曾随便了事，该军因是酿出种种不法之事。上月下旬，该军以中央欠饷不发，势难维持，特纠众向该地商会索现款二十万元以济急用。商会以该军前借之款迄今未还分文，碍难再借，即欲勉行设法，而市面萧条，亦无从筹措，拒绝其请。该军以商会不允其要求大哗，一时声势汹汹，幸赵荣华镇使闻讯，派军弹压，拿去为首军士八名，登时枪毙，始得无事，但军心不固，后患方殷。该地商民，刻皆纷纷迁避，典业亦停歇数家。宜昌与沙市接近，当道若无善法应付，则影响所及，其害将不堪设想也。

（《申报》1920年12月6日）

荆沙驻军之暗潮

荆州沙（市）两地为鄂上游重要区域，商务颇称繁剧。两地相隔亦只十五里，荆州驻有第十八混成旅（赵容华所部）军队，现赵氏虽已改任施宜镇守使，尚未拔队前往。沙市亦驻有第八师（王汝勤所部）军队，该两军素日颇称融洽，对于地方均是互相保护，并未划分畛域。顷有自沙市来此者，据称该两军忽然发生恶感，暗潮甚烈，商民大起恐慌，似有岌岌不可终日之势。其原因系以积欠军饷未发，兵士中多有离叛之意。日前第八师中有一小部分为当地土匪并退伍兵士所煽惑，有不轨行动（闻已放枪一排），幸王汝勤师长防止得法，未至酿成巨祸，嗣经赵荣华旅长查知，当即派队缉获八人，讯明处决。惟此八人之中有八师兵士二人，王汝勤师长以该师兵士，如果有不法行为，理应送由该师司令部核办，赵氏何得越权用事，此即质问赵氏，闻赵氏亦为强硬之表示，因之互相猜忌。该处士绅暨商会等恐城门失火，殃及池鱼，正极力转圜或不至发生巨祸云云。

（《大公报》1920 年 12 月 8 日）

1921年

沙市建设电话之进行

沙市居长江上游，为荆襄锁钥，商务繁盛，亚于汉口，而冠于他镇，轮船邮电，工厂洋行，无一不备，独于电话一门，尚付阙如，去冬经该处商会，函请汉口电话局，派员前往建设。业由电话局呈准交通部，于阴历年终，派工程师卢子年，赴沙相度，以便开工。现闻卢氏在沙，已将一切布置，妥筹就绪，准定本月兴工，预计一二月之久，即可竣事。此外又闻宜昌方面，亦有建设电话之议，仍由卢工程监督开创，大约阴历三月底，均可正式成立云。

（《益世报》1921年2月20日）

鄂属沙市兵变记

鄂属沙市，为鄂省上游繁盛巨镇，昔有小汉口之称。第八师王汝勤所部，驻扎该镇，已历三年之久。该师军饷，积欠甚巨，军心动摇，屡欲哗变，迭由沙市商会筹垫军饷，始得敷衍无事。计前后筹垫之款，不下百万。乃该师近因军饷不济，又起骚动。师长王汝勤方与该地商会磋商接济，竟有一部军队迫不及待，忽于二十三日晚十时许哗变。首先发难者为驻扎金龙寺之某营，和之者为驻扎孤厅会馆及帝主宫之两部，合计数百人，持枪出营，向各繁盛街市肆意抢劫，钱庄如祥裕、大有等，银楼如同震、宝成、丹凤等，疋头如协成、祥大、吉祥等，悉被劫一空。该军抢劫之后，复用煤油放火，焚烧商号，计自青石街起，北尽三府街，东尽毛草正街，所有九十铺城隍庙一带，商号数百家，相延数里，尽成焦土，火光烛天，直至次晨始息。当焚抢时，枪声隆隆，哭声震天，并未见有何项军队出而弹压。迨变兵饱掠之后，始各整队归营，其腰缠财物□销易服而逃者，仅最少数，与去岁宜昌兵变时之情景仿佛相似，商民损失若干，死伤人命若干，现尚无详细调查，据外人方面约略计之，损失达千万以上，亦浩劫也。武昌军署二十五日得报，急电施宜镇守使赵荣华派兵弹压，另电第八师长王汝勤制止变兵，江陵县知事吴英汉（沙市属江陵县）适于兵变前一日来省，二十五日方在武昌鸿磐楼宴客，席间忽接沙市商会电告兵变，即晚乘固陵轮返沙，汉口领团得报，恐变兵殃及外商，英美日领均派兵舰赴沙，以资保护，至有无损害外商之事，尚待调查。

（《新闻报》1921 年 3 月 3 日）

沙市兵变详情

沙市居长江上游要隘，虽为江陵县属一镇，而商务繁盛，仅次汉口一等。现在驻沙防军为王汝勤所部第八部与赵荣华所部第十八混成旅之各一部。两军皆属国军，饷糈均有蒂久，尤以第八师欠饷最多，闻已达十数月。今年春初，王师长以军士困苦，请求商会接济，商会见先后代该师垫款分文未偿，且该地又因去年宜昌变乱，间接损失三百万元左右，对于此项无厌之求实难应付，正在往返协商中，而该师迫不及待，遽于二十三晚实行变乱矣。

驻在沙市之第八师不及三千人，余皆散驻石首、公安各邑。二十三晚八时，首由驻在该地金龙寺军队发难，持枪出营，而孤鹿会馆及帝王宫等处军队和之，一时枪声隆隆，人声鼎沸。变兵分途闯入商店，肆意搜掠，人有阻者辄拟以枪，且复用油纵火，以助其威。自青石街起，北尽三府街，东尽茅草正街，数里菁华，尽成灰烬，直至翌晨始熄。受害之惨，尤以同震、丹凤、宝成等银楼，协成、祥大、吉祥等疋头号，祥裕、大有等钱庄为最，计其损失，总数当在千万以上，是较宜昌变乱为尤酷。第宜昌伤及外人，而沙市侨商则幸获无恙，该县吴知事二十二日因事来省，二十四日晨该县旅省人士在武昌鸿磐楼设筵欢宴，正在杯酒酬应之际，突接该县拍来急电，遂不及终席，匆匆乘轮回沙。王督闻此警耗，亦异常焦灼，除急电该师长王汝勤，从速镇压变兵，听候查办外，并闻已电京报告，且有自请议处之说。但一般人视此变乱，早认为必有之事，故接到是项消息，并不如前此闻宜昌兵变时之惊骇，盖以鄂省过去数月中，兵变十数起，而政府与鄂当道，对于已变乱兵及未变饥兵，均未见有若何正当办法。以略无知识之军队，又为饥寒所驱迫，环境所引诱，闹饷哗变宁在意外耶。

（《申报》1921 年 3 月 3 日）

荆沙防务

直曹电。据吴副使电称：现值鄂防日急，亟应严密布置，以备御敌。第八师范参谋长奉师长命到洛，表示沙市、监利、石首、公安一带防务，该师能负全责，惟仅八成队，且枪缺千五百余杆。当此前方吃紧，力量单薄，除嘱速将缺额补齐，外请转中央，速电王使应由汉厂拨枪领用，俾便应战，月饷与其他防鄂国军，一律筹发，以励士气。

（《申报》1921 年 8 月 7 日）

湘鄂议和记　吴佩孚由岳移驻沙市

吴、赵虽订《湘鄂暂时停战办法》九条，而正式和约，久未开议，双方前线军队，即不能早日撤退。吴以川军积极图鄂，急欲移其对湘之军以对川，故急于乞和。赵因受各方攻击，亦思早告结束，遂应吴请，派其参谋长唐义彬、交涉员仇鳌为正式代表，九日下午，乘锦辉小轮赴岳，十日抵埠，午后四时许，谒吴于江贞兵舰。吴招待殷勤，并留唐仇在舰晚餐，餐毕吴袖出所拟和约六条，交唐、仇阅看，唐、仇当以关系重大，须待研究，始能作覆，遂携归锦辉讨论，为修改如下：（一）鄂赣两省按照联防旧约辅助湘省励行自治；（二）湘鄂赣共同治安办法，依照联防旧约继续进行；（三）此次加入战斗之湘军，以两个月为期，切实淘汰；（四）长岳、株萍两路管理方法，由湘鄂赣三省长官协商办理；（五）湘省军民财政，依照新定湖南省宪法，切实整理；（六）孙军一师驻扎岳州，以湖南省宪法公布之日，即行撤退；（七）孙军驻扎期内，凡关于地方用人行政司法及一切事宜，毫不干预。吴氏原文六条，经唐、仇二君改为七条，文字虽有修改，辞意无大出入。惟第四条原文，为长岳、株萍两路收归交通部办理。第六条原文为“长江上游警备总司令孙传芳，驻兵一师于岳州，候相当时机撤退”，经唐仇修改后，与原意则有不同。故十一日唐、仇复至吴舰相商时，吴对第四、第六两条认为不合，以为长岳、株萍两路应归国有，至驻岳孙军，如以省宪公布之日即行撤退，是等于未曾规定，应当以湖南军队收束局面平定为期，并声明直军攻克岳州，停兵不进，北政府啧有烦言，故不得不驻军于岳，以敷衍政府面子，然为避夺取地盘嫌疑起见，所部直军，概行撤归洛阳，只驻孙氏一师。唐、仇以此事关系匪浅，不能承认，遂约定暂行保留，以候湘政府及湘团体之裁夺，吴允诺，并谓第四条亦俟后再议。唐、仇两代表，遂于十一日乘原轮返省复命。至湘赵及各团体对此意见如何，刻尚未探悉。惟唐、仇临行赴岳时，各团体一致请拒北军驻岳，且宣言湘省今后武器厥为主义，无论如何，主义总不至消灭，是湘人不欲北军之驻岳，于此可见。现孙传芳所部第二师已改编为两大支队运往荆州，仅留少数部队在省，是否愿驻岳州以当湘省之冲，尚属疑问。至直军在湘境者，已不下四五万人，目前军事布置尚极周密。吴氏撤归洛阳之语，将来实践与否亦难预料。惟华容方面之第八师已退归鄂境石首、公安各处，醴陵方面之萧安国、方本仁两部赣军，十一日亦退归赣境，所遗防地，均由湘派军驻扎。沈鸿英所部桂军四混成旅，因无路可退，亦表示愿附中央，刻正与吴商北附条件。是湘鄂风云，至此可告段落。吴以川军返攻，近又得手，宜昌一城，复再处于包围之中，夔巫以上大军，刻方陆续下驶，观其动作，似将大举窥鄂，深恐宜昌有失。十三日又由岳州乘巡防舰赴沙市，巡使行署，亦暂移往沙市，以便居中策应。昨十四日督署已接到吴氏来电，嘱嗣后军报即径寄至沙市矣。（九月十五日）

（《申报》1921 年 9 月 18 日）

四面楚歌之吴佩孚　川军进攻宜都吴氏折回荆州

国闻通信社汉口讯。云：据战地归来者谈，吴军初到宜昌，本拟克日攻下各城，乘势进取。讵宜昌附近重要山头均被川军占领，吴军仰攻失利。近数日，吴军饥疲过甚，不愿应敌，所恃以维持现状者，因川军愿虑外侨及宜昌东面之外舰，不便用巨炮轰击，故北军尚有残部保守。但川军知宜昌不易攻下，已改变战略，分兵一师由潘正道统率向宜都方面分途进攻，声势颇大。宜都在宜昌之东，附荆沙之背，如该地为川军所得，则宜昌之北军残部已被隔断，殊为危险，故吴氏日前折回荆州，以待后援。然襄樊方面，张联升已迭电告急。防线愈广，吴军实不敷分布，所恃以后方接济者，不过萧耀南一人。近来萧、吴之间已有隔阂，坐镇汉上之杜锡钧亦怏怏失望，请假回籍，是吴军后方接济亦不可恃。论者谓吴军若不改变新战略，不免有四面楚歌之敌矣。

（《时报》1921年9月28日）

沙市商会在全国商会联合会第九次会议之提案

国库券请即兑现案（湖北沙市商会汪文灿提出），袁治齐、姜少廷等请将此案修改正文字后，呈请政府不可再行滥发，从速兑现。可请书记长起草电请政府：（一）已废者，设法兑现；（二）未废者，以后不能发行。主席付表决，多数起立通过，次议；（三）取缔轻质铜元案（宝应、如皋、宿迁、淮安县商会提出）。姜少廷谓：从前各商会曾呈请停止再铸，虽经部复照行，但不能发生完全效力，此次可由本联合会再行电部。苏民生等均赞成。汪文灿谓此事之病根，在币制不统一。苏民生又谓：可电呈政府，以“整理币制”为总纲，而以下列三事为细则：（一）停铸；（二）禁止私铸及私运；（三）由商界分别轻重，自由定价。赵叔雍谓当以五色国旗为标准。主席并请众注意此类币制之问题，并将此案付审查表决，多数起立通过，次议。

（中略）

海关苛税整顿案（湖北沙市商会提出），提案人汪文灿说明案由，主席谓关于海关之事本应另组一机关讨论，此案却可先注意，因旧时海关值百抽五，系照咸丰年间物价，如照现在计算，进口者仅百抽一二，而出口者则百抽十五，甚急应讨论也。赵叔雍谓可与日来所讨论各案性质相类者，合并审查，主席付表决，并谓当再于审查时拟一办法，多数起立通过，次议。

（《申报》1921年10月21日）

反对沙海关例外苛罚文

国闻通信社云：全国商会联合会，前据湖北沙市总商会，提出沙海关不照定章，随时估价，例外苛罚一案，特呈请农商部察核。其呈文云：呈为据案呈请事。窃本会本届临时大会，据湖北沙市总商会提出沙海关不照定章，随时估价，并例外苛罚，请设法救济一案。大致谓海关章程，规定一、四、七、十月份考查货价之升降，增减估本。惟湖北沙海关，向未实行考查，随意抽收以致估价与成本相去悬殊，即如药材中杜仲一项，申汉市价仅八两余，竟估价三十二两，商人不啻纳四倍之税深感痛苦。又查定章，原货原□转口，如干耗稍欠重量，须先禀明查验，仍准放行。今沙海关凡遇稍有欠秤，不问是否干耗，概行苛罚，商人亦敢怒而不敢言。似此不遵定章任意苛罚，病民实甚，应请大会据情呈请政府迫实整顿等情，经众讨论交付审查，续经大会议决，以沙海关苛罚病民，应由本会呈请农商部，咨请税务处，转饬沙海关监督及税务司，按照规定期间，即时确切估价，并准报验干耗，概免苛罚，以重定章而保商民等语。为此据情呈请钧部察核，俯准施行，不胜感激之至云云。

（《申报》1921年11月27日）

大阪沙市轮之航路

日商大阪公司之中国往美国之沙市邮船，所经行之地，今已逐步推广，比较美轮多行四埠。该公司之夏威夷丸，今兹由小吕宋香港开出，自十日赴美时，须得先往神户、横须贺、横滨、大连及域多利，德古姆，晚香坡，至沙市。现时除马尼拉丸、与亚拉伯丸两船，不走小吕宋外，其他如阿尔倍玛、阿立纯乃丸等新邮船，则皆须历十一埠，每月发行四班，进出各两船云。

（《时报》1921 年 12 月 14 日）

1922 年

沙市王汝勤通电

沙市王汝勤通电各报馆均（钧）鉴：立国之道，首重练兵，练兵必先筹饷。民国以来，用兵日繁，饷源日蹙，驯至饥兵乏食，哗溃时闻，罪岂尽在军人，亦执财政者筹饷无方有以使之然也。刻下左支右绌，困难已达极点，然犹赖此盐余挹注，以资目前之兵食，虽属望梅解渴，尚可稍慰兵心。不谓仅此少数希望，仍欲完全断送，如近日财政当局所拟九千六百万盐余公债之发行，姑无论其用途若何，是否正当，窥其用意，将以数百万军人性命所关之饷源，而吸收于私有银行债权之下阴谋垄断，罔上行私，置此数百万卫国之健儿，立濒于死亡，而无可济救，言念及此，可为痛心。抑思兵不养而乱生，乱生而国危，祸乱相寻，不亡何待，倡此议者殃民误国，罪不容诛，前闻各界喧传，犹谓出于误会，不欲以道听途说，冒军人越职之言，昨诵萧督军养电，足征若辈之锐意孤行，至此毫无疑义，置忠言于弗顾，竟无术以挽回。将士闻之，异常惶骇，生机断绝，各有危心。汝勤等闻见，既真不得不同声呼吁，敢求当道诸公，据理力争严词制止，恳乞我大总统毅然独断立予取消，为军人保一线生机，即为小民轻一分担负。若听其径行已私，罔知觉悟。窃恐人心不死，民意难违，责难之来，必有任其咎者。万军托命，缄默难安，迫切陈词，乞赐亮督。援鄂陆军第八师师长王汝勤率全体官兵同叩有印。

（《申报》1922 年 2 月 28 日）

聚兴诚沙市支行结束之沪讯

公共租界二马路聚兴诚银行，系川商杨氏弟兄所设，资本雄厚，连年营业甚为发达，长江上、下游及天津、北京等处，均设有支行。其沙市支行，本系专对川盐运楚，便利川人盐商汇兑而设。近因川盐停运，对于各处汇兑甚稀，且因年来沙市金融界异常清淡，目今无设立该支行之必要，所以总会管理处决计将该沙市支行即日结束，停止汇兑，其余各行仍照常营业云。

（《申报》1922 年 7 月 14 日）

湖北将恢复荆州镇守使

鄂省荆地处长江上游，防务极为重要，施宜镇使距荆较远，大有鞭长莫及之势。鄂督萧南为慎重防务起见，拟恢复荆州镇守使，以资镇慑即以第八师师长王汝勤就任，以收驾轻就熟之效。闻萧监昨并有电抵京，祈政府迅令王氏兼任荆州镇使云。

（《时报》1922 年 8 月 11 日）

襄阳沙市间筑路通车计划

鄂函云：襄阳道尹熊吾阁，以襄阳至沙市交通不便，商旅困难，提议创办长途汽车，曾呈请省署筹给官股以为补助，当由省署分令财政、实业两厅及官钱局核议具覆，旋据药厅局先后呈复，均以财力艰窘，拨给官股确实无力办到为词。惟实业厅以官股无法筹措，因拟具就地筹款办法，俟省库稍裕，再予拨给官股，藉维永久，嗣由省署令知该道尹酌核办理。援熊氏乃转饬钟祥、宜城、荆门、江陵各县知事，会商地方绅商筹募股资，视认股之多少，再定办法。日前荆门县知事孙宸以筹募股款一事，召集全县绅商大会，众极赞成，当场共认股十万元。熊氏接到此项报告，以认股如此踊跃，将来襄、钟、宜三县并可多筹，故近日由襄阳、钟祥、宜城、荆门、江陵五县集募，不足额时再向各县分募。至所预定一切办法，设总公司于襄阳，每五十里设一分站，便于搭客上下货物转运其长途经过路线，由撞口站、板桥所、新市杨树、港沈家、集直达沙市，刻俟钟祥各县募股概数之报告到齐，即着手成立公司，并派员勘测路线云。

又函：襄沙长途汽车由各该县绅商妥筹巨资，俟有眉目再行从长计议。顷省□已接襄阳呈覆，谓已分令各□县知事会同绅商筹议集款办法，现在荆门县已呈覆承认筹款十万，江陵以沙市商务繁盛之故，十万之款亦可办到。其余各县则三五万不等，此项工程，大有可以进行之希望。一俟未呈复各县筹定的款，一律呈报后，再行转呈省署核夺办理。但此项工程之建筑计划，不能不预先拟定，现已决计各款筹集后通盘筹划，可以动工时，即与上海全国道路建筑协会接洽，请其介绍工程师，并照该会测量路线及其建筑计划着手进行。闻俟以上一切接商就绪后，即可动工云。

（《民国日报》1922 年 10 月 19 日）

湖北将有长途汽车出现　定名为襄沙长途汽车

（一）引言

不知湖北交通之真情者，以为湖北有京汉、粤汉二铁路之纵贯南北，汉水、长江二大水之交流全省，诚交通极便利之地也，其实则不然。堪称便利者，仅东南一域耳，至中、北两部，行旅仍苦之，若川汉铁路支路告成，犹可也。不幸时局不靖，致已开工之川汉路遽而中止。年来又有人提倡开办河汉浅水航轮（由汉口至老河口），不幸而又未能成为事实，于是襄沙长途汽车始应运而生矣。

（二）缘起

从前有商民包炳玺者，发起襄阳长途汽车，分为两路，一由襄阳经老河口、邓县、南阳、方城、舞阳、驻马店、叶县、许县至禹县（邓县以下均河南境地）；一由襄阳经板桥店，宜城县新市（钟祥县属），荆门县杨树浦（荆门属），沈家集（江陵县属），以至沙市，后者即为襄沙长途汽车，该氏即呈请省署咨部备案，交通部以与交通实业两有裨益，即予照准。及熊宾任襄阳道尹后，即协同包炳玺筹备不遗余力，近数月来，已极有头绪，工竣之期，当不甚远也。

（三）襄沙长途汽车之切实利益

笼统言之，当然为便利交通，至交通便利后之真利何在，此处不得不详言之。（甲）商务上襄阳为鄂北重镇，沙市为繁盛商场，四川货出口所必经之地也。鄂北及河南之西南部，需川货甚多，然多须至汉口后始能溯汉水上行，周折甚大，此路一成，则可省以前之许多周折矣。（乙）军事上鄂西鄂北，本相毗连，第以山岭重叠之故，致呼应完全不灵，于军事之调遣诸多不便。此路若成，则于军事之协防上调遣上大有便利矣，此路之所以能如此积极进行者，即在此也。

（四）进行状况

襄阳道尹熊宾以事属创办，需款甚巨，曾呈请省署筹给官股，以资补助，当由省署分令实业、财政两厅及官钱局核议具覆，该厅局会商后，先后呈复，均以财政艰窘，拨给官股，委实无力办到为词。惟实业厅以此系分内事，万不能不尽提倡及辅导之责，乃令熊道尹一面就襄阳县属之张家湾，及光化县属之老河口二征收局收入项下抽拨者若干充为官股，藉维持该路之永久，一面就地筹款，以补官股之不足。熊氏得令即转饬襄阳、钟祥、宜城、荆门、江陵各县知事，会商地方绅董，筹募投股款，视认股之多少再定办法。日前荆门县知事孙宸以筹募股款事，召集全县绅大会，众极赞成，当场共认股十万元。熊氏得到此项报告，以认股如此踊跃，将来钟、襄、宜三县并可多筹，故近日愈益积极进行，其所拟定募股章程如下：（一）股款总额定为一百万元，官股与商股各半。（二）商股分普通与优先二种。（三）每股洋二十元分两期缴纳。（四）二十元为一零股，二百元为一整股，其股款一期缴足者即为优先股，分数期缴足者为普通股。（五）股票均付月息六厘，红利七成分配。（六）侭先由襄阳、宜城、钟祥、荆门、江陵五县，募集不足时，再向各县分募，至所预定办法设总公司于襄阳，每五十里设一分站，以便搭客上下，货物转运。现正派员测量路线，一俟各县筹款概数之报齐，即着手成立公司。闻公司之命名为襄沙普益长途汽车股份有限公司，内部组织设总经理一人，副经理二人，其他职员大概仿照股份有限公司条例，酌量委派。总理一席，尚未定人，现拟两种办法：（一）由襄阳、宜城、钟祥、荆门、江陵五县商会会长中互选一人为总经理。（二）此项汽车路，关系军事之处亦多，或由襄郧镇守，使署遴派一人公司充总经理，至副经理一席已决定为包炳玺。

此路由襄至沙计长四百余里，沿途须有警察保护，已定由襄阳、宜城、钟祥、荆门、江陵五县各摊派二十人，沿途保护，此项警察即名为护路警察，以上系往事，及近况后事如何，容当续报。

（《申报》1922 年 11 月 4 日）

沙市商会在湖北省商联会上之提案①

今日（四日）商会联合会，于下午一时开第三次会议，仍由吕超伯主席书记报告省区人数，计今日到者苏直晋皖鄂川赣豫湘陕鲁浙滇粤等十四省代表五十三人，本日议事日程共列六案：（一）折据账簿改贴印花一角，现值国会重开，请由根本解决案（湖北沙市商会代表汪文灿提出）（中略）主席先请汪润之报告第一案，汪君报告毕，并谓沙市受印花之累较他处更甚，满心如谓，命令变更，法律当然无效，可向国会请愿。王义甫述在京因此事之接洽情形，汪得深谓不承认其命令，罗伯农谓应请照元年国会通过之印花税法办理，王秀山主向国会请愿，刘仁山述发货票加贴印花之不合，苏民生主乘政府未将其变更印花之命令，交国会追认前，先向国会详述加贴印花之害民情形。樊步青谓一元以上之发货票即欲贴印花，害民不浅。王肇泰提出两种办法：一向国会请愿，请其恢复元年印花税法；一通电各省，谓对于此事已向国会请愿，未解决以前，暂照元年办理不得加贴。苏民生谓商联会事务所亦应

① 原为《汉口商联会开会之第三日》。

去电，余襄丞主商人对于此事须坚持到底，不可始勤终怠。主席以王肇泰君之两法付表决通过，即推起草请愿书及通电，计樊步青、罗伯农、余襄丞、汪得深、王义甫、刘仁山、满心如诸君为起草员。(后略)

(《申报》1922 年 11 月 7 日)

1923 年

各处实行对日经济绝交（沙市）[1]

沙市函云，沙市商学各界为旅大及《二十一条件》问题，二十日在春秋阁开市民外交大会，当经议决即日实行经济绝交，并另组织一抵制日货监视团，所有传单，由小学生游街散发云。

（《晨报》1923 年 4 月 25 日）

荆沙外交会成立讯

总商会接荆沙外交后援会来电云：上海总商会请各路商联会各报馆公鉴，荆沙外交后援会填（十一日）成立。特此奉闻。

（《民国日报》1923 年 5 月 15 日）

沙市发生检货风潮　日兵击伤华人多名

《大陆报》十四日宜昌电云：本日沙市查货学生与日舰陆战队发生冲突，华人受重伤者甚众，学生中亦有数人受重伤。肇事原因为某日轮抵埠时，学生上船检查运至沙市、宜昌之日货，船员不允，并发救急信号，日舰伏见号得讯，立派陆战队将学生驱出船外，并向之开枪，于是激动众愤，而冲突遂起。目下沙市交通断绝。进口各船搭客均不能登岸，闻汉口驻泊日舰已奉命开往出事地点矣。

（《申报》1923 年 5 月 17 日）

---

① 原为《猛进不已之收回旅大运动——各地实行对日经济绝交》节选。

沙市各界之对日运动

湖北沙市各团体于国耻日在旅寄园操场开会，宣布意旨，到有商会副长汪润之君，三育社长戴练江君，及全体社员，约达四百余人。学界则有振华学校、辅德学校、城立高等学校、圣路加学校、三育学校、感应堂学校、沙立高等学校、甲种商业学校；报界则有《长江商务报》，商界加入亦众，列队游行者不下二千余人，各人手执一旗，上书“收回旅大，否认苛条，勿忘国耻抵制日货，坚持到底”等种种。由开会地点出发，行至洋码头，经招商局总理招待入内休息约半小时，即整队西行，经日领府门首，又至青石大街。各商店均燃放鞭炮，并悬白旗，一面嗣由大街回至操场，原址沿途游行约十余里，旋在该场开会，宣布对日绝交，及抵货方法由汪君润之登台演说，略云此次对日运动辱承各界驾临不畏日光，长途游行，爱国热忱，实可钦佩。惟对该国绝交，须从经济入手，以后凡与日人交易之商家，务请严为拒绝，勿贪小利而破团体，并免受五分钟热度之诮，更望不出暴动，免惹外交，授人口实，反为不美，鄙人个人，敢保以后，不买劣货，望诸君秉此良心去做云云。次由各团体讨论最后办法，由戴练江君发表意见四端：（一）组织外交后援会。（二）劝导劳工不抬日货。（三）通电全国一致进行。（四）检查日货，定期实行。当时各界均表赞同，旋即摄影而散。

（《申报》1923 年 5 月 17 日）

沙市日军枪击学生案之抗议

沙市学生因登日商轮“大元丸”，检查日货，被日兵舰开枪射击一案，日人认为背违中日商约，妨碍日商营业，向政府提出抗议。兹闻外部因十七日阁议讨论之结果，昨已照会日使馆，提出严重抗议。大意略谓：沙市日兵舰开枪射击，系对待敌人或土匪之举动，非对待友邦无枪阶级之青年学生所宜出，即认该学生等稍有非礼处，亦应用和平手段向之礼论，或请驻沙日领向该处中国地方长官提出交涉，何得竟以武力对待，应如何解决之处，立请作复云云。

（《时报》1923年5月22日）

鄂人对日运动之交涉　沙市发生日军枪击学生案

自对日交涉发生以来，鄂人对日运动异常热烈，尤以抵制劣货为最力。除武汉外，上游宜昌、沙市两埠，检查劣货，较武汉尤为严密。凡属轮船抵埠，无不严密检查。前有日轮到宜，有两小划前往起卸搭客，经商会学生会查悉，即将该划锯断，置江岸示众，自是以后，凡属日轮到埠，绝无一人上轮起卸货物。因是日轮往来于宜汉间，不但无货可载，即搭客亦无所有，而日轮仍按班开驶，往来不辍，真怪事也。十四日日轮大元丸，由汉上驶，行抵沙市，沙市学生联合会派检查劣货队登轮检查，该轮水手出而抗拒，致令发生争持，该轮乃故意张大其势，速放求援信号。时沙市江面，泊有日舰伏见号一艘，闻警即派陆战队，持枪实弹，前往驱逐学生，并开枪射击，学生、商人死伤者数名。此事发生后，宜沙人士异常愤慨，现在要求当局，向日领严重交涉，而宜沙日领，不但不自究日兵之擅动，反电驻汉日领，向军省两署提出抵制劣货之抗议，以为交涉之地步。军省两署遂据以通令各军警机关，制止对日运动。兹录其通令原文如下：案准驻汉日本总领事函开，顷据宜昌、沙市本国领事来电，报称该二处人民，在轮船码头，对于日清公司轮船货物及乘客往来，屡有暴行举动，声势汹汹，不可制止，若长此不禁，殊于敝国商民生命财产，前途均有危险等语。查阅来电，均属实情，该二处人民，既屡有暴行举动，深夜惹起意外之事，务请台端讯令该处交涉员暨该管官署，认真取缔，严加防范，以免意外，而睦邻邦谊等因。此次地方人民对日一切举动，务期和平，曾经通令在案，其有行动不合法规者，自应妥为制止，免生事端。除分行外，合亟令仰查照，切实办理，勿涉殊懈为要，此令。

（《新闻报》1923年5月23日）

沙市对日外交游行大会

沙市自五月七日游行，十一日组织荆沙外交后援会，五月二十三日由会中派调查员四十人分赴各商店调查，现存日货以五月七日以前已定未到之日货，限至六月二十八日为止，凡未到之日货一概不能运沙，否则将货物焚毁，另行议罚，各业各帮无不赞成。五月二十七日又作大规模之游行，加入团体以六十余计，有辅德学校、荆沙外交后援会、荆州外交后援会、荆州水龙公会、江陵城高等小学、荆州米业公会、安徽同乡会、书业公会、石印业公会、纸业公会、夹贵街纸行公会、第一国民学校、宁波同乡会、陕西同乡会、山西同乡会、四川同乡会、黄州同乡会、三育小学、长江商务报社、江西同乡会、元字团救火公会、感应堂、布业公会、染业公会私塾联合会、茶食公会、钱业公会、沙市高等小学校、亭字团救火会、烟叶公会、广东同乡会、杂货行公会、山货行公会、钱摊营业公会、第二国民学校、疋头公会、海味业公会、药材公会、广货公会、江夏同乡会、武昌丝业公会、普育小学校、三育社小学校、红十字会、盐行公会、庄布行公会、利字团救火会、棉纱公会、甲种商业学校、实业会、振华中学校、大布厂公会、贞字团救火会、圣路加中学校、肉业公会、沙市三育社丝烟业公会、南洋烟草公司、染织公会、杂货店公会、西药公会、零纱公会、轮船公会、帽业公会、米业公会等游行人数约二万人以上。是日，各店皆悬白旗，上书“否认《二十一条》，收回旅顺大连”，多数店家休业一日，游行后至洋码头沙防营旧址开会，由荆沙外交后援会名誉会长汪润之主席，演说者十余人，皆痛快淋漓，劝众人坚持到底云。

（《申报》1923年6月7日）

1924 年

襄沙汽车路竣工感言

荆襄在昔为往来孔道，北通豫陕，西至蜀，南经湖南以达于云贵、两粤，商旅辐辏，六通四关，在湖北境内，实为最关重要之路线。自京汉铁路告成，而此路遂堙塞不通矣。川汉铁路，又久无建筑之期望，属在荆沙方面，犹有长江输舶，为之输通。而襄郧北抵宛洛，西连关陇，军事、商务，两关重要，而道路壅塞，动需时日，递滞贻误，殊抱憾焉。去岁鄂当道有鉴于此，始议建设襄沙汽车路，而以熊道尹宜宾总其成。所需建筑购事各费，由襄阳、宜城、荆门、江陵四县，及樊城、沙市两商会分筹，为路凡四百五十华里，迭经熊道尹报告次第竣工。由襄阳至荆门属之建阳驿，早已通车，其未通车者不过八十里耳，全路通车，为期料已不远。商旅往来，从前需六日程者，今仅八小时可达，其便利为何如也。夫老河口、樊城之商务，在清同光以前，均极繁盛，人皆艳称之，厥援衰歇者数十年矣。近以国乱频仍，匪祸纵横，益形凋敝。兹路既成，则恢复原状，自属易易，且又与襄化汽车路衔接一气，全省脉络，呼吸贯通，以援一切设施，尤易观成。湖北自改革以来，只有破坏，毫无建设，仅此一节，差强人意，吾故感而书此，以告留心时政者。

（《申报》1924 年 5 月 24 日）

如火如荼之创办汽车路

数月以来，各地长途汽车之筹办，风起云涌，前途极为可观。兹将最近所采闻者，择录于下：

湖北沙滘路线，由沙市至河滘计长一百里，股本定十五万元，每股五十元，零股五元，占十股以上有董事被选资格，二十股以上有监察被选资格，公司筹备费用，暂由沙市、河溶两处商会借垫，俟优先股招足，再行拨还云。

（《申报》1924 年 6 月 21 日）

沙市抵制日货

沙市一口，本年幸告平安，税收之增进不少。抵制日本货，以七月间为最盛，八月已渐衰，历时无几，即归沉寂。棉花收成丰稔，兼以市价颇高，出口甚为踊跃，大豆、桐油、丝，均见加增，五倍子、核桃，则市面颇弱。民船与轮船之竞争甚烈，民船势渐不敌，则因轮船运费低廉，而民船于沿途多受厘卡留难之苦，致令运货者争雇轮船，而民船乃归失败。岳州一口，境内年占大有，米价亦平，上半年大局安宁，下半年湖南内部战争复起，贸易深受影响，本年贸易，因之见绌。中国疋头货、棉货，进口加多，足征中国工业之猛进，该口之出口货，桐油首屈一指，本年输出者四十六万三千九百十四担，计值约一千二百万两。以英美两国，需求甚殷，抬高价格，乃竟有将芝麻油、茶油搀入之举。长沙一口，本年贸易净值，共三千三百万两，计较上年增加三百二十万两。而本年各项情势，均于贸易前途实至不利。岁首两月，河流低落；年中又有抵制日货风潮；下半年，复有内争，各项贸易虽幸不失败，然在一般商人所企图之发展，失望殊甚。汉口、长沙间，于三月二十二日，轮运又通恢复。嗣后河流，虽有短时期之低落，然于航行无阻，直至十月初间为止。本年由海关进出船只，稍胜上年，进口布疋减跌，计上年四十四万七千疋，本年减至三十一万六千疋，各色染料则加巨。美国煤油，进口所增之数，殊堪注意，上年进口二百八十万加伦，本年增至八百九十万加伦，惟苏门答腊与波罗岛煤油，反而锐减。关于土产出口者，则十一月二十八日，开放米禁，湘米得逐渐运销他省。信石、药材、茶油、烟叶大有进境，□矿砂、生锑亦增多，五金及矿石类贸易，于湘省恒居重要地位，本年因有战事，未免见滞。（未完）

（《申报》1924 年 7 月 6 日）

沙市行将设立海关

沙市为长江上游商埠，其生意繁盛亚于汉口，超于宜昌。该埠海关税，向由宜昌关监督兼管，刻江汉检查由沙来汉之商船，时多漏税之处。萧监督得报告，拟设立沙市关，俾鄂省增一税源，已向中央商榷。闻财政部以海关税与外人有条约关系，若事情添设，必由税务司主持。开放甚巨，日昨转从萧氏，谓沙市海关税，每年究能征取若干，请翔实调查，以便核实云。

（《益世报》1924 年 11 月 6 日）

沙市商会阻止川军

沙市商会本月六日通电如下：（卫略）顷闻川军东下，会师武汉，人民惊惶万状。窃以吾鄂水旱频仍，元气大伤，兼之历年拨川援湘供应浩繁，商务日形衰敝，而犹含泣忍痛勉力输将者，诚恐该军麇至诛求，或更无厌。今川军虽已效顺，反侧容有未妥，若今深入内地，一切饷械当以鄂为尾闾，值兹财源涸竭，悉索无从。倘或发生误会，不惟商务受其影响，危险有不堪言者，同人等劫后余生，谈虎色变，谨飞电泣恳，一致环求鄂政府，本保境安民之初意，停止客军入境，督令原有驻防各军力加捍卫。至国家大计，徐俟和平解决，以救孑遗而遏乱萌，不胜迫切之至。沙市商会全体叩鱼。

（《民国日报》1924 年 11 月 17 日）

1925 年

襄沙之长途汽车

襄阳南段之汽车站，长计百里，于去年五月建筑竣工。沙市北段则于六月底始克告成，早已开始通车行旅交通，咸称便焉。

襄阳至沙市距离约五百里，轿舆代步，费时五日始达。今则朝发夕至，备极迅速。苟值佳日良天，则风驰电掣速度更快，可直抵老河口。

该路汽车之轮机汽缸等为福达公司之出品，于车身则由该公司自行制造，每辆计二十座，但乘客胥不能不有行李等物，故每辆则仅能容十四五人而已。

（《申报》1925 年 3 月 7 日）

输运铜元票须凭财政部护照

沙市米业公会因有印就之铜元票，欲运往应用，经裕和行向关报运。兹悉海关以此项铜元票，照章须凭财政部放行护照乃能验放。爰函知总商会转告在案，该会接函后，已转函南北市报关公所，请查照转知矣。

（《申报》1925 年 5 月 12 日）

湘鄂西皖运商之呼吁盐税照旧①

湘鄂西皖四岸运商事务所昨代电苏省署云：日前转奉稽核总所电令，自本年九月二十五日起，凡运鄂岸盐斤，每担四元五角全税，应在

① 原为《湘鄂西皖运商之呼吁》。

场全缴。其中岸税一元五角，由各商购用中行兑现汇票，同时呈缴，方准放盐。等因。奉悉之余，莫名惶骇，查两淮盐税，历系场轻岸重，原以减纾商力，鼓动营业。自前每担加征一元五角后，在场预缴已占三分之二，成本加增，各商已不胜痛苦，若再并此三分之一概须先缴。虽蒙体恤准用汇票，不知汇票若无切实担保品，银行决不空出，是即与现款无异。以今日银根之紧，商困之深，何能胜此担负。况每年盐税，抵还外债有余，何必斤斤争此一元五角之岸税，绝不为各商稍留余地，必先呈缴。各商频年供给各省政府借款，动辄百数十万，业已力尽筋疲，在总所但期税早全收遂不问各商生死，设使在途及到岸方式生危险，又恃何保障，且此举若行，不啻就场征税，以如此重大问题，盐政当局几经考虑，尚未敢贸然赞同。今总所以一电令，即及限期实在，鄂开其先，三岸必随其后，是直置淮商于死地。现在扬分所便变本加厉，竟将各商未奉到此项明令以前，早缴税款，领有放盐准单，未及转运之盐，亦勒令捕缴一元五角兑现汇票，方肯放盐，否则饬令停捆，不特各商损失甚巨。近来鄂岸需盐正急，设使因此贻误，岸销或因停捆发生事故，责将谁属？维伏我省长恤商爱民，素深欣感，加以两淮盐务之成败，实于苏省治安有关。为此迫切电呈，□恳愿迅赐电请财政部盐务署赶向总所提出严重抗议，务饬取消前令，转饬扬海各分所照旧收税收盐，以定人心而维盐政，公德两便。旋奉此示云，电呈已悉。仰候转电部署查明核办，见复饬遵。此批。

（《新闻报》1925 年 10 月 13 日）

湖北荆州发现虎烈拉人祸中之天灾

京津时报湖北荆州通讯云：该地现发生虎烈拉症，死者甚多，患者一二小时后即行毙命，人心颇抱不安。官立教会学校，虽已开学，但因食物昂贵，学生入学者大为减少，唯大局情形则颇属平静云云。

（《顺天时报》1925 年 10 月 18 日）

1926年

黔军进攻荆沙

十六日长沙通信：湘西方面已经肃清，黔军首领北伐军左翼总指挥袁祖铭已至洪江，王天培已至常德，于十三日在常就任左翼前敌总指挥之职。彭汉章亦由辰州于十五日出发，向常德前进，现已向荆沙动员，先遣队为贺龙、杨其昌二师，贺任左翼，进攻公安，杨任右翼，进攻石首。王天培率王天生一师即日进驻津市，策应左右两翼前进。贺杨两部军队，十四日即已到达目的地，定于十六日举行总攻，贺杨二人已于十五日离津亲赴前线督战。敌军方面原为王都庆，王已于日前病故沙市，由阎得胜升任师长。公石一带之兵，已自动撤退，系以黄金口为第一防线，沙市江岸为第二防线，公石二县可不战而得，战事地点将在黄金口一带。至独立第二师贺耀祖部队，原为进攻荆沙之主力，本已向公石开动，日前忽奉总司令蒋介石电令，开往湘阴由平江入修水，协同第六军程潜进攻江西，贺军遂于十四日由津市向湘平开拔。据闻蒋介石因修水一路敌军，系谢鸿勋、卢香亭等部，彼众我寡，故调贺军增援。其盘据南华一带之湘军第二师刘□旧部，计有蔡鉴、何培基、周磐、李仲任、刘运乾五团，与第三师叶开鑫之李亚平等部，现经宋鹤庚亲往劝导。蔡何两团与叶开鑫旧部，概归贺耀祖收编，周李刘三团则归叶琪收编，业已解决。宋鹤庚因事已妥协，已于十六日上午一时乘轮返省矣。

（《申报》1926年9月24日）

贺龙军进攻沙市

总政治部讯：贺龙军二十六日夜，派敢死队千人，乘民划由下游偷渡，以短刀、手榴弹攻沙市洋码头，沙市北军退入荆州。

汉口通信：鄂西荆宜施鹤各属之驻防军队，当吴佩孚退豫后，陈嘉谟被围，惶惑无主，由第七师代师长阎得胜，第三十六旅旅长张福臣，第二十六师师长于学忠，公推第十八师师长卢金山为首领，主张保境安民，各军愿听指挥。卢氏一面防范荆宜各地，一面派卢长唐、周福堂二人为代表，来汉与革命军接洽和平。两代表到汉之后，所提条件，为革命方面所不能承认。在革命军方面，亦曾派蓝文蔚赴宜昌，然双方意见，距离甚远，此项和平接洽，遂致搁浅。卢之军事准备，曾委阎德胜、刘宗仪等为荆沙防御司令，调三十五旅杨荫棠防守松滋枝江，九十六团周福堂全部防宜都。又卢曾于本年三月间于宜昌之宝塔河、东山寺、镇金山、安安庙一带，筑有战壕三十余里，此时似正可用。蒋介石以其言和无诚意，乃令右翼前敌总指挥王天培督率所部进攻荆沙。贺龙部由津市攻公安、石首既经占领乃渡江攻荆沙，二十五日，日商船武陵丸由沙来汉，载逃难之民极多。据云，南军已抄过距沙市十五里之太平口，沙市震动。与三十五旅七十团许忠荣部战，半日而许败，复由第七十一团毛永恩反攻，战一日而又败，为贺部缴械甚多。闻驻沙市防御司令阎刘二氏，拟率所部退上游，与宜昌军队协力保宜，故沙市市上，极为惊惶。宜昌方面已宣布戒严，晚间十时，即禁止行人。军队下令各住户每晚门前皆点灯一盏，以便军队巡查，旅店检查极严云。又第七师有败兵一千余人，枪械不全，窜入襄河一带之潜天地方，革军第十五军长前派二团往岳家口（天门属）即为剿灭该项败兵云。

（《时报》1926 年 10 月 1 日）

行将多事之鄂西　贺彭军抵沙市对岸

国闻社宜昌通信：鄂西一域，自总司令卢金山宣布保境安民后，地方毫无风鹤之惊。乃贺耀祖欲占荆沙，径与彭汉章由醴陵出兵图鄂，占有公安、石首一带。卢总司令闻耗，当电下攻击令，令十八师三十六旅刘宗仪旅长为总指挥，率第七师两旅及第八师独立团，向贺军攻击。已接触于沙市对岸，大占优胜，并电调驻施南之第二十六师。于师长学忠回电：准。本日（二十一）本人由施率步兵三团来宜，转轮赴沙，以资接应。又杨森亦于前日派其师长王兆奎来宜，与卢接洽，卢以贺彭进窥，不能不为自防之计，已允王兆奎师长之请。闻杨之步队约有二万人皆将于日内由万县、巫、夔全数开宜，转赴荆沙，攻湘西一带。军饷一层，卢金山饬济宜事务处筹六十万元，济楚公司筹二十万元，宜昌地方筹二十万元，刻正分派各部指挥一切。鄂西方面，恐自此多事矣。

当此军事期中，鄂西匪氛又有复燃之势。查巨匪自高清道伏法以后，匪势已减，兹因鄂局变乱，匿居当阳、远安、竹山等山中之匪，遂因同时而起，号召有一千五百人之众，有枪千余支，自称为靖国军。并云受蒋介石之委任，于前旬攻破当阳县城，将知事监禁，另举一议员宋某为知事，其首领自称为长江总司令，姓聂名王，闻即当阳县之著名流氓。此间闻讯后，卢金山总司令即调兵二营前往剿除。

又讯：鄂西方面，自黔袁进攻公安、石首以后，其保境之宗旨，遂一变而为独立。杨森部本日已陆续过宜。在洋溪方面之八师独立团，闻连获胜仗。宜昌方面，仍在戒严期中。并由军事会议议决：以卢总司令为最高长官，下分军务、民政、财政三处。复公推总司令部参谋长张绍良为军务处长，荆宜道道尹刘道仁为民政处长，宜昌关监督魏宗莲为财政处长，实行管理一切地方政事。以前税收机关解省之经费，亦即解交民政处长，由道尹管理支付。又闻沙市方面商界筹款百万元，以作军饷，因之地方治安，赖以维系，人民尚可安枕云。

（《申报》1926 年 10 月 4 日）

沙市电厂添购机器

沙市普照电灯公司，自开办以来，用户日增，营业异常发达，原有机量已不敷应用。现该公司特派专员来沪，向江西路好时洋行及四川路安利洋行等，分别接洽，添购机器，闻已有成议云。

（《申报》1926 年 11 月 25 日）

鄂西战事再起

汉口函：党军既决以武力解决鄂西北之联军，卢金山等虽犹派员来汉，接洽投诚，而党军于军事上之布置，业未中止。最近卢复派代表吴操全来汉接洽。据吴电卢，谓当道尚望合作，请速通电表明，方可磋商其他事件，时机迫促，万恳乾纲独断是幸。卢之复电：略谓合作一节，弟所乐从，前派许总参议钟荣赴省接洽，业已表明态度，现在此间各部，均已主张一致，赴省为第二次之接洽。惟因前后代表，皆未返宜，未得其中要领，实觉无法通电，一俟得报，接洽稍有头绪，即行通电表示云云。依此两电观察，则卢等虽在派员接洽中，而接洽并无何等结果，以故党军以卢等输诚，并非诚意，不能不为积极解决之准备。所有第八第十五两军之各师旅业经陆续出发，第八军计为叶琪何健李品仙三师，第五军计为第二师全部，第三第四师各一团及工炮各一营，以上各部集中仙桃镇，分两路进攻，一路由仙桃镇直攻岳口张载港等处，以攻沙洋之正面，一路由天门县进攻京山钟祥，以袭沙洋之后方。业经唐生智委何健为前敌指挥官，何已前赴仙桃镇布置军事，第十五军长刘佐龙，亦于三日晚出发，亲往督师，随行有秘书参谋并政治部宣传科长党务科长等数十人，并闻唐生智亦拟于二三日内，亲赴前方指挥，所有总指挥，部重要人员，正在整装待发，顷据沙洋来人所述：

十五军第十三十四两团，由天门县北进攻京山，与于学忠部任万和店地方接触，激战半日，于部不支，败退京山县城。十五军跟从追击，正向京山包围，是襄河侧面，两军已开始战斗矣。至荆沙方面，系别为一路，由王天培彭汉章两军担任，集合澧州，由津市分向石首公安进攻，据闻彭部贺龙杨其昌两师，正在积极进展中。彭本人在赣与蒋介石接洽毕，于四日晚返汉，一二日内□澧州指挥军事云。（五日）

（《新闻报》1926 年 12 月 10 日）

沙市境况

东方社十四日上海消息　据本地某处所得，汉口十三日消息云：沙市城内之一部，于十日发生抢掠之事，外人方面未受损失。又十二日未明交战后，南军于上午七时进城。近来沙市之中国各银行及钱庄，因受革命军政府之压迫，与工人之跋扈，而移往上海者甚多，又小本经营因营业继续困难，故自中产阶级以上，皆有反革命军空气之酝酿。

电通社十三日汉口电　沙市于十日城内略有抢劫，外人方面，被害甚轻。十二日黎明，南北两军稍有接触，午前七时归南军之手。

东方社十四日北京电　陈友仁在汉口向英使蓝浦生提议，谓今日南方政府之势力范围，已占全中国过半，关余亦应有所沾润，若仍然仅与北方，则南方当由税关截取云云。又告佐分利局长，谓关于关税会议及改订商约，南方政府准备发表意见，日本至少亦须容纳南方之意见，若仅与北方会商，当全然反对云云。

（《申报》1926 年 12 月 15 日）

鄂西形势变化　党军占沙市

卢金山致蒋介石吴佩孚电　杨森已就川鄂边防司令，鄂西部队，统归节制，上游司令一职，即日卸去，至十八师部队，分交杨刘两师长改编，鄂西军民两政七日起金山不再闻问。

电通社十三日汉口电　沙市十日城内略有抢劫，外人方面被害甚轻，十二日黎明，南北两军稍有接触，午前七时归南军之手。大亨丸于十二日由宜昌下驶汉口时，受袁祖铭军三百余发之射击，有五人受伤。

（《新闻报》1926 年 12 月 15 日）

鄂西党军进逼沙市

党军第八第十五两军，由仙桃镇分三路进攻沙洋，其右翼已越过天门、京山，进至钟详［祥］，于学忠部由钟详［祥］退往襄阳，中左两路于七八两日由岳口张载港等处，向沙洋进逼。北军在多宝湾沙洋，均略有抵抗，至九日始经后港高桥，向沙市退走，盖沙洋与沙市，相距仅百三十里也。据上游消息，党军于占领沙洋后，即向后港高桥追击，刻已逼近沙市，沙市大震。驻汉英舰已于十一日午后，开一艘赴沙洋，保护侨商。兹将八军报告两电录后（衔略）。此次我军出发鄂西，逆军闻风披靡。本日拂晓，我军复向沙洋之敌进攻。我二十九团围敌三团之众于多宝湾附近，激战四小时，敌势不支，被迫于沙洋河岸，我军遂于下午一时，占领该地。是役生擒营长一名，毙敌百余名，夺获大炮数尊，步枪无算。何指挥官亲临督战，政治工作人员，并均在阵地工作，现正向荆宜方面追击中，特此电闻，第八军第二师政治部佳（衔略）。

我军佳午进驻多宝湾，将敌迫于沙洋河岸后，复乘胜进攻，于佳晚过河，克复沙洋。敌第七八及二十六各师兵万余人，被我二十四二十六及二十九各团痛击，敌纷纷向后港高桥逃窜，此役夺获军械甚多，军用品无数，敌因争渡退却，溺毙数百人，被我军击毙俘虏百余人。指挥部已于本日进驻沙洋，详情续报，特此捷闻。第八军第二师致政治部蒸（十二日）。

（《新闻报》1926 年 12 月 16 日）

沙市昨来电止办疋头

东西疋头：疋头因受时局牵制，难望发展，连日又天雨，更觉清淡，客路因军事影响，无可活动，市面之衰象，已达极点。东洋货虽尚有走动，然与上月销额，已相去甚远，其原因不外时局扰攘所致。与时已落令，但往年尚有一番囤积交易，今庚恐绝无希望矣。欧货叫庄赖政手维持之力，表面尚站定。号家落货，竟有斩价不能出脱者，盖各地商业萧条，人心不安，早早无意于此种货物之问询矣。川帮亦大非昔比，进胃殊呆，只紧要货略有添补。昨日，本有船装去，后因天雨延期，长沙汉口货冒雨运去。沙市交易近颇活动，昨忽生变化，因该地有闭市之说，但昨仍有五六十件装去，芜湖急需货复略有添补。天津帮依然未见生色，济南周村仍只零星耳。本街批发，仅持江北一带，浙路与苏常均停顿。内地受花贱米贵之影响，营业大减，故双童鹿元直贡呢复难站定，每码又跌二厘半，昨均售二钱四分二厘半。莫干山元色颇缺，猎雁仍须八分，扎素绸□□甚速；财□图已至三两六钱，驼条绒入秋来逐步下落，定货者莫不亏本。近陆续将已走完，价忽起色，较上周每码涨一分之巨，西货二四洋标近已鲜有问津。昨九江购入数件，价四龙五两五钱。沙市装去金碧缘票布价九两五钱，十余件。

（《申报》1926年12月15日）

荆沙形势摇动

杨森内部冲突，卢金山通电离职。

十三日汉口通信：鄂西北军投诚条件，未能妥协。蒋、唐乃决取断然手段，出兵讨伐，并派八军第二师长何键，为鄂西各军总指挥，督师分路进攻。右路王天培、彭汉章等九十两军，已经攻克公安、石首，逼近枝江县城；左路夏斗寅部，已由京山抄到，攻下钟祥；中路何键、刘鼎甲各部，先后攻下岳口、天门，进克沙洋。三路包围之局已成，荆沙大为震动。据闻鄂西北军，虽公推卢金山主持军事，而各部和战心理，极不一致。卢部十八师，始终驻守宜昌，不允参加战事，仅于学忠部二十六师、张福臣部第八师，移防荆沙，与阎得胜部第七师，分向长江襄河下游进展。而于部则为襄河方面之前线。在革军尚未进攻前，于军一旅，原分两部，一驻襄河南岸沙洋、潜江、沔阳，一驻襄河北岸张家港、岳口天门，以为犄角之势。及何键、刘佐龙等部，分路进击，正面沿襄河而上，左翼从仙桃镇绕道监沔交界谢家场，袭击于军侧面；右翼由应城至京山，抄于后路，于军卢及正面。故于战事开始时，将天门、岳口各处队伍，集合张家港，随向沙洋退却，以为沙洋居荆沙之间，进退自如，不料夏斗寅部抄至钟祥，何刘两部先后攻下潜江多宝湾，进迫沙洋河岸。沙洋原为于军大本营，除于部一旅外，尚有七八两师各一部，不下万余人。及见革军分路而至，多不战而溃，纷向后港高桥溃退，沙洋重镇，遂为革军所攻下。兹览录八军二师政治部捷电两通如下：（一）此次鄂军出发鄂西，逆军闻风披靡。本日拂晓，我军复向沙洋之敌进攻。我军十九团，遇敌三团之众，于多宝湾附近，激战六小时。敌势不支，被迫于沙洋河岸，我军即于下午一时，占领该地。是役生擒伪营长一人，毙敌百余人，夺获大炮数尊，步枪无数，何指挥官亲临前敌督战。政治工作人员，并均在阵地工作，现正向荆宜方面进击中，特此电闻。第八军二师政治部佳。（二）我军佳午进驻多宝湾，将敌迫于沙洋河岸，后复乘胜进攻，于佳晚过河，克复沙洋。敌军七八及二十六各师，共万余人，被我二十四二十六及二十九各团痛击，敌军不支，纷纷向后港高桥逃窜。此役夺获逆械甚多，军用品无数，敌因争渡退却，溺毙数百人，被我击毙俘虏各百余人。指挥部已于本日进驻沙洋，第八军二师政治部蒸闻革军攻克沙洋后，正向沙□进攻，前锋已过后港，杨森所部川军，集中荆沙者，将近三万人。杨虽就革命军职，而意存观望，态度不明。嗣派其部下师长曾子唯（即曾述孔）来汉，协商所提条件。唐邓多予拒绝，惟以曾氏个人倾向甚殷，特委曾为鄂军第一路总指挥，令其迅返沙市，会同革军，肃清杨部。曾返沙市后，即积极整顿队伍，待机发动，不料为杨所悉。调集监利前线各部，集中沙市，欲先发制人，解决曾部。闻于九日在沙市南岸，发生激烈战事，曾部实力不敌，现退距沙市约十里地方，待与革军进攻部队，联合反攻。故沙市日来非常恐慌，紧急戒严，断绝交通。往来船只经过，不许近岸。卢金山因见革军进攻，已于七日通电解除职务，当晚即挈眷乘轮离宜，西赴重庆。临行时将其所部杨荫荣三十五旅，改为暂编第一师；刘宗仪三十六旅，改为暂编第二师，并向鄂西各军声明，以后不问军事，似此主持无人，更不难早日解决也。

（《申报》1926年12月17日）

革军攻下沙市已证实

杨森军溃退川境，卢金山通电解职。

十五日汉口通信：革军分路进攻鄂西，荆宜大为震动。据外人所得消息，何键、曾子唯两部已于十三日晚进占沙市，仅第七师阎得胜稍有抵抗，余部皆纷纷溃退。杨森所部川军分乘六轮，向西退却，并抢上停泊沙市之云阳丸、迫令向羊溪、枝江开驶，行至枝江附近，岸上驻军以枪弹向船上射击，船上杨军亦开枪还击，结果杨军死二人、伤四人。英日皆有数舰在沙市保护侨民，闻曾子唯部确于先时向革军输诚，经前敌总指挥唐生智委为鄂西第一路总指挥，兼任荆沙卫戍司令，故曾脱离杨森，与何键部同占沙市。至宜昌方面，亦极恐慌。杨森亦离宜赴万，其部队虽有三四万人，而枪支不足二万，故不能抵抗革军，向川境溃退。但革军进逼荆宜，意在肃清北军，使杨军不能在鄂西立足，并未明白对杨声罪致讨。总司令部行营昨十四日尚接杨电，谓奉总司令命令回川，遵即率队西旋等语，是杨军撤退川境，已可证实。至卢金山氏七日通电解职，而其离宜赴渝，则确为十二日晚。兹录卢之解职电文如下："窃金山卅载从戎，毫无建树，上游忝驻，益觉怀惭。久思得卸仔肩，复虑无人负责，现以鄂省主政有人，长江上游总司令一职，自无存在之必要，且杨惠帅已就川鄂边防司令，所有鄂西部队，自当统归节制，以一事权。兹将长江上游总司令一职，即日卸去。至第十八师部队，分交杨刘两师长负责编组。金山即日解甲归农，窃偿夙愿。从此静室潜修，容作田间之野老，海隅伏处，长为世外之闲人。特此电布，希共察之。卢金山叩阳印。"

荆沙即为革军攻克，杨卢又先后出走，宜昌之下，殆已不成问题。据某机关消息，夏斗寅师文（十二）日克复荆门，前锋向当阳进发，直趋宜昌。王天培部真（十一）日占领公安黄金口，分兵两路，一沿虎渡河取沙市，一趋松滋进攻宜昌，可知宜昌已在包围中也。又贺龙十日致此间某君蒸电，所述该部作战情形颇详，兹附录之：“弟到张家厂，查悉十八师吴某两团在杨林寺、石子潭等处之线，占领阵地，并筑有坚固工作，安设机枪大炮甚多。当令前方部队，誓死攻坚，无论如何艰难，务须于短少期间达到大江南岸目的候命，随饬二旅刘燮，率部暨机炮各一连，由张家厂进攻；代一旅贺锦参为预备队，跟近随刘旅开动；三旅向贵璋由歇溪前进；骑兵团杨伯福由层庙进，均于十日拂晓向敌攻击，龙黎明即进驻官桥督饬。谨闻。贺龙叩蒸。”

（《申报》1926 年 12 月 19 日）

宜昌、沙市疋头毫无法路

昨疋头仍沉寂。虽浙事稍见缓和，人心依然恐怖，走销难望起色。本街拆货号家均有收束之意，但时间似尚未到，惟对于放账一层，格外慎重，故近日出货益见冷落，即最注目之川帮，近亦停顿。昨该处来电，因加收账捐问题，激成罢市风潮，故一时颇难活动。济南周村昨虽有装出，数亦不多。胶济路兵车络绎，运货困难，实为该帮衰落之重大原因。天津帮始终清淡，入秋来无显著之交易；东三省自封河后办货已少；各地只汉口、长沙似呈活动之象，然亦难挽疋头之颓势；沙市、宜昌受战事影响，一无添办；汕厦亦仅零星买进。客帮景象如此，货价何能见佳！东洋货直贡呢站定，莫干山元色颇缺，什色售二钱七分半，扎蓝素绸自北帮呆后，逐步下落，已跌进六钱之关。黑花绒颇有断档之势，富华丈八川等均已见少，直贡缎五路八骏略跌，而天赐财源反涨二厘半。西洋货中仍以漂布为最活动，北帮昨成交四五十件，元直贡缎自东货充斥后，走动殊呆，价虽站定，倘有去路，均能做小，聚宝盆五钱七分半，七童子五钱半，得宝五钱二分半。

（《申报》1926 年 12 月 19 日）

1927年

沙市附近党军扣外轮美船与日艇

汉口廿四日路透电　本月十七日沙市附近，有美孚煤油公司之轮船三艘，日本轻艇一艘及其他多数小船，均为党军征发而去。各船上所系之国旗，悉被除去另代以国民党旗，美孚公司所属之轮船二艘，其后虽被放还，然其他各船则仍未释回，盖用以运送军队赴上游云。

（《顺天时报》1927年2月26日）

沙市日领馆准备撤退

上海十八日东方电　据海军无线电，沙市日本领事馆现在准备撤退中。

（《顺天时报》1927年4月20日）

宜昌日领署将恢复　沙市亦同时恢复

上海九日电通社电　日人因长江航路，渐就恢复，该国轮船，即将上江载运。宜昌及沙市两日领馆，已决即时恢复办公。

（《晨报》1927年6月11日）

宜昌秩序大混乱　沙市商店亦闭门

汉口二十日东方社电　据富地所接报告，沙市杨森军败走后，第八军之第一团三十四团及第二军之第六师入城，开始使用中央银行券，商店闭门，暂时难望开市，人心不安，达于极度。

（《晨报》1927 年 6 月 24 日）

沙市近况

电通社十日沙市电　沙市与荆州驻有第五师之一部，第八师之留守部队及自卫团，合计千二百余人之守备兵。市内因缺乏现银，交易停顿，土匪又时时出没于城内外，横行无忌。当局虽派兵捕剿，以聚散无常，极难奏效，人心惶惶，总工会及各党部被武汉政府下令解散，其干部人员均候船赴汉。

（《申报》1927 年 8 月 13 日）

沙市麦开四两三钱

昨日期麦上午开盘，交易寥落，人心亦多不振。九、十月份较前日曾又小一分。惟市场情形，在国外消息停滞时，多以期粉市面为依归，而期粉则锐落之后，暂告段落，所以标准小麦亦趋盘旋之势也。下午几盘交易仍未见畅，但买进一方，因期粉稍呈坚定，故人心带好，结果九、十月份较前日好二分，十月亦好二分。现麦市面，连日到货仍颇涌畅，厂胃亦较前日稍佳，惟以长江上游逐步装来，市面终难振奋耳。昨开沙市麦系由汉口装到，身色尚佳，开四两三钱，做开一千包，汉口麦四两三钱，四两三钱二分，开三千五百包。

（《申报》1927 年 10 月 2 日）

第八军开抵沙市

电通社三十一日沙市电　沙市于三十日午后，城内发现土匪，幸第八军随即入城，即归平稳，别无被害。鲁涤平之第二军一部，由陆路退荆门；当阳方面一部退江口；董市方面，该地商会前以城内军队陆续退出，曾电请军舰文珠开来。该舰于三十日午后五时入口，拖大小轮数只，均满载兵士，同时文珠行示威射击，掩护陆战队上岸。三十一日上午，从监利开来之八军第一、二师抵沙，午后商会即开欢迎会，欢迎第一师长熊震、第二师长吴尚。

（《申报》1927 年 11 月 2 日）

沙市近状

（前略）

东方社上海消息，沙市三十一日来电云：军舰文珠号，因沙市总商会电请，于昨日午后五时入口，是日夜半驶到搭载陆兵之小蒸汽船数只，文珠号作示威击射，掩护该陆兵登岸。至本日上午第八军之第一师及第二师由监利方面赶到，午后在总商会举行欢迎会，欢迎第一师长及第二师长吴尚二氏。

（《新闻报》1927 年 11 月 2 日）

1928年

十九军开赴荆沙

十九军开赴荆沙，杨（森）部有反杨者。

（中略）

汉口　第十九军赴荆沙，现准备齐全，已拨开拔费七万元，即日出发。（五日二时发）

（《新闻报》1928年1月7日）

沙市商民惊惶

杨森勒款，军队骚扰。杨森军退四川境，向沙市商会索草鞋费三十万，商会允六万。（汉口十一日下午九时电）

（《时报》1928年1月13日）

沙市射击日轮　日领抗议

宜昌十三日东方社电　（迟到）长阳丸、沅江丸、嘉陵丸三只，十三日午后三时左右经过沙市之际，经在悬意国旗轮船（前被川军扣留，系于江岸）及中国小蒸汽之中国兵，自近处射击。长阳丸中十数弹，幸无死伤。长阳丸警戒队，不得已开枪还击，对方始沉默。日本领事目下对此不法事件，已提出严重抗议。

（《晨报》1928年1月20日）

鄂军进占沙市　杨森部接洽投诚

汉口　魏益三部第三十军，鲁涤平部第二军，分由右路沙洋潜江，于二十日进占沙市，杨森军大部溃退宜昌，一部退潜江，现派代表向二军第六师长戴岳接洽投诚。

（《新闻报》1928 年 1 月 26 日）

杨森军退出沙市

汉口通讯　鄂西方面因电报不通，真相不易明了。鲁涤平军长由仙桃镇返汉后，十九日带同参谋长彭新民、副官长喻先明及随从数十员乘轮西上，后方事委行营秘书长鲁鲁山秉承副军长张辉瓒办理。又据沙市十九日外人无线电，杨森在沙市之残部，因魏益三军到沙，该军不能支持，均向宜都退却。又在宜都之杨部四千余人，连日肆行抢劫，骚扰不堪。鄂西及襄河一带自被杨军占据后，省方对于各处政务，不能过问，其原由省派往人员，均被迫走。现杨军纷纷撤退，湘鄂政委会特将各县长委任，以期随军到任，计所委者宋继武潜江县长，李诚华石首县长，高季浦松滋县长，唐启虞枝江县长，朱庚元宜都县长，唐先征江陵县长，严绍陵宜昌县长。（一月二十一日）

续讯　讨杨各军，前进情形，顷据沙市来电，谓杨军因魏益三部进逼，已急遽退却。另据二军政训处二十日自彭市河来电，谓该军第六师黄罗两团，于二十日下午二时攻克荆沙，杨军驻万城者，向宜昌方面溃退，戴师长二十一日进驻沙市，又二军驻汉办公处。二十一日接仙桃镇来电，称我军于号下午五时克复沙市，鲁军长拟即进驻仙桃，马日继续前进，杨部王□两师，派代表前来输诚，云云。（一月二十二日）

（《时报》1928 年 1 月 27 日）

鄂军占领沙市后情形

（汉口）第二军长鲁涤平廿五日晚由岳口返汉，该军第六师已占荆州、沙市一带。又魏益三部三十军一、三两师，现仅留两团驻黄陂，余均开抵当阳及沙市。（廿六日六时发）

（《新闻报》1928 年 1 月 27 日）

魏益三占领当阳　鲁涤平赴沙市

汉口　魏益三军第三师二十五晚占领当阳东关，二十六晨入当阳县城。第一师二十六晨占领溶河镇，是役俘获杨森军甚多。

汉口　鲁涤平奉命肃清鄂西杨军，该军第六师即由新堤回师荆沙，第四师亦由冒市河、岳口开赴沙市，鲁改定二十九日午赴沙市指挥军事，中止入京。（廿八日八时电）

（《新闻报》1928 年 1 月 30 日）

沙市下游匪击外船

路透社七日北专电　一月三日有美孚石油公司之船两艘，在沙市下游为长江北岸之匪枪击，亦开枪回击。

（《新闻报》1928 年 2 月 9 日）

沙市修浚街道沟渠会电

各报馆均鉴：今日沙市各界在独立第五师司令部，开修浚街道沟渠筹备会议，到有师长刘和鼎、副师长马馨高、政治部主任宣介溪、副官长王济夔、商会会长佘克明及各机关主官各公团代表共五十余人。决议以要款十万元，作工程基本用金，不足由各公团捐补。并推举刘和鼎、宣介溪、吕丹书、佘克明、徐鹤松、胡印堂、廖如川七人为执行委员，组织委员会，即日开工修筑。特闻，并希披露。沙市修浚街道沟渠执行委员会宣传部叩微。

（《申报》1928年4月7日）

修浚沙市街道沟渠会成立大会

沙市来电　各报馆均鉴：虞午，修浚沙市街道沟渠执行委员会，在沙市市商会开成立大会。计到执行委员刘和鼎、宣介溪、佘克明、廖如川、熊步瀛、徐鹤松、吕丹书暨各界代表来宾四百余人。一时场中空气，异常兴奋，殊足表示建设精神。特闻，希代披露。修浚沙市街道沟渠执行委员会宣传股叩庚。

（《申报》1928年4月10日）

沙市捐款慰劳前敌将士

沙市捐款慰劳前敌将士电　各报馆均鉴：北伐将士，迭奏肤功，革命完成，同深钦佩。我荆沙民众，愧未效命于前驱，应为武力之后盾，谨竭棉薄，协助捐资。现已汇齐现洋一万元，解赴汉口政治分会，转解前方，藉作将士之慰劳，表示民众欢跃。渴埃微念，尚冀鉴原。荆沙北代后援会主席严敬，委员欧阳堃、陈晃清、连溥之、佘光明、马波生、封纯星、周骥云、熊启文、吕丹书、唐先奕、熊举贤、史福天、□东屏仝叩胥。

（《申报》1928年6月22日）

沙市行政局长更委

沙洲市行政局长陈育才，久寓城中，擅离职守，近被公民向省呈控，由民厅饬县调查属实，奉令撤任，遗缺经吴县长更委刘公泽（本沙人）接充。

（《时报》1928 年 7 月 2 日）

沙市筹设公安分局

县公安局长陈鸿畴，昨委前保安队第一分队长司道平，为沙洲市公安第一分局筹备员，该委奉委后，刻已到沙，会同行政局长着手筹设矣。

（《时报》1928 年 7 月 4 日）

旅沙绍兴七邑同乡会成立

旅沙绍兴七邑同乡会，自本年春开始筹备以来，现已次第就绪。上月二十四日假金陶会馆开成立大会，会员到者八十五人，各机关各团体代表签到者三百六十五人，济济一堂，颇极一时之盛。午后一时宣布开会，由裘翌峤主席、谢笙副主席，如仪行礼后，由主席报告开会宗旨，继由副主席报告筹备经过情形。来宾演说者公安局第二署汪署长、商会佘委员，辞多勖勉。礼毕由一社诸君表演京剧，以佐余兴。

（《申报》1928 年 7 月 21 日）

市学联再派沙市宣传员

上海学生联合会慨“五三案”惨无人道，特发起组织学生军，其成绩为国人所共知，月前会派胡越、夏天、陈嘉骏三君赴两湖宣传，催促组织学生军、近复派汪道章君再赴湖北沙市等地，积极宣传，帮同组织，以期全国一致进行。闻汪君已于日昨起程，约在两星期后，方可返沪报告云。

（《新闻报》1928 年 7 月 31 日）

鄂法院辖区从新划定　增设黄冈、沙市两院

中华电讯社廿四日汉口通信　湖北高等法院以原有之第一第二分院及武昌夏口两法院、辖区过大，办理诉讼，颇感困难，因增设黄冈、沙市两院，原有各级法院之管辖区，自应从新划定，兹采志新划地段一览如左：

（一）湖北高等法院第一分院、宜昌法院所辖为宜昌、远安、咸丰、恩施、秭归、长阳、鹤峰、来凤、建始、兴山、巴东、利川、当阳、五峰、宜恩等县。

（二）湖北高等法院第二分院、襄阳法院所辖为襄阳、保康、竹山、枣阳、郧西、房县、均县、郧县、南漳、竹豁、谷城、光化等县。

（三）武昌法院所辖为武昌、汉阳、通城、咸宁、通山、崇阳、蒲圻、高安、嘉鱼等县。

（四）夏口法院所辖为夏口、孝感、应山、天门、钟祥、随县、应城、潜江、沔阳、汉川、黄陂、京山、云梦、安陆等县。

（五）黄冈法院所辖为黄冈、鄂城、大治、圻水、罗田、麻城、黄梅、圻春、阳新、广济等县。

（六）沙市法院所辖为石首、公安、监利、枝江、荆门、江陵、宜都、松滋等县。

以上黄冈法院所辖十县，原属武昌法院管辖；沙市八县内，江陵、枝江、松滋、荆门、五都五县原属夏口法院；监利、公安、石首三县原属武昌法院；宜都、当阳两县原属夏口法院所辖，因该两县至宜昌沙市稍近，故变更管辖云。

（《新闻报》1928 年 9 月 28 日）

东疋沙市帮仍在采办

疋头交易依然呆滞。昨日复值周六，成交更形寥落。东货以抵制关系，销路极清，客帮昨只沙市帮办去双童鹿直贡呢三十件，价二钱五分半；美君子灰光斜十五件，价四两四钱；神箭黑花绒十件，一钱八分；余各未有动静。本街交易亦暂告一段落。西货虽有走动，但只零星而二。芜湖帮昨去二四铁路白绒十一两七钱五分，德记大发财元直贡呢五钱六分等十余件；镇江帮成交公平皇后漂布十一两二钱半、三鹿头细斜九两七钱半等二十件；津帮前因银根奇紧，现复兴反日会相持不下，办胃更淡；大连帮昨进杂色宁绸二十余件、泰和双探花为三钱八分、丰裕大宝贵三钱。昨载之阴丹士布象童系十两零八钱、斗百草十两零七钱半，均误一两，附此更正。

（《申报》1928 年 11 月 4 日）

荆沙建设委员会动机

（汉口）鄂中路清乡司令严敬呈省府，请在沙市设立荆沙建设委员会，整理市政，奉令交民政财政建设各厅核议。

（《新闻报》1928 年 11 月 5 日）

太古沙市轮被劫

汉口　太古公司沙市轮三日晚十时，由汉开沪，在谌家矶被匪三十余人抢劫，毙茶役一名，伤一名，乘客损失数万元。匪抢后乘小轮遁去，该轮折回汉口，四日由英领署派水兵护送东下。（五日下午四钟）

（《申报》1928 年 11 月 6 日）

沙市轮船在汉口遇盗

路透社四日汉口电　太古公司沙市轮船（载重一三二七吨）昨晚九时三十分由此启椗开往下游，十时十分在距日租界不远处遇盗。盗共三十二人，皆属散舱搭客。当买办间人员正在收取搭客旅费时，有盗党洋装客数人，不肯照付，其势汹汹。于是买办急往报告船长柯克，谓恐船中有盗，但时已不及。盗等见其去，即拔手枪击毙买办间职员一人，并伤船役一人。柯克时正与中国领江及舵手处舵楼，甫闻枪声，即有盗多人拥上，挟柯克闭诸其室，大副及其它洋员亦为盗制，无法抵抗。盗乃纷入头等舱，其中有外人搭客四，计为法国军官一员、美人贝泊夫妇及汉维斯。法军官与贝泊夫妇均免受伤，汉维斯则因闻枪声，启门视之，一弹飞来，碎其腿骨。该船无人驾驶，飘浮江中，后盗释船长，使之指挥下椗，继复盘之。未几有一小轮靠近，盗将赃物运入，乘之而去，且呶呶不已，盖所得仅值一万五千至二万元间，不能餍其所望也。盗既离船，船长得释，乃启椗开回汉口。汉维斯即入医院，闻不致有生命之忧。其为人为美商汉信洋行入口部经理，来华已十一年，今始告假归国。据船员称，诸盗衣服都丽，且有数人衣西装，其所操方言，为北省与川湘不等。现信盗乃退伍之军人，盖彼等去后，甲板遗有军用测视盘一具也。

路透社五日汉口电　胡宗铎已下令缉捕星期六夜劫沙市轮船诸盗所乘之小轮，但恐难有希望。长江航行，向称平安，此风一起，后此行旅咸有戒心。沙市轮船已于昨日置武装卫士开往上海。汉维斯受弹伤，甚觉痛苦，但弹已取出，伤势渐平。

路透社五日北平电　沙市轮船被劫案。英总署拟照常例，归当地领事办理。

（《申报》1928年11月6日）

沙市轮被劫情形　死伤员役与船客

太古之沙市轮，三日晚开沪，行至距汉三十余之七里溜，为匪抢劫，损失十余万元，当局严令缉盗。（汉口五日上午十一时电）

太古公司沙市轮船（载重一三一一七吨）昨晚九时三十分由此启椗开往下游，十时十分在距日租界不远处遇盗，盗共三十二人，皆属散舱搭客。当买办间人员正在收取搭客船费时，有盗洋装客数人，不肯照付。其势汹汹，于是买办急往报告船长柯克，谓恐船中有盗，但时已不及，盗等见其去，即拔手枪击毙买办间职员一人，并伤船役一人。柯克时正与中国领江及舵手处舵楼，甫闻枪声，即有盗多人涌上，挟柯克，闭诸其室，大副及其他洋员亦危盗制，无法抵抗。盗乃纷入头等舱，舱里有外人搭客四人，计为法国军官一员，美人贝泊夫妇及汉维斯，法军官与贝泊夫妇均免受伤，汉维斯则因闻枪声，启门视之，一弹飞来，碎其腿骨。该船无人驾驶，漂浮江中，后盗释船长，使之指挥下椗，继复筑之。未几，有一小轮靠近，盗将赃物运入，乘之而去，且呶呶不已，盖所得仅值一万五千至两万元间，不能达其所望也。盗既离船，船长得释，乃启椗开回汉口，汉维斯即入医院，闻不致有生命之忧，其人为美商汉信洋行人口部经理，来华已十一年，今始告假归国。据船员称，诸盗衣服都丽，且有数人衣西装，其所操方言，为北省与川湘不等。现信盗乃退伍之军人，盖彼等去后，甲板遗有军用测试盘一具也。（汉口四日路透电）

胡宗铎已下令缉捕星期六夜劫沙市轮船诸盗所来之小轮，但恐难有希望，长江航行，向称平安，此风一起，后此行旅咸有戒心，沙市轮船

已于昨日置武装卫士开往上海，汉维斯受弹伤，虽甚觉痛苦，但弹已取出，伤势渐平。(汉口五日路透电)

沙市轮船被劫案，英使署拟照常例归当地领事办理。(北平五日路透电)

沙市轮开沪三日夜被劫，地点系距汉三十里之湛家矶，损失可查者五千余元。(汉口五日国闻社电)

(《时报》1928 年 11 月 6 日)

沙市轮被劫案续讯

劫沙市轮船诸盗所乘之小轮，乃英美烟公司所有。昨日失去后，众以为乃军队占用，但今日已开回。据老大称，星期六晚八时有五人登轮，出手枪迫其由特别三区外泊处开往日租界下，旋复有十人登轮，乃开往下游，泊于刘家庙之下，一小时后，见沙市驶来小轮之盗与沙市船之盗交换灯号，旋沙市船下碇，小轮乃靠近，载沙市船之盗三十余人及赃品行李开往上游，有三十人在汉口方面日租界下登岸，另有约十人在武昌方面苏家滨登岸，余五人在汉河龙王庙登岸，当道现据此消息，在此数地四周侦查盗踪。(汉口五日路透电)

(《时报》1928 年 11 月 7 日)

沙市轮被劫案已破获

路透社六日汉口电　沙市轮船被劫案，赖水上警察侦查得力，已拘获二十三人。警察先据密报，在此旅馆拘获盗首一名，后因其口供，复拘获数人，旋因此数人复拘获多人，大约全案盗犯明日皆可入网。今悉此案乃由前当兵者与地痞结党所为，乃星期五晚在特别三区某旅馆计划，诸盗被捕时，多在妓院酒馆行乐，现均解交卫戍司令审办。

(《申报》1928 年 11 月 8 日)

/1928年/

外轮派驻兵

自太古沙市轮被匪盗劫抢后，长江内各外商轮，已经开始会议防盗。英国在长江已有十四舰，分段停泊。而日清公司对此事亦曾商酌，以沪汉一路内，共有九船行驶，拟每船派驻武装兵十二名，如上游轮办法，但需兵士一百数十名，已与驻沪日海军磋商。闻日海军方面，拟先令该公司将船上乘客，加以取缔，使匪盗无从混入。现此事方在会议中。

（《申报》1928年11月8日）

沙市轮在谌家矶被劫

匪徒多着西服，在汉混入该轮，伤毙茶役二名，损失尚无确数。

汉口通信　英商太古公司行驶长江之沙市轮，本月三日午后十时，由汉启椗，开赴上海。十一时许，抵离汉三十里之谌家矶，为匪徒三十余人搜劫一空。该处距汉密迩，沙市轮又防范极广，乃竟出此巨案，匪徒身手诚足惊人。据该轮搭客返汉所谈及公安局所得报告，被劫情形如下：初匪徒约十五六人，在汉假装搭客，混上该轮。多为西装少年，风度翩翩，人固不疑其为暴客。登轮后，分在客厅房舱、统舱等处往来窥伺。当该轮行抵谌家矶，匪即同时发动，有数匪在临江台上，勒令停车，数匪在机器房勒令停机，余匪开枪二响，即有小轮一艘，闻声开拢。复来匪约十余人，会同搜劫。斯时临江台之电线，早被砍断，所有司□工役，亦遭监禁。多数匪徒乃在大餐间、官舱、出舱、统舱等处，逐一搜索，并将大餐间乘客美信洋行买办某腿部击伤，茶役林富年则被击毙，西崽周之材受伤亦重。时招商局江新轮船上驶，匪恐有人呼救，遂特别戒严。至江新轮驶过方已，搜劫约一小时，夜已将半，乃将所得财物运上小轮，群匪亦徐徐上轮，从容不迫，往下游飞驶而遁。该轮恐前多险途，当即开回汉口，除将受伤者抬送医院诊治外，并报明江汉关查验。复由太古公司转报英领事馆，派英国水兵多名，随乘该轮保护。昨午（四日）复开上海。此次该轮被劫，所受损失，有云十万元，有云万余元，尚无确数。惟房舱、官舱船员搭客无一幸免，则为事实。现武汉卫戍司令部水上巡查队江防局公安局特加紧侦查，务期破案。（十一月五日）

（《申报》1928 年 11 月 9 日）

沙市轮被劫之损失调查

太古公司沙市轮，本月三日晚由汉来沪，在谌家矶被盗，已志各报。该轮昨晨由英兵舰保护抵沪，东南社记者昨晤乘该轮来沪之某君，询问被劫情形，据云：此次全船旅客，无不被劫一空，账房存余款项除保险箱内无法打破外，其余均搜掠罄尽，计账房、买办、大车及各水手茶房等损失，均在一万余元，搭客现洋及所携行李，合计现款亦不下十万元左右，其中以某洋行买办之子张某，因回苏州完婚，兼赴上海办货，损失甚巨。此役总计全船损失，约十余万元之谱，当匪众施行搜掠时轮上茶房有名刘阿毛者，宁波人，见匪行劫，拟有集众抵抗之意，被匪查觉，开枪射击殒命，并有其他茶房两名，亦中小伤，尚无姓名之虞云。

（《新闻报》1928 年 11 月 9 日）

荆沙关监督人选提议

（汉口）白志鹍由京电财委会：荆沙关监督兼内地税局长何监督辞职，拟以桂砺锋继任，请提常会通过发表。

（《新闻报》1928 年 11 月 9 日）

鄂江防局破获沙市轮劫案
先后获匪三十三名并起获赃物

汉口通信　太古公司沙市轮，本月三日下午十时由汉开沪，行至距汉十英里之谌家矶，被匪搜劫一空，并杀伤茶役各一名。此案发生后，武汉卫戍司令部特责令武阳夏三公安局、江防、稽查队，分段缉拿，务获归案。其原令云：（一）据稽查队长李铭勋报称，昨晚（三日）九时，有太古公司之沙市轮，由汉开沪，行至谌家矶地方，忽来白色黄烟筒小火轮一只，内载口操四川口音土匪数十人，携带手枪电筒，拦抢一空，并伤数人。现该轮仍开回汉口，查该轮系由宜昌来汉，转赴上海，乃遭此劫等语。（二）为便于负责及实行任务起见，将各部担任侦缉区域划分（甲）武阳夏各旅馆、茶楼、酒肆、乐户及各游戏场，着各公安局严行缉拿；（乙）刘家庙、谌家矶等处，着稽查队协助当地警察，严行缉拿；（丙）水面上着江防局派船只严行搜缉。（三）限令侦获日期及奖惩。按如左规定之——（甲）在一星期内，将全案破获者，奖洋三千元，破获一部者奖洋一千元；（乙）在两星期内，将全案破获者，奖洋一千元，破获一部者奖洋五百元；（丙）如逾限未能破获，即以该侦缉负责人员办事不力议处云云。旋又据英美烟公司之小火轮阿得比尔第三号船大车某报称，三日下午八时，突有身着西服五人，由二码头登轮。二人入舱房，二人入机房，一人在外看守，各出手枪，勒令开船至日界，复令开至谌家矶，停泊江面。至十一时许，沙市轮由上游驶至，不幸之事遂以发生。各匪抢劫后，约共三十余人，同下小轮，命开赴日界东章，登岸者二十余人。旋开徐家棚，又有十人登岸，又在襄河口龙王庙去五人。后停泊大王庙一驳船边，尚有余匪五人未去。该轮司机者因乘间逃走，余匪五人亦不知何时逸去云云。卫戍司令部稽查队长李铭勋、江防局稽查长黄辅臣及各公安局稽查长根据以上情形，分向肇事地点、附近地方，及匪徒起岸各处，秘密侦查，并在中南旅社秘密设立总办公处，以便互通消息，至五日尚无影响。是日晚间，江防局黄稽查长至民乐园大舞台，于座中瞥见四川棒匪朱老么，当即注视其行动。

追朱出场，黄即趋前交臂而过，朱因犯案与黄相识，乃趋与寒暄。黄以朱形迹可疑，遽以沙市轮劫案相询。朱初不肯承，经黄担保无事，乃渐吐实，而此案之真相大明矣。当晚即捕获匪徒十名，六日复在中和安、福安、大方栈、大同旅社、东方旅社、亚洲旅馆、猪巷第三号、电报局等处，相继捕获十三名。计陈甫明、姚光员、余华生、苏习之、贾子卿、朱长卿、石贵生、熊竹生、向必旦、尹白祥、张子玉、姚本殷、曾谨伯、罗润洪、丹直方、向元、魏俨平、黄代英、李国木、方世洪、王绍周、李定清、向英任等，男女匪犯二十三名。起获赃物手枪二枝、子弹三粒、一元钞票十五张、十元十九张、五元七张、二十元十张。先后将人犯解交江防局收押，听候讯办。闻卫戍部对于此案，极为重视，将严加惩治。（十一月七日）

（《申报》1928年11月11日）

沙市轮劫案破获详情　江防局先后获匪二十三人

汉口通讯　太古公司沙市轮在丹水池被劫一案，现已破获劫犯二十三人，兹将公安局侦缉队队长邓亦清报告始末详情，分录于下：

太古公司沙市轮于三日下午九点半钟启椗下驶，约至十一点之谱，行抵扬子机器厂，有匪多人，持枪至火舱，勒令大车停车，并将汽笛剪断，使不能鸣救，一面以电筒射光于北岸，北岸之匪，三十余人，见电光一照，亦即回射，彼此并鸣枪响应，随即乘小轮一艘，驶附沙市轮，各持长短枪，呼啸上轮，与船上之匪，共同行劫，轮上财务之损失总数约万金左右。据公安六署调查报告，匪等抢去官舱内洋千余元，房舱内洋六百余元，买办房搬出小柜一个，内有川洋三百余元，上海钞二百五十余元，首饰等物约值洋六百余元，股票银七百余两，打死统舱内茶房陈林富一名，宁波人，年三十九岁；伤美信洋行大班韩菲士一名，乘客周元林一名，宁波人；又伤韩菲士所带仆役沈宝林一名，以上各受伤者，美人韩菲士已送万国医院诊治，乘客周元林及茶房陈林富俱送天主堂。并闻该轮有步枪二支，手枪五支，烟土数石，均被抢去。至该匪等预先布置行抢情形，亦殊周密，据交涉署交公安局之嫌疑犯钱国园供称，该匪等所乘小轮亚而平号，系英美烟公司小轮，钱在该轮当二车。该轮向泊特三区码头，是夜八点钟之谱，我等已睡，忽有五人上船，三人着中山服，二人着长衫，声言要借船一用，我等喊老大急起，有二人出手枪威吓，令勿声张，他们遂将小轮自行驾驶而去，将我等四人都关在机器房中，嘱咐叫我们怎样就怎样。听他们的口音，一个是湖南，不是四川等语，另据李队长报告，小轮系白色，黄烟囱，匪等十余人乘此轮由谌家矶驶至沙市轮附近接匪，抢毕，该小轮略向上驶旋仍转折下游而去。匪等上船行劫之时，一首领声称，贫穷行客，不用惊慌，我等是替弟兄们找饭吃，我是张大爷云云（大爷即四川哥老会中领袖）。

此案发生后，公安局即将该局密查及六署署长署员等所得确实调查情形，汇报卫戍司令部，陶会办以此案发生，恐外人借口派舰保护，即于三日召集市公安局代表李督察长、余局长及卫戍部聂参谋长开一紧急会议，议决悬赏缉拿各匪务获究办，在一星期内全获者赏洋三千元，在两星期中全获者赏洋减半，如过久不获，缉捕人员应予薄惩。稽查队担任水陆踩缉，对于谌家矶一带，特别注意，至银楼金店，亦留心盘查，并由江防局派轮巡弋水面。公安局担任严查旅栈及陆地踩缉，会议毕由卫戍部补发命令，此军警当局侦缉此案之经过详情也。江防局稽查长黄辅臣，自四日晨奉令缉捕抢劫沙市轮匪徒后，即分配各稽查秘密居住本市各旅社，而以中南旅社为秘查总办公处与集议点地，分途侦查，上自舵落口米家墩外五甲一带，直至洋火厂丹水池谌家矶等处，历半日之久，尚无头绪。五日午饭后，除仍令各稽查分途暗查外，并亲往各影戏院，京汉剧场，以冀有所遇合。晚六时许，在大舞台适遇四川棒匪朱老幺，朱前曾犯案开释，系黄君所亲与其事者，朱亦以前此犯案相识，乃相与作寒暄语，黄君除询其近况外，并问其知沙市轮劫案否，朱初坚不承允，继经黄劝其吐实，当力保其无事等情，朱乃供出真相。即于晚间十二点钟，在福安栈捕获蔡清泉一名，宜昌大方栈捕获任书发一名，汉口大方栈捕获陈华文一名，当即讯据供出余匪及嫌疑犯地址，遂又至大同旅社八十八号捕获三男一女，亚洲旅社亦捕获八人。六日早复在小猪巷三号捕获贾子清一名，并由六署将贾妻刘氏及房东保人等一并捕去。

据闻刘氏系有嫌疑，并非正犯，又在电报局搜出手枪一支，合计二十三名，旋该局即将各犯并解公安机器厂登现已总局，听候究办。又据英美烟草公司所属之小火轮阿得比尔（译音）第三号船之大车报称，十一月三日下午八时，突有身着西服五人，由二码头登轮，有二人即迳入舱房，二人迳到机房，一人在外看守，其入机房之二人吒问房中工人："你为何人？船属何人？我们要借用一用。"工人答曰："此船为美英烟公司的，你如要借用，可向公司交涉。"说犹未了，有二人即拿出手枪威吓，禁止声张，勒令开船，其在外看守之人，即将系绳割断，开船至东洋租界，司机者即行停车，匪乃拳足交加，迫令再开至谌家矶扬子厂江面，匪乃饬令停泊江中，至十时许，见有一火轮从汉驶至，匪乃用手电照射，来轮中亦有人以手电相照，于是小轮飞驶靠近来轮（即沙市轮)。乃来轮上游三十余人，携带包袱等件，迳下小轮，命开赴东洋租界东头，有二十余人登岸逃走，旋开徐家棚，又有十人登岸，又复开襄河口龙王庙，又去五人，后停泊大王庙一驳船边时，轮上尚有余匪五人，及至夜半，轮上司机者乘间逃走，旋即有工人数名迳来轮上，时匪已远飏。至次早九时开回特三区二码头，检验全轮，仅损坏玻璃二块及些须物件云云。

（《时报》1928 年 11 月 11 日）

沙市轮劫案破获再志

汉口通信　太古公司沙市轮抢案发生后，武汉卫戍司令部、江防局、公安局，各派干事员，分向肇事地点，及各茶楼酒馆、各游戏场，切实侦查。果于四日晚间，在民乐圆捕获四川□匪朱老公（即长卿)，复于□六二日，在东方旅馆、大同旅馆、亚洲旅馆等处，捕获陈甫明等男女要犯二十二名，解往江防局讯办。业志昨讯，兹将此案破获经过情形续志如下：初武昌公安局侦缉队员许昌彦（四川人）在一月前，见有口操川音二十余人来汉，分住东方旅馆、大同旅馆、世界旅社、福昌旅馆、亚洲旅馆等处，终日叫局赌博、吸烟饮酒，形迹殊有可疑。越十余日，床头金尽，欠各栈房费各数十元。时此案尚未发生，武汉治安极为平静，故许虽有所疑，而未敢先发。不数日沙市轮被抢，卫戍部通令协缉，雷厉风行。许即请命武昌公安局长夏德馨，化装来汉，往各旅社侦查虚实，已不见彼等踪迹。询之茶役，则云，彼等房间已退，欠款已还等语。乃往各游戏场所，见匪等衣服华丽，各携雏妓，往来戏场酒楼之间。遂尾随之，探得匪等确实住址，返局报告侦缉队长林耀东得讯，即于五日夜十时，率领许昌彦及其他队员眼线等，会同江防局侦缉队队长黄辅臣，及该队侦缉员多名，当往大同旅社四楼八十号，拿获陈甫明、张子玉、姚光贞、金华生等四名，又在亚洲旅馆十三号，拿获曾谨伯、罗润洪、苏习之、冉直方等四名，又在小猪巷三号拿获贾子卿一名，大蔡家巷某号拿获石贵生、□俊屏、黄化兴等三名，升平街中和安栈捕获熊竹生一名，电报局拿获向元一名，长胜街拿获李国本、方世洪二名，大方栈拿获向必旦、宋绍周、李定臣、任刘氏等四名，东方旅馆七十一号拿获姚本殷、张伯祥等二名，共计二十三名，俱解江防局收押。武汉市公安局并去函英国领事公署，提取英美烟公司阿尔得比尔小轮（即匪迫开谌家矶接应抢匪之小轮）之工人戴小楼、戴正海、孙连荣、汤耀生等四人，到局质证，以期此案完全破获。（十一月八日）

（《申报》1928 年 11 月 12 日）

沙市帮装去东疋一百余件

本厂棉布，市情平衡，实销尚活动，良由各地反日运动异常严厉，华厂货得以畅销，故轻磅布大有供不应求之势。昨天津、牛庄进十一磅大发粗布一百件，价开四两七钱半；安东、烟台成交十六磅、金城四五十件；长江流域以江西帮为最活泼，成交十三磅三钱五两九钱，十一磅人□四两七钱二分半，共计六十余件；芜湖罢市虽已解决，昨尚无添信。南京帮昨淮五福粗布五十件，价四两三钱七分半；本街内地批发亦不寂寞，昨在公会成交有百余件云。

东西疋头　东货市面仍趋下游之势，实以走销不动，一般执货者殊形恐惶，颇有一跌再跌之象。昨日各帮形势依然呆顿，只沙市帮运去直贡呢花绒光斜等一百五十余件，余无举动。花绒复小二厘半，黑花之松虫阿我以和歌山只售一钱六分，中花之松虫花式好一钱七分，大花一钱七分半至一钱八分，降势之速，实堪惊人。惟本街昨复略活动，盖因天时骤寒、门庄生意见忙之故，昨进厚法绒盖条绒有百件之谱，西货以漂布销路渐见进展。昨川帮复进六十余件，均系八九两之货。汉帮进下身宁绸十余件，德记锦衣归为三钱一分，利盛尽忠报国三钱二分云。

（《申报》1928 年 11 月 16 日）

沙市轮抢匪枪决十一名

汉讯　太古沙市轮发生抢劫一案，曾经当局于事后二日之中，捕获匪犯二十三名，均寄押江防局，旋经该局讯明，二十三名中或为正犯，或涉有嫌疑，均于八日呈解卫戍部。由卫戍部讯得熊竹生等十六名确系正犯无隙，因于昨日下午四时，绑赴余记里坪后执行枪决，其布告云：为宣布罪状事。案据湖北江防局呈解抢劫沙市轮船匪犯熊竹生、姚光贞等一案到部，讯问熊竹生、姚光贞、余华生、朱长卿、石贵生、尹白祥、向英、黄代兴、罗连洪、贾子卿、李国本等十一名，均代认组伙持枪，抢劫沙市轮船不讳。经依《惩治盗匪暂行条例》第一条第九、第十、第十三各款判处死刑。除提该犯等验明正身绑赴刑场执行枪决外，合亟布告周知。此布，计枪决匪犯十一名。熊竹生年二十三，四川人；向英年二十七岁，宜昌人；姚光贞，郧县人；黄代兴年二十九，宜昌人；余华生年二十九，宜昌人；罗连洪年三十一，四川人；朱长卿年三十三，郧阳人；贾子卿年三十二，河南人；石贵生年二十五，四川人；李国本（即子固）年三十四，北平人；尹白祥年二十一，郧阳人。

（《时报》1928 年 11 月 21 日）

沙市帮复办东货直贡呢

西货尺六绒现货仍缺。

昨日疋头交易，颇为活动。东货沙市帮成交一百余件，就中以直贡呢为最多，双童鹿二钱四分，鼎发财二钱三分半，漂布亦有办去，梁惠王九两一钱，鹿鹤八两四钱。川帮昨暗中亦有购入，拟于今日装直放船直驶重庆，余如各埠仍少举动，本街内地批发已大形落静，故邮包只津浦路区域依然活动外，余均停运矣。西货漂布生意尚未停止，故市面颇有蒸蒸日上之势，昨涨起一钱左右，公茂终南山为九两六钱半，三公子九两六钱，玉美人已须十两零二钱半。昨汉口纱市长沙等帮均趸批成交，元斜宁绸津帮进三十余件，公茂迎龙图为二□七分半，德记锦衣归三钱，上身尺六绒现货仍缺，九钱外之货颇有绝迹之势。

（《申报》1928 年 12 月 12 日）

东疋走销仍旺　重庆及沙市动办

本机布依然坚定，实销渐静，盖以时届阳历年关，兼之连朝阴雨，客帮办意转淡，但下身粗布，厂存仍枯，所以趋势依然坚挺。九磅五福，虽已有现货，但价须四两六钱半，十磅蓝鸡售四两七钱半。昨宁波、温州二帮进五十件，十三磅万年青细布，日来南京、宁波等帮需要颇殷，故现货已完全售罄，须下周二方有到货，价开八两五钱二分半，较前涨起五分。江西帮昨进十三磅双鹰粗布三十件，价为五两九钱云。

东洋货自连日下落后，颇引起投机者之活动，昨日办兴尤浓，重庆帮需胃突殷，成交有三百多件，故市面大有反动之势。昨双童鹿直贡呢涨二厘半，下午叫二钱四分二厘半，莫干山二钱六分二厘半，鼎发二钱三分二厘半，重庆帮均有办去，沙市帮进花直供呢光斜五十多件。其余各埠，举动仍静，故市面恐尚难站定，嗣后走销一呆，尚须下落。

（《新闻报》1928 年 12 月 16 日）

1929年

武汉各界反日愈烈　已扩及宜昌、沙市

汉口　日领因宜昌、沙市亦激烈反日，十九日派两舰赴宜沙，同时由沪开到两舰泊汉口补充，连前计仍七艘。

（《新闻报》1929年1月21日）

湖北决暂行市区制
以沙市、宜昌、老河口等地为市区

汉口三日下午二时四十分本报专电　省政府冬（二日）开常会，通过暂行市区制，以沙市、宜昌、老河口、新堤、武穴、襄阳、樊城为市区，各设市区公署，并置市区长一人，管理全市区行政自治事务，区下设公安、财政、工务、社会各局。

（《益世报》1929年2月4日）

鄂之荆州、沙市、公安、沔阳

毗联湘之澧州、津市、常德各县镇乡，俗于新正。诸少年纠为高跷要狮诸戏，附以阴花鼓一班。选童男若干人，为脚色，即演员也。斋戒净身，由领班者作法，饮以符水。演剧之先，请童集合后台，装扮毕，各以双手捧香一枝，围桌而坐，横肱伏首。领班以鼓棰敲其钵边为节，向之念咒，可十分钟。诸童初犹顽皮嬉笑，至是寂然垂头，瞑目若沉睡矣。于是台上锣鼓开演，唱者杂坐奏乐者之间，诸童所扮生旦净丑，依次出场，动作姿势，一一与唱者相应，演必以夜，双目必闭，灯下视之，殊令人悚。终场领班含冷水喷其面乃醒。法不得过鸡鸣，谓鸡鸣则

有不苏醒之危险云。

（《申报》1929 年 3 月 10 日）

陆海军在追踪前进中

海军舰队克沙市

上海十二日下午八时二十五分本报专电　海军署讯，咸宁军舰真（十一）午在沙市遇敌，即开炮扫射，敌力不支就俘，现沙市左近已无敌踪。又电　陈绍宽文（十二）日抵沙市，胡（宗铎）陶（钧）向宜昌溃走。

夏部向荆州前进

汉口十二日下午四时十分本报专电　夏斗寅督部向荆沙前进，到达后夏本人须来汉一行，李纪才奉□兼鄂北警备司令，方鼎英部真（十一）日由汉开荆沙，叶开鑫来汉，闻叶有任两湖清乡督办说，何健定日内返湘，因投降桂军多湘人，决改编为警备军。

（《益世报》1929 年 4 月 13 日）

军舰在沙市血战

海军息　陈绍宽十四日亲率咸宁、江犀、江鲲三军舰，在沙市马家塘一带与敌血战，竟日炮火连天，双方发弹均甚多，敌方大受损伤，我方江犀军舰亦中敌弹甚多，舰首舰身均受伤，惟舰尚无妨，员兵冒死进逼，血战更剧，敌势顿馁。（南京十五日下午八时电）

（《时报》1929 年 4 月 16 日）

中央军向荆沙追击

前锋逼近荆州，胡陶残部在包围中，沙市上游开战。

长沙　方鼎英全部十五日抵城陵矶，电何键代雇小火轮四五十只，俾向荆沙追击胡陶残部，谭道源电何，“十六日起，陆续开汉”。

南京　据前方报告，中央军第二师顾祝同部，八师朱绍良部，十五日晚两路进击敌军，中央军前锋已逼近荆州附近十里之某地，胡陶残部，在败退中。

南京　海军署讯，西征舰队，连日由楚有咸宁、江鲲、江犀等舰，向沙市马家塞一带继续猛攻，敌势不支，即日可以攻下。

路透社十六日汉口电　沙市上游开战之说，已由官场证实，惟系小冲突，现信蒋主席已命大军进攻胡陶，俾速降服，而免费时作无谓之谈判。众意鄂军受刘湘、何键之夹攻，势难支持，旦夕必降，各轮船现已暂止开挂上游。

路透社十六日电汉口电　胡陶代表携输诚函昨晚抵此，盖以中央由武汉进兵肃清残敌故也，闻蒋主席已命何键廓清湘省，勿容桂军逗留境内，众料湘鄂两省日内全将受中央政府节调。

路透社十六日汉口电　英舰特恩号在宜昌附近被轰，伤水手三名，现行驶长江上游各船，均由军舰护送。

路透社十六日北平电　英舰特恩号在宜昌之上被轰，附乘该舰之美国新闻访员马歇尔亦在伤列。

北平　何成濬接刘湘十五日电，谓所部沿江东下，会攻逆军，前锋达距宜十五里之下窪溪，发生激战，胡陶均在宜昌，已成包围形势，指日可下。

南京　留京某高级将领谈，胡宗铎、陶钧，均曾亲笔函行营贺耀组参谋长输诚，并恳呈明蒋主席，准予自新。其残部退集荆沙者，复尽力抵抗中央军，胡陶真贪恳请所在，不无可疑。惟即令仍存心反抗，其寿命亦至多不过延长一二星期而已。前此广西出兵援鄂，曷尝不认定武汉军可支持一月半月，岂知甫到宜章，武汉已下，滇黔两省，近均奉中央命令，出兵讨桂，桂省内部空虚，拨鄂之兵，业已退回，桂系崩溃，已不成问题。至胡陶等残部，处川湘四面包围中，除受编外，别无生路。

（《新闻报》1929 年 4 月 17 日）

中央军进击荆沙

夏朱等师担任江北　缪蒋两师担任江南　张义纯师已被击溃　胡陶残部行将瓦解

汉口通信　桂系军队胡宗铎、陶钧等部，前驻黄陂，冀与中央各军作困兽之斗。适夏威所部李明瑞旅首先反正，五十五师师长程汝怀又态度不明，胡陶至此知事不可为，乃于四日（侵）晨全体退却。其退却时共分两路，一由汉平铁路退至汉口，转襄河西上；一由汉川系马口等处，进占仙桃，相约于荆沙集中，再行他窜。当黄陂撤退，军队尚有数万。胡陶下令，谓有良机可乘，限三小时内一律开动，迨全军退却，兵士始知受欺，相率逃亡者约万余人。五十五师部队经胡陶迫胁，亦与同退，师长程汝怀并有被胡陶杀害之说，后经调查，尚非事实。胡陶退后，即于仙桃镇召集中上级军官会议，当即决定全部向沙市、宜昌一带溃退，如宜昌有国军截击，嗣由荆门经远安、保康退入四川。蒋总司令以此次事变，罪在李白，其他将领，则概主宽大，曾经亲书手函，劝胡陶等从速效顺，并派孔庚前往面谕一切。乃迭据报称，桂军退出武汉后，沿途骚扰不堪，为救地方计，不得不亟谋肃清，乃抽调中央各劲旅从事追击。计奉令追击者，夏斗寅之十三师、朱绍良之第八师，由江北向荆沙推进；缪培南之第四师、蒋鼎文之第十师，自江南向宜沙推进。现十三师全部已至应城京山，师部移至天门，第八师则于十一日进占仙桃。当抵仙桃时，胡部后尾警备团在退却中，经八师四面截击，俘虏数百人。复追击前进，至黄家新场附近，遇桂军张义纯师由横口哗变折回，激战数小时，将该师击溃，俘人枪数百。该师营长以下，皆不愿战，派人与八师接洽，请求收编，现正由该师收编中。又胡陶部队，十一日由荆沙退走潜江，正渡河时，为中央军飞机队高队长架机追及，掷四十八磅炸弹一枚，当将浮桥炸毁，该军堕河死者甚众。同时中央军朱良臣部亦追到，缴械二千余枝。胡陶残部经此挫折，益觉凋零，至中央军江南部队四十两师，已集中武昌，日内出发，肃清桂系，为期当不远也。（四月十三日）

（《申报》1929年4月18日）

胡、陶现住沙市汽车站

南京　海军方面据报，逆轮运军火至沙市，中途有逆军官团及溃卒千余人，胡宗铎、陶钧、叶琪诸逆，均在沙市，住汽车站，残部尚集沙宜荆一带。

（《新闻报》1929年4月18日）

朱、夏两师追击胡、陶

方鼎英部进抵监利。

汉口　朱、夏两师追击胡、陶，在荆门沙市间缴枪万余，正追击中。方鼎英师十五日抵城陵矶，前队抵监利，正向沙市推进。（十八日）

汉口　方鼎英部十五日进抵城陵矶，先头部队已抵监利，仍由水道向沙市进展。（十八日）

汉口　沙市上游之战事暂止，以待谈判之结果。胡宗铎之军现处不利之地位，俟得相当之条件，即将降服，故战事不致复作。闻衡州附近已发生战事，其因桂军北攻，抑因何健追敌所致，因消息甚少，无从决之。鲁涤平之军已抵此，故随将入鄂之第六师，陆续开回南京，盖鄂时局已定，不必需之也。（十八日专电）

北平　英方十七日得沙市电，似胡、陶尚在沙市，正说降中，中央海军尚未到荆州江面，宜昌战事系川军出击云。（十八日专电）

（《申报》1929年4月19日）

讨逆军追击胡、陶

汉口　讨逆军追击胡、陶。左翼方鼎英师，经海军掩护，由城陵矶向南岸监利公安石首推进；右翼夏斗寅师，进占沙洋，朱绍良师十五日在潜江东荆河，强迫渡河，将敌击退，占周家矶、黄家场，俘获甚众，残部退了观庙。十七日追抵潜江，敌据城西五里赵家台抵抗，激战一昼夜，敌溃退沙市，毙营长一。朱师进驻赵家新场，正向沙市追击。（十九日）

汉口　胡、陶等仍在沙市，向商会索饷四十万，原拟经施宜退川黔，现刘湘部唐世桢师由南沱溪登岸，包围南集关、野三关等处，阻其去路，胡、陶因甚恐慌。（十九日）

汉口　战事现均停止。胡、陶现占据沙市与宜昌间之地一隅，刘湘恐深入为杨森袭击于后，故亦未进攻宜昌。鄂宁代表之谈判，刻仍在进行中，当有和平解决之望。（十九日路透社电）

（《申报》1929 年 4 月 20 日）

飞机队轰炸沙市

南京　航空飞机队十八日电：清晨续派飞机五架，各带炸弹前往轰炸沙市及马家寨敌军高级司令部，午后又派飞机四架，继续轰炸，均中要害。

（《新闻报》1929 年 4 月 20 日）

胡、陶通电下野

沙市　胡宗铎、陶钧二十一日发出通电如下：（衔略）此次事变，外间揣测纷纷，未遑置辩。宗铎等既念党国缔造之艰难，复念民生之凋敝，怀同室操戈之痛懔、内战不祥之忧，踌躇审慎，交战神明。午夜扪心，绕室不宁，一身万难，纷至沓呈，利害相权，宁丛咎于藐躬，不争是非，于无谓用，是毅然引退，即日交代，放洋读书，增求新知，以补吾过。邦人君子，其共谅之。胡宗铎、陶钧。马亥。（二十四日专电）

（《申报》1929 年 4 月 25 日）

胡、陶、夏乘轮东下　沙市秩序已恢复

汉口　胡宗铎、陶钧、夏威二十六日在沙市乘英国兵舰嵯夫号东驶，二十七晚过汉转沪赴日。（二十七日专电）

汉口　胡、陶、夏在沙市发出下野通电后，市面已恢复原状，二十四晚楚有等军舰五艘，皆相继入港，内二艘当开宜昌。（二十六日专电）

汉口　上游大局已复原状，中国海军一支队现驻沙市，另有二炮船现赴宜昌。刘湘之军已开回川省，宜渝间交通已复。刘派代表一员至武汉谒见蒋主席，请示川省善后办法。（二十七日路透社电）

（《申报》1929 年 4 月 28 日）

第四军进占沙市之经过

程、石退驻荆州，残部已受四面包围。

沙市快信　中央自克复武汉后，即将陶钧、胡宗铎驻在宜昌沙市之部队，收编程汝怀改为新编五十五师，尹承纲改为新编第九师，石毓灵改为新编第十七师。近日中央以该三师仍暗中与胡、陶往还，秘密与李宗仁、白崇禧联络，又与冯玉祥勾结，希图破坏和平统一，着其移防襄樊。又不服从命令，实属怙恶不悛，遂密令驻沙洋之第八师朱绍良、驻郝穴之第四师张发奎，又令夏斗寅、谭道源等，相机于五月二十七日以前，一齐发动，解除该逆军武装。二十五日新编第九师（尹承纲）副师长李朝芳，闻悉中央命令，即表示诚意服从中央，听候缴械。其部队

亦即开来第四师驻地附近，分驻于岑河口等处，集合听候收缴。二十六日早，第四师张发奎、政治训练处主任关巩，即与该师李副师长朝芳前往，将该师枪械完全收缴，子弹、辎重、马匹无数。缴械完竣后，即由张师长、关主任分别训话，政训职员，分别宣传，解释奉中央命令解除该部武装意旨，至该部队如何处置，已电陈蒋总司令请示。第四师自解决尹师后，即向沙市攻击前进，解决程、石两师，分令十一旅于二十六日进至新杨场及岑河口西北之员家台附近。二十七日拂晓，以一部肃清沿河基之敌，主力由岑河口通沙市之大通，直向张华寺之敌攻击前进。十二旅于二十六日黄昏前进至观音劏。二十七日拂晓，由观音劏通沙市之大道前进，先行占领关嘴口场枣冈铺，以一部监视荆州方面，并与第八师确实联络余部。左翼连络第十一旅，向沙市攻击前进。第十旅二十六晚，进至岑河口，为总预队教导团，进至黄家场附进，掩护后方。程、石等逆军，以受第四师及第八师、十三师、五十师四面包围，二十六日晚九时，已将沙市部队完全退往荆州，第四师十一旅旅长黄镇球，遂于二十七日上午四时许，率领所部进驻沙市。政训处主任关巩亦同时率领全体工作人员及宣传队数组，在街上分头宣传，以安民心。张师长、李副师长，则于九时许入市。各界民众以该师历年为党奋斗，且纪律严明，当张李入市时，公安局、保卫团、商会及各团体民众均派队及代表到郊外欢迎，各商店一律燃放边炮悬挂党国旗及欢迎旗帜。各部队入市后，即派队巡查市面，维持治安，政训处则召集各界民众代表，在商会开会，解释奉令收缴该军武装原因及经过。程石退驻荆州之残部，以四面受各军节节包围，又因平日受李、白、胡、陶等压迫，欠饷数月，全无斗志。各高级长官纷纷逃匿，士兵或弃枪逃跑，或由连排长带队投诚，其卫士排且将军需处所存款项抢去，秩序纷乱，全部瓦解。计截至昨晚止，第四师在沙市共收容俘虏七八千人，一时街道为之拥塞。师部以此项俘虏必须优待，遂指定安书院、帝王宫等处，为收容所，以免露宿，并由政训处特别党部职员宣传开导，公安局、商会等机关团体，担任设法给养事务。

（《申报》1929年6月9日）

沙市打包有限公司开幕布告

启者　本公司在沙市关后面建造厂房、安装机器，专办棉花成包事件。兹择定九月三号，即夏历八月初一日开幕，凡蒙□赐顾者无任欢迎。恐未周知用特通告。沙市打包有限公司谨启。

（《申报》1929 年 7 月 28 日）

沙市华轮复通

沙市一埠，前因解散之桂军盘踞，致华商轮不敢开往，以致货件被阻，历两月之久。后经武汉当局，将该埠一万数千名散兵，分批遣送，至现在方始完毕。沙市积货，亟待装出，乃迭电来沪，促派船往。至前日起，华商轮已开始恢复沙市班，两日之内，派往五轮，系载大批芝麻、豆子等来沪。上海并运去大宗白糖及海味，以供上游之需要云。

（《申报》1929 年 7 月 31 日）

张发奎叛变后与荆沙治安

沙市通信　张发奎叛变后，将所部从宜昌移向宜都、白洋，意图控制荆沙，顺江东下。当时宜沙一带，交通断绝，人心惶惶，幸驻沙独立第十四旅兼第三绥靖主任彭启彪得报后，力持镇静，密谋应付，一面加派侦探，到处侦查；一面电呈主任委员刘峙，请示机宜，并由该旅政治训练处印发简报号外，及各种传单，揭破张师异动真相，以安人心。未几新编第一师已开到数团，由沙上驶，出其不意，猛力攻击。张发奎知所谋难逞，遂率所部，向湖南辰州方向退去。荆沙治安，幸获无虞，闻曹万顺师长今日可抵沙市。（九月二十一日）

（《申报》1929 年 9 月 27 日）

新一师部队在荆宜叛变经过

变兵已大部解决　现正办理善后

汉口通信　新编第一师曹万顺部，自张发奎异动后即奉令开赴鄂西，跟踪追击，并负维持地方责任。该部由威胜等舰运到宜昌，军纪初颇严明，为地方人士所称许。嗣因张部远窜，无麇集宜昌必要，乃分驻荆州、石首一带，担任剿匪。讵本月一、二、五等日，该部驻宜、驻荆、驻石首藕池之部队，先后哗变，洗劫征收局及商店。经曹师长会同海军保卫团队等，极力镇压，始向当阳、潜江等处溃窜。当地居民虽未遭屠杀，而财产损失已不数计。该部叛变后，此间得信颇早，因未经当局公布，不便贸然发表，现在变兵已大体解决，无再秘密之必要，特为补志如下。

▲叛变原因　该师原系岳维峻旧部改编，于党义既不认识，而份子又极复杂。中央任曹万顺为师长，原拟切实训练，俾成劲旅。但曹就职未久，即奉令调防，且曹本人素性和蔼，未即毅然整理，致不良份子仍厕行间。最近张（发奎）俞（作柏）事件发生，反动派利用时机，造谣煽惑，该师中不稳部队遂为所动，故不约而同，有此叛变之举。惟其目的不过任意抢劫，分赃发财，而于政治上，则绝不发生关系也。

▲叛变经过　本月一日晚十二时，驻扎荆州（江陵）之史团第三营戴万镒部，在该处首先发动，抢劫通宵，商店居民损失颇巨，次晨即分途窜去，由营长戴万镒率领两营北行，其他不知何往。二日驻扎石首县属藕池口之第四团一营，相继叛变，营长李定五沿各商店勒索巨款，并将该地征收局洗劫，损失税款甚巨，始行窜去，地方秩序尚未大乱。五日午前二时，该师驻宜之王杰俊团，又以叛变闻。时在深夜，居民忽闻枪声劈拍，惊恐万状，商民被劫者，约有百数十家。宜昌征收局为有名之税局，亦被洗劫。又将该师留宜军官戕杀多名。师长曹万顺当登威胜军舰，调集该师直属部队炮兵特务两营，会同威胜舰之海军陆战队，及公安局江防局兵士，保卫团队，以重炮压迫，叛兵始不敢留恋，于侵晨向当阳窜去。曹亦即登岸，将地方秩序回复，一面致电刘总指挥，请

派兵追剿。

▲事后追剿　编遣特派员刘峙据报：当电令驻扎襄阳之第十一师师长陈诚、驻扎老河口之独立第四旅长罗霖、驻扎仙桃镇沙市一带之独立十四旅彭启彪等，各调所部，分途追剿，并令彭进驻宜昌镇摄。航空署留汉第一飞机队长高在田，适由长沙返汉，八日晨八时，奉刘令驾驶汉口号飞机，与教官毛邦初驾驶中山号飞机，同赴宜昌襄阳新兴山一带，视察变兵行动，并携去炸弹机关枪，就便协助剿办。是午该两机飞赴兴山附近，及由兴山至竹溪之道中，发现变兵，甚形狼狈。当即分投炸弹，击毙甚伙。又有一部，被彭旅堵截缴械。此外一股窜潜江境，约二百人，该县县长八日已电省政府请兵往剿矣。

▲善后问题　独立十四旅旅长彭启彪到宜后，所部陆续开到。彭氏当与曹万顺师长及当地绅民，共商善后办法。首即布告安民，俾无惊扰；第二步即肃清叛军，不使远窜；第三步调查商民损失确数，再定办法。湖北省政府主席方本仁、第二路总指挥刘峙、警备司令夏斗寅，对该师叛变，非常重视，拟各派员分赴各该区查勘，俾谋善后。至彭启彪既在宜昌，防地重要，将令其常川驻宜镇摄，暂时不开往赣省。沙市等地防务，则由第五师范石生部填驻。（十月九日）

（《申报》1929 年 10 月 13 日）

沙市市票充斥之影响　商店倒闭钱庄挤兑

沙市通信　沙市市票，充斥市面，有数千万串之巨，以致铜元缺乏，洋价高昂，近来银元兑价，达五串二百文之高，因此平民生活，大受影响。最近惠工车业公司、丰成豫钱庄、丰成米厂，均因发行巨额市票，无法应兑，于本月六日，相继倒闭。因之全市金融，影响颇巨，计七八两日发生挤兑风潮者有公和，集大成、震兴、同义、兴昌、汇康等六家，刻均在设注应付云。（八日）

（《中央日报》1929 年 11 月 15 日）

1930 年

声明脱离沙市同益祥之职责

敬启者：民国十六年十月间，刘君楚山组织同益祥海味店于沙市三府街，推定伊胞四弟善臣君经理店务。惟楚山君因鉴于伙友甚众，又与善臣君分属手足，对于同益祥总理一职，为避免嫌疑，计再三谦逊，乃央托周君福亭出而劝鄙人替任总理之职。鄙人以情义难辞，勉为其力。盖自开幕以来奉职，无状时虞陨越。幸赖楚山君维持金钱，不遗余力，两年余来借资，幸庆安全。而鄙人兹因依人作嫁，自误良多，不得已向各股友力述苦衷，诚恳辞职。嗣后同益祥总理之职，仍原楚山君自行履权，与鄙人绝不相干。至同益祥所有鄙人名下股份银两，按照今春盘查民国十八年终红账为度。以后同益祥生意盈亏，鄙人概不负责。除在沙登报声明，暨向沙市市商会略恳悬示周知，外特再登《申报》《民国日报》声明，以绝后患。此布。沙市刘节庵谨启。

（《申报》1930 年 4 月 12 日）

沙市拟建纱厂

沙市将有大规模之纱厂出现。顷自纺织界得来消息，鄂西沙市地方不久又有一伟大之华商纱厂成立，即名沙市纱厂，为该业巨子吕戴之等十余人所发起。业已筹足资本，订购机锭，其机器系采用英国史莫莱厂出品，新颖经济即为上海博物院路十五号信昌机器公司独家经理者。

（《申报》1930 年 5 月 24 日）

撤销新堤电报局

交通部以湖北省新堤电报局自上年线路被阻后，迄今仍无恢复办法，所有该处电务，均藉嘉鱼电局并邮寄为转递枢纽，收入寥寥，似此坐靡薪资，形同虚设，值此电款奇绌，自应裁撤停办，藉资节减。该局主任王少方，着调充代理白洋局主任，所有该局钤章卷宗机具报底等，仍责成该主任负责保管，线路工人料具由湖北电政管理局处置，办法呈报，该处电报仍由嘉鱼邮局转递，交部昨特电饬湖北电政管理局转饬遵照云。

(《中央日报》1930 年 8 月 20 日)

沙市纺织股份有限公司召集股东开创立大会公告

本公司定于国历九月二十八日下午二时，在上海爱多亚路太平洋西餐社开创立大会，报告筹备经过情形，厘订章程，并选董事监察人。凡我股东务请届时惠临或派代表到会为荷。除函达外，用特公告。

中华民国十九年八月二十四日沙市纺织股份有限公司谨启。

(《申报》1930 年 8 月 24 日)

沙市将设飞机场

南京　交部以沙市地方，为汉口至宜昌往来要道，饬中国航空公司在该处设立航站，以便飞机起落之用。(二十三日专电)

(《申报》1930 年 12 月 24 日)

徐源泉定新年就职　督办署设沙市

汉口　湘鄂川边区督办署决设沙市，徐源泉定新年在沙市就职，日内赴沙洋视察。

（《新闻报》1930 年 12 月 30 日）

1931年

鄂西各界发起春季运动会

鄂西体育界及热心人士刘竹湘等，为筹备参加全国会，提倡民众体育，发起鄂西运动大会，定于三月中举行。现已成立筹备处，开始办理报名事宜。运动竞赛，分中学、小学、女子、士兵、公开五组，除中学、小学、女子、士兵四组特别规定外，其他任何团体及个人军官等均加入公开组。男子部设锦标五种，田径赛锦标、足球锦标、篮球锦标、网球锦标、排球锦标，女子部设锦标四种，田径赛锦标、篮球锦标、网球锦标、排球锦标，小学校锦标与女子部所设锦标相同。

（《时报》1931年2月28日）

航空邮件新辟路线　西至宜昌沙市北至满洲里站

闻上海邮政当局言，自三月三十日起，航空邮路便将展至宜昌，每逢星期一、三、五日，汉口、宜昌间往来飞行一次，并自同日起，凡载有邮件之飞机，将均在沙市停靠，所有自上海或经由上海寄往沙市、宜昌及以上各地之航空邮件，除照纳平常邮资外，每增二十公分或零数应另贴航空邮票三角，如航空邮资未经满纳，不足之数，将在到达局向收件人加倍罚取。

欧亚航空邮路不日即将开办，共有上海、南京、济南、北平、多伦诺尔及满洲里六站，在该新航空邮路起始开办七日间，所有航空邮件将由邮局厘以特别戳记，藉资纪念。

（《时报》1931年3月29日）

沙市筹设无线电台

南京　交部筹设沙市无线电台，限最短期内成立，现令饬上海电信机械制造厂，拨发无线机料，供该台应用。（三日专电）

（《申报》1931 年 4 月 4 日）

荆沙清乡责任改由川军担任

汉口卅一日下午九时本报专电　荆沙清乡责任，改由川军担任，马登瀛特电刘湘，刘派团长佟希湛来沙，商洽一切，佟已由宜东下。

（《益世报》1931 年 6 月 1 日）

长安轮在监利下游搁浅

三北公司长安轮船，于日前应差开赴京汉，讵前日（三日）晨由汉转驶湘中，乃以水势浅狭关系，于彼日下午九时许，搁浅于监利下游，形势异常严重。据讯该处水势日退须八寸以下，宁绍甬兴轮现并停泊簌池，相距咫尺，经甬兴船长吴长贵几度欲亲往拖救，无奈该船着陆过甚，江潮不退，须续涨二尺至三尺以上，方可有救出希望云。

（《新闻报》1931 年 6 月 7 日）

荆沙代表谒蒋

南京　蒋主席接见荆沙代表徐松鹤，表示荆沙防务重要，川湘鄂边防绥靖署决仍驻沙市，除四十一师张振汉部调湘外，概不开拔，代表等认为满意，日内西上复命。

（《新闻报》1931 年 6 月 9 日）

安庆号飞机在沙市江面失事

机件翼身均有损毁，乘客王克明亦受伤。

沙市通信　六月廿五日，中国航空公司飞机安庆号，由沪飞宜昌。是日下午四时卅五分，已飞至沙市空际，正拟在二郎门上首转折而下，预备落水停息，奈近日江流急湍，南风猛烈，该机于将抵水面之际，猝然颠覆，轰然一声，该机已如蜻蜓点水，跌堕江中，随流而下，约十余里。当经美孚汽船及海关钞划驶往救援，始得将该机拉拢岸旁。机件翼身，均有损伤，幸机师二人，一华人一美人，均告无恙。乘客只有一人，名王克明，系宜昌明诚公司经理，由汉赴宜，其前额受有外伤，门齿亦经折落，由舱中升出后，即施以急救，并送入医院治疗，据闻性命可保无虞。至该飞机之失事，原因何在，须经调查研究后，始行报告。（二十六日）

（《申报》1931 年 6 月 29 日）

荆沙防务极巩固

中央社汉口二十九日电　郭勋接防荆沙后，防务配备极周密，普济观郝穴万城一带，均派队驻防，严密清乡，荆沙水陆治安尤巩固。

（《中央日报》1931 年 6 月 30 日）

湖北各县水灾概况（续）

（前略）

石首　该县共分五区，东北两区，概未播种，业已被水冲溃者，计有顾兴永巩合兴护堤张惠泉南六合等垸，余如中西南三区，只高阜城市及少数屋宇，尚可目睹，其作田地方，均成泽国。综计被灾概况，已损去十分之六七。（赈济办法）暂拨赈米六百石，并电急赈会设法赈济。

（中略）

江陵　该县入夏以来，阴雨连绵，底水甚大。后复大雨兼旬，平地水深数尺，益以大江内湖，同时盛涨，岑河口等处一带，尽成泽国。又因外受潜江天井剅等处溃口影响，外冲内溃，秋收无望。龙湾一泛为最，捕沙郝虎各泛次之。总计全县受灾区域，已占三分之二。（赈济办法）暂拨赈米二百石，并电急赈会设法赈济。

（《申报》1931 年 9 月 1 日）

1932 年

利源通棉花号歇业启事

本号经营花纱生意，自民国十年开业至今，信用昭著。现经各股东协议决定，于去年十一月底宣告停歇。凡属对内对外一切手续办理完竣，惟小股份于歇业时已分去现款，故将来债款收得，无论有据无据，与小股份无涉。其有沙汉申各地债务人欠款，业已着令书出票据，分期偿还，由各股东分别负责追收。其未立票据者，公议暂作保留，由各股东随时催讨。所用印信，当众毁销，以杜流弊。此后如有假冒利源通名义在外招摇者，概不生效。诚恐市面不明，真相致受朦蔽，除登《沙市日报》及汉口《武汉日报》声明外，特登《申报》通告，尚祈公鉴为祷。

（《申报》1932 年 1 月 12 日）

日侨离沙市

南京九日电　某军事机关九日接宜昌电称，沙市日领率日侨百余已抵宜，即东下。又汉电，日侨妇孺业分批回国。日来日方军事设备已布置就绪，企图异动，形势严重。

（《时报》1932 年 2 月 10 日）

沙市日侨困境

汉口　驻汉日海军司令管沼，十四晚乘信阳丸东下，日侨八十余随行。沙市一带日侨，亦因生计断绝，纷纷返国。（十五日专电）

（《申报》1932 年 2 月 16 日）

川军开抵荆沙

重庆　刘湘部援沪军开始出发东下，由师长王陵基统率指挥，业抵荆沙。刘以司令长官名义，严电饬刘文辉、邓锡侯、田颂尧，迅将抽编援沪精锐，刻日输送并行，以便集中鄂东待命。渝各界十日集合三万余人，断指血书，向刘湘请愿，以省方将领，借词推宕，延不出兵，请刘飞电督责，并迳报中央惩处。（十二日专电）

（《申报》1932 年 3 月 15 日）

何成濬今日赴沙市

北平　何成濬电平称，定十五赴沙市劳军，一周内可返汉。（十四日专电）

汉口　王陵基十四飞抵沙市，何成濬拟十六偕朱传经、邱甲、蔡继伦等飞沙，朱将任驻沙联络参谋。（十四日专电）

（《申报》1932 年 7 月 15 日）

近十年沙市棉花出口统计

沙市为鄂西重要口岸，鄂西各区棉产，（美种棉为最多）都由沙市出口。农民鉴于去路活泼，利息又较其它农产品为厚，故近年来播种棉田日渐推广。所惜产区农民，不堪匪扰，致秋收时届，产量反较以前为寡，于是出口数量，亦随之下降。此外农民之狃于搀假积习，不肯选种，亦为退化原因。至二十年底则洪水为灾，鄂省特重，全省六十九县，罹灾几遍四十五县，棉产方面更受一大打击矣。兹据海关报告，沙市近十年出口棉花数量，分列如下：

年别	出口数量	年别	出口数量
民国十年	一一，○○○担	十五年	六五二，○五二担
十一年	三七，○○○担	十六年	四七四，二九二担
十二年	一九○，七七一担	十七年	七○四，四二○担
十三年	二三九，○二六担	十八年	五五八，一六○担
十四年	四五四，○八六担	十九年	三八八，二三三担

（《申报》1932年8月16日）

重庆勒征邮包税　沙市积存大批包裹

南京　交部据东川邮政管理局电呈，因重庆税务处勒征邮包税，现沙市积存邮包一万二千余件，不能通过，请转电各邮局停止寄发川黔各处包裹，交部二十四日再电刘湘，请严令制止，以维国营事业。

（《新闻报》1932年9月25日）

洪湖筹设水上公安局

汉口　陶继侃二十九应朱怀冰召赴洪湖，筹备设水上公安局，朱即赴监利沙市晤王陵基后返省。（二十九日专电）

（《申报》1932年9月30日）

京平汉视察团入洪湖

汉口　中央社特派旅行记者新堤电，京平两视察团，十四日晨偕十军参谋长杨绍东，乘丁号铁甲汽船入洪湖，赴瞿家湾视察。下午四时到达，晚宿峰口，定十六日返新堤，乘轮回汉。（十五日中央电）

汉口　武汉各界视察团，十四日亦已入湖，将经柳家集周老咀至监

利沿途视察，二三日可返汉。(十五日中央社电)

(《申报》1932 年 12 月 16 日)

徐源泉昨由沙市到汉

汉口　徐源泉奉何成濬电召，二十二日下午二时，由沙市乘飞机抵汉，二三日后仍赴沙。十军军部即迁往汉口，将设办事处，武昌设留守处。(二十二日专电)

汉口　徐源泉二十一日在沙市得何成濬返汉电告，特电请航六队派机往迎。二十二日下午二时抵汉，三时许赴绥署谒何，报告鄂中区清乡筑路情形，并请示李延年师驻宜防务，五时许往访蒋鼎文，有所商谈。(二十二日专电)

(《申报》1932 年 12 月 23 日)

1933年

洪湖将设县治

鄂民厅认为必要

汉口　总部令省府，核议洪湖设县，经民厅审核，认为确有设县必要。十八日，将理由五点呈复。（十九日专电）

（《申报》1933年1月20日）

鄂洪湖设立克成县

汉口　洪湖设县一案，经总部及内部，令催鄂省府转饬民厅核议县名及县治地点，闻已定为克成县，县治设洪湖北岸岸螺山，以便控制。（中央社）

（《新闻报》1933年3月19日）

鸿贞轮搁浅肇祸　撞坏其泰船与海关趸船

三北公司鸿贞轮行驶宜昌、沙市、汉口、上海间，此次由汉驶抵沙市。本月十八日上午，船到谷码头附近，因水浅载重，船身即遭搁浅。船主百计设法及打倒车等，均不能脱出浅滩，历经一日一夜之久。嗣由沙市分局特租用大号拖轮一艘，将鸿贞号轮极力拖曳，无如鸿贞轮陷入沙泥甚深，至十九日下午，于江水大涨之际，始由拖轮将其曳救出浅。无如用力过巨，鸿贞轮在拖出浅滩时，将左右附近之其泰轮撞坏，复又撞入沙市海关之趸船上，而将海关趸船撞伤。损害情形，业已调查中，鸿贞轮本身则未有伤坏。

（《申报》1933年3月22日）

制止沙市驻军重征

南京 财部十六日咨驻鄂特派绥靖主任公署，据报：鄂省沙市驻军，印发布告，拟征煤油、洋酒、香烟、棉纱、麦粉、火柴、水泥五种统税货品公益捐，亟应一律严切禁止。除饬令湘鄂皖区统税局就近查明交涉外，请迅饬该管地方驻军，对已完关税或统税之煤油及五种货品，毋得就地重征以维功令而重税政。

（《新闻报》1933 年 5 月 17 日）

何成濬抵沙市

汉口 何成濬二十七日晨乘邮航飞机赴沙市，因风雨中途折回。二十八日晨八时原机西驶，九时四十分安抵沙市。闻徐源泉等均在机场欢迎，何午后接见蒋旅长作均、张司令刚，定二十九日晨出席扩大纪念周，二十九日或三十日返汉。（二十八日中央社电）

（《申报》1933 年 5 月 29 日）

沙宜首先添航

扬子江上游沙市、宜昌，日货已可运往销售。日商在该二埠经营商业者，近亦渐增。日清公司湘江丸、武陵丸等轮，本拟一并出售，今已得总社知照，暂留在扬子江中段行使。昨日该社已经议定，先将上海至沙市宜昌航路恢复，该二埠之分社、货栈、码头等业已派员前往整理，一面向各客家接洽运货。至于开班日期，虽未公布，但不久即将行船矣。

（《申报》1933 年 6 月 14 日）

徐源泉在沙市举行就职典礼

汉口　徐源泉二十日在沙市举行宣誓就职典礼，何成濬、史延程代表蒋及行政监誓。湘鄂边总部二十即正式成立，分设八大处，暂驻沙市，必要时移至前方，或在恩施设行署。何史两监誓员二十同乘飞机返汉。(二十日专电)

(《申报》1933 年 7 月 21 日)

沙市新绿豆开四元六

昨市外间传有窑湾新绿豆上市，此种传闻，实属无稽。照业中人云，窑湾出品，须待二旬后方可见新，前所到之沙市新豆，昨售开八十包，价做四元六角，由汕头帮办去。陈绿豆市尚不易看挫，因其底薄，而去路尚接。昨小吕宋帮采办临淮□明绿百余包，价开五元二，本街间津张家口高明绿二百包，价七元八角七及七元六角七。

(《申报》1933 年 7 月 28 日)

沙市新绿豆滞销

昨市新绿豆共抵沙市货一百余包，湖南货二百二十余包，在此胃滞之候，沙市之明夹毛绿竟难走销。惟湖南之全毛绿幸有厦门帮去路，但市比前售之头盘，见跌二角，计开五元，办去九十包，四元九角之价开去一百余包。

(《申报》1933 年 8 月 1 日)

沙市日领署将恢复

东京　久已停闭之沙市领事馆，因中日关系转佳，有复行设置必要，故不久即将恢复。外务省书记生田中重藏，定三十日由横滨出发来华。(二十九日电通电)

(《申报》1933 年 9 月 30 日)

沙市日领馆再开

日联社一日汉口电　自上海事变以后久经闭锁之沙市日本领事馆，订于二日由田中书记代理领事到埠开馆，查其闭歇日期，已经一年又八月矣。至重庆日领，目下尚在考虑中，而成都与郑州，暂时尚无开馆模样云。

(《新闻报》1933 年 10 月 2 日)

三北上江轮鸿利搁浅监利

三北公司自清浦轮失事后，继之以万象肇祸、衡山撞船，今长江上游轮鸿利号，又在监利突告搁浅，可谓不幸之事，层迭而来，亟将情形分志如下。

监利搁浅。近日扬子江上游水势，退落甚速，城陵矶一带，只有零寸水尺，船行非常困难。在过去一周前，各公司之长沙班轮，多在该地被阻，此次三北公司鸿利轮，由湖南长沙开出，驶回上海。本月二十七日上午，至监利江面，突因江水锐退而遭搁浅。当时沙市三北分局得到消息，即设法派船拖救。

鸿贞损叶。在湖南长沙一路内，三北共有四船行驶，鸿利搁浅之后，沙市分局以鸿贞适在上江，原拟派往施救，讵意鸿贞轮之机叶，又告损坏，一时不能开到监利。故拖曳鸿利一事，只可另派他船。沙市分局已电告上海总局。

鸿亨往救。该局之鸿亨号轮，现正由下水上驶赴湘。沙市分局业令该轮开赴监利，设法拖曳鸿利出浅，现正在进行救护中。详情尚待续电报告。又该局之衡山号轮在镇江撞沉沙船一案，归镇江海关办理，须俟衡山返沪，询明船主之后，方可明悉。此事内容，衡山轮搁浅在南京江岸者，经拖出，现正在装货，即日便可开申。

（《申报》1933 年 12 月 29 日）

1934 年

查获冒牌无敌牌蝶霜　荆沙民众抗日会报告

家庭工业社无敌牌蝶霜，每年销数超出舶来品之上，以致启肖小之觊觎，该社于月初接到荆沙民众抗日会密报，谓武汉一带发现伪造蝶霜甚多，并附发售及经销店号等。该社当即派员赴汉具呈公安局，派警同至黄陂街华生公司查出伪造无敌牌商标之蝶霜四十四打又无敌牌牙粉五百七十二包及蝶霜说明书八千张账簿十四本巾折一扣，该店主徐贡忱闻风先遁，当将其弟瑞林带局，询问直认私造冒牌不讳，并供出该项商标牙粉袋说明书等，系由汉口李志大印刷所承印，将店主李某带局又代蝴蝶霜纸盒之王同兴纸盒店，亦已证实即将店伙项志久拘获，一并解送法院按律严惩。其经销此项冒牌货品者亦有二三十家，现正在追究中。

（《新闻报》1934 年 1 月 1 日）

沙市、宜昌商会电请财部免增盐税

全国商会联合会，因据湖北宜昌县商会、沙市商会、安徽无为县襄安镇商会等，电函吁请免增盐税，以维民食。昨特代电财政部云：（衔略）顷准湖北宜昌县商会、沙市商会，安徽无为县襄安镇商会电函略开，财部世电。元月一日起，各盐完税改用新衡器，按旧秤每担暂增二十七斤征收，无异每担加税二元九角余。查鄂西各盐附税，财部已于去年每担增加一元五角，迭由鄂西人民公举代表，赴京请愿。既未蒙收回成命，又未蒙减少分毫，此次改用新衡器，每担可增加至二元九角之多，实属民不堪命，纷纷环请吁免前来。除分电省商联会外，特代电达贵会，务恳向部力争，以维民食，无任盼祷等由，准此。理合电呈钧部察核。恳准俯念民艰，免予增加，至为祷切。全国商联合会主席林康侯叩。养印。

(《申报》1934 年 1 月 23 日)

川康考察团到达重庆经过

由沙市西上行程，历尽峡滩的艰危

一月二十六日晨，舟发宜昌，历西陵峡，而至崆舱，此地水底暗礁甚多，舟行迂回曲折以避之，最险恶处，才可容一船。领江者小心翼翼以从事，若稍一不慎，即有覆舟之险。继至新滩，水力奇急，约在每小时十五哩以上，此种天然水力，本可利用之以发生电力，今乃为行舟之阻碍。若船中发动机力不能胜过水力，必须倩岸傍居民以巨索牵引而上。居民视此项绞滩酬劳费为唯一收入，不知其他。故此种天赋之富源，仅为轮船公司与居民调剂贫富而已。

午后入巫峡，傍晚始尽，舟行其间，随流辗转，去处无门，来源无路，汽笛一声，回音四合。设想古人以扁舟旁崖夜泊，月明之夜，猿鸣水响，自不胜凄凉之感。“巴东三峡巫峡长，猿鸣三转泪沾裳。”此种景地，在当日是诚实的描写，即今乘轮船身历其地，犹觉不能体贴其意。时代不同，感觉自异。傍晚，歇于巫山县，县长马嗣良君来船相晤，得悉该县略况，政治财政与各地皆同，矿藏极富。所产无烟煤，品质虽佳而无销路。巫山有高唐山神女庙，然破庙土山，毫无足观。

二十七日，经瞿塘峡、艳□堆、八阵图、白帝城，雄伟山水，使人兴奋。是晚抵万县，该地依山为市，公□壮丽，石桥跨谷，伟观之至。抵岸时，已昏黑，访桐油业领袖未晤，匆促返舟中，白雾漫江，月光皎洁，猛觉今夕为“一·二八”之前夕，则漫江白雾，入眼疑似战云烟幕矣。

二十八日，经秦良玉之故乡忠县及神话发源地酆都，夜泊汤□石。翌晨，复经涪州而达重庆。自此以后，将深入川省腹地矣。(一月三十日自重庆发)

附国闻社讯　民主轮载沪记者川康考察团，于二十三日下午二时抵沙市，因添加燃煤，有二小时之停泊。记者登岸作走马看花之巡视。该市属江陵县，即三国中关壮缪坐镇之荆州，控楚蜀湘陇之要，为兵家所必争。沙市原为大江涨沙积地，离江陵尚有十五里，因位于江边，居川鄂交通之孔道，市政设施，颇有进步。惟因受农村崩溃之影响，商业甚形萧条。居民以恃长江为生者多，生活简陋。外货在该地之倾销势力甚厚，触目俱见外货广告，国产之日用工业品，殊不多觏。四时许，加煤既毕，拔锚启行。行数十里，以天黑水浅，不敢夜航，便停舟过宵，二十四日晨复行，当日下午六时许抵宜昌。宜昌为出川入鄂之第一关隘，故市面尚见热闹，惟人民之购买力，不见如何强盛。是或亦受农村经济破产之累欤？且外货之倾销，更甚于沙市；而市政之设施，严格而论，较之沙市，似有逊色。民主轮以卸载货物报验关税等手续甚多，二十五日不及启行，二十六日晨始再西行。未几，过平善坝，即入川楚三峡之险地。兹先述三峡之详情如下：由鄂之平善坝至官渡口，总称西陵峡，中有黄牛峡、獭洞滩、崆岭滩、新滩、朱仓峡、牛肝马肺峡、泄滩、石门滩、牛口滩；自官渡口至巫山，总称巫峡，中有母鸡滩、巫山十二峰、金盔峡、银甲峡、将军滩、下马滩、宝子滩；自铁滩至滟□滩，总称瞿唐峡，计为铁滩、黑石滩、风箱峡、石板甲、滟□堆。以上皆为著名险要，其余急流暗礁之处，多不胜计，全恃领江之宏富经验，左右回旋以趋避之。

（《申报》1934 年 2 月 3 日）

交部彻查荆江惨案

南京二十日电　行驶宜沙间之荆江轮，贪载沉没，旅客全溺毙。交部二十日电　汉航局暨已赴汉查案之司长高廷梓，令迅予彻查。

（《时报》1934 年 2 月 21 日）

商联会请核减盐税　财部批饬勉力奉行

全国商会联合会，前为汉口宜昌沙市等县商会，纷请转呈财部核减盐税。昨奉财部处复电暨立法院复函如下：

财部复电　上海全国商会联合会鉴，养宥两代电悉：查改用新衡征税放盐，各省区均须一体实行。至原有税率，每担在十元以上者，已一律减至十元。事关整顿盐务，平均担负。前据宜昌商会等先后电呈前来，业经分别电复知照在案，务仰妥为开导，勉力奉行，以符通案为要。财政部文印。

立法院函。奉院长发下代电一件。为担情转请迅令盐务署，对于盐斤应按新旧衡器，核减征税，以恤民困等由，奉批。代电悉：除交财政委员会备查外，仰迳向该管行政官署呈请可也，等因，除照交外，相应函达查照，此致全国商会联合会。立法院秘书处启。

（《申报》1934 年 2 月 22 日）

沙市之新生活运动

沙市　荆沙新生活运动促进会自成立以来，对于宣传指导各项工作，均积极进行。前为扩大宣传起见，特定十四日在荆沙两地分别举行游艺宣传大会。是日沙市方面参加提灯者达五万余人，在公共体育场集合。鄂湘边区□□总司令徐源泉亲到场，讲演游艺宣传大会意义后，即出发提灯游行。灯光辉煌灿烂夺目，各种含有新生活意义之化装宣传队，亦沿途表演，各界民众参观者万人空巷，同时沙市各中小学校学生亦分别在各剧院化装表演。又荆州方面十四日下午五时亦同时举行提灯大会，到各机关各团体各学校及全体保甲长共万余人，至五时均齐集江陵县保安大队操场，依次排列，出发游行各大街道，学生均高唱新生活运动歌，直至晚十时许始散。（十六日中央社电）

（《申报》1934 年 5 月 17 日）

沙市轮失慎消息

船身未受损坏，损失数额不详

英商太古公司之上海长沙班轮沙市号，在途失慎，已志本报电讯。昨据该行消息，沙市轮之失火，系在从长沙装运货客下水开来上海之际。失火时船方离湖南开出未久，船内消防设备甚周，故火焰未久即行扑灭。起火之舱，货物略有烧毁，旅客则均安全，船身更无损伤。起火原因，刻尚未知。公司虽得有电告，但详情犹未深知，或系装货时工人弃遗卷烟头于舱内而致酿成，亦未可知。损失总数，须俟其到沪后方可得悉，昨日船已过汉，准定八日到上海。

（《申报》1934 年 7 月 6 日）

沙市轮昨抵沪　船主报告失慎经过

水沽货物已在长沙卸下，船身无恙明日照常驶湘

英商太古公司上海长沙线沙市轮，于本月三日驶至长沙附近江面，货舱所装之棉纱布匹部突告失慎，幸该轮救火设备俱全，当经扑灭，受水渍之货，当在长沙卸下，船身毫无损坏，照常驶沪，及至昨日上午十一时抵沪，停泊浦东公司码头。船主将失慎经过报告沪公司大班，虽即扑灭，但货物受水渍者甚多，损失颇重，俟货卸后，定十日照常由沪开长沙。

（《申报》1934 年 7 月 9 日）

沙市国展延期闭幕

汉口　沙市国货流展会，自六月廿六日开幕以来，情形极为热烈。运往货品，发售一空，拟续运二批西上。故闭幕延至八月五日，宜昌国

展改定十五日开幕。(二日中央社电)

(《申报》1934年8月3日)

会勘洪湖县治区域

淮人将立争县土完整

清江浦　南昌行营委员张景熙等，十九日偕淮阴县长往勘洪湖新立县治区域，除划淮阴老子山外，将再划一区武墩二区顺河集等。淮人以割裂太多，拟即力争县土完整。

(《新闻报》1934年9月21日)

沙市水退两航轮搁浅

永升轮在拖救中，云龙轮已将浸水

长江沙市附近，刻以冬期退水关系，其水位异常低落，往来该处之轮艘，偶一不慎，便即搁浅其处，故前昨两日间，曾有永升、云龙等轮，在该处搁浅，兹志于次。

永升，永安公司之永升轮船，计一千吨级，本月十一日间，由沪载运大批货品，开赴汉口、沙市，讵于前日抵监利附近之观音阁，以行驶不慎，遽告搁浅，当雇由附近轮驳拖救，奈亦无效。昨该轮公司，另雇请三北公司，电令鸿利轮船就近驰往救助，大致轮到后，先将船内货品，设法驳卸，再行将船拖救出浅。

云龙，上海恒安公司，所属之云龙轮船，载重约一千二百吨级，目前由沙市载连大批货品来汉，乃行不数海里，以水势浅落，即搁浅其处，一时水流过急，致船底吃着泥沙太甚，一时几无出险希望，闻舱底间并因猛力搁浅，致遭破损，现时并有侵水之患云。该公司现正设法雇拖轮，驰往救助，以期安全出险云。

(《新闻报》1934年10月20日)

沙市米粮解禁　电催上海放船往装

沙市当局　徇当地商会及各界电求，解除禁米出境令，业经允可，自十月二十一日起，可以装运出境。苏浙赣皖各米商，已得到电告，纷向沙市采运。刻下已有大批购定成交，候轮装运。昨日本埠各轮公司，得到沙市急电，略谓：禁米出境令解除后，沙市待运之米甚伙，洋商轮已纷往揽装，要求上海华商各轮公司，迅速调派大批铁驳及一千吨级吃水较浅江轮赴沙，装运大宗米粮来沪。现招商三北等公司，已各在准备派船往载矣。惟沙市当扬子江上流退水之际，在城陵矶监利一段，水势最小，轮行困难，如此次永安公司永升轮重载，在监利附近搁浅，刻正在驳货拖救中。永升轮吃水较深，不合于长江中段行驶。枯水期内，野旗轮搁阻上江，乃常有事也。据该公司言，船身并无损伤云。昨据航界信息，第一批沙市米，在本月底可到上海。

（《申报》1934 年 10 月 21 日）

1935 年

律师公会电请惩戒侮辱律师之法官

为沙市尹作肓而发

上海律师公会昨电司法行政部文云：南京司法行政部钧鉴，案准湖北沙市律师公会代电，以沙市地方法院推事尹作肓，于审理胡钧侯自诉刘启泉侵占一案，对于自诉人之代理律师游锦章之陈述，恼羞成怒，当庭斥骂游律师“是什么东西，不配当律师，与我滚蛋”等种种不堪入耳之污言。骂后，又将游律师私禁于法警室，滥用权威，侮辱律师，请一致主张公道等由到会，查律师系依法执行职务，其代理当事人所为之陈述，亦系其职务以内之义务。推事维持法庭秩序，然亦不能当庭斥骂，更擅行私禁，其为滥用职权，蹂躏律师制度，无可为讳。若不予以惩戒，律师制度之前途，将何以堪！经属会一八九次执监委员联席会议议决，应电请钧部，将该推事尹作肓交付惩戒在案。为此电请钧部鉴核施行。上海律师公会叩元。

（《申报》1935 年 2 月 14 日）

沙市商会电请放款救济市面

南京　鄂沙市商会十七日电院部：市面金融，一蹶不振，恳援照京沪成例，放款救济，以维商艰。（十八日专电）

（《申报》1935 年 4 月 19 日）

汉渝线特班机不停落沙市

上海邮政管理局通告，略谓中国航空公司自四月十日起开行京渝航空特班，飞经九江、汉口、宜昌及万县等地，曾由第一一六号通告通知在案，兹准中国航空公司函开，自四月十日起，每星期三四飞行京渝特班，其间□沪汉段普通航班，仍照常飞行，至同日之汉渝段，即以特班机代替，不停落沙市云。

（《时报》1935 年 5 月 11 日）

日第三舰队司令百武赴沙市

中央社汉口二十八日电　日外遣第三舰队海军司令百武，二十八日上午八时，由汉乘浦方座舰赴沙市视察侨务。抵沙后，即换中保津舰西上赴宜昌、重庆，再折返长沙视察，约六月十四日可视察完毕返汉云。

（《中央日报》1935 年 5 月 29 日）

鄂高法院在沙市等地增设四分院两地院

汉口　鄂高法院遵令七月一日实行三级三审制，决增设恩施、沙市、郧县、黄冈四分院，及恩施、郧县两地院，人选二十日发表，一日分别成立。(二十日专电)

（《申报》1935 年 6 月 21 日）

上游决堤　沙市被淹

汉口通信　本年入夏以来，此间因雨量过多，致江襄并涨。最近旬日内，涨势尤猛。现在汉江水位，深达四十六尺九寸，距特别严重时期，仅差一尺一寸。而上游水势仍在续涨，形势紧张，迨不下于二十年大水灾之前夕。武昌方面，王惠桥附近之白沙洲，因江水内灌，沟渠积水，无处容泄。四日，完全被淹，东西六七里，均成泽国。该地为贫民聚居之处，有弃家逃亡者，有避水屋顶者，灾民极众，哭声震天，令人目不忍睹，耳不忍闻。最关重要之武惠堤，自青山至白浒山，长三十余里，二十年大水，全部崩溃。后经全国经济委员会拨款二十万元修复。因堤身过长，滑坡不及三分之一，且土质多沙，颇不坚固，经江河工程局、省会防水委员会，派员履勘，发现漏洞及危险处所甚多，正以全力抢救。讵该堤尚未脱险，而青山樊口各堤又危，筷子街江堤穿洞，均岌岌可危。汉口方面，昨日江水，尚仅平岸，今（五日）日沿江人行道多上水，深寸许或数寸不等，下水道因水倒灌，正用水车及抽水机车放，闭塞水道。沿江士敏土堤闸门，多上闸板，筑泥防堵。为汉市保障之张公堤，自晒甲山至姑嫂树一段，亦有危险，市上人心惊惶，迁徙者极多。上游各地，水势仍有增涨，沙市江水上岸，河街被淹，关系天潜八县赋命之车湾干堤，决口数丈，损失当不在少。下游鄂赣皖三省共有之马华堤，亦危险异常。综观上下游形势，殊未可乐观也。（五日）

（《申报》1935 年 7 月 7 日）

江汉工程局长赴鄂西视察　公安超过民廿大水记录

（前略）汉口六日中央社电　长江水位日来续有增涨，渐呈险象，但因当局之努力防护抢救，幸未出险。汉江日来水已与堤平，汉市特二区一带地势极低，下水道已实行堵塞，自六日起开始抽水工作，搁水坝闸已开始用黄土堵塞。兹将各方所得防水消息，并志于次，江汉工程局长杨思廉，前赴鄂西视察堤防，五日电省府，报告视察下车湾蒋家脑情形，略谓荆江水势其恶，水将出堤，堤身发现漏洞，幸抢护得力，未出险。并商同监利县长征工加高沿江干堤，使高于水面三公尺。又电谓，四日晚到新堤，见水位与二十年大水仅低尺许。监利县长五日电省府报告，谓三日水位已与二十年洪水位等。公安县长五日电省府，谓属县水位已超过二十年洪水位一尺，且续涨不已，如再增一尺，即无法救济矣。又张群在沪，对防汛事宜，极为轸念，特电属省府秘书孙畿伊电告水情，并闻张已进京，兼程返鄂主持防汛事宜。

（《时报》1935 年 7 月 7 日）

荆江险象环生

南京七日电　经委会七日接江汉工程局两电告急。一、顷接荆江堤工局长徐国瑞六日电称，万李两分局江水较二十年高七公寸，沙市高四公寸，发马郝金施五分局高六公寸。凡在大堤外垸堤已全溃溢，沙市正由军政机关全力抢护，其余各分局发生险象者已达四十余处，尤以金施两分局最为吃紧，亦在昼夜抢护中。继据第四工务所主任章锡绶鱼（六日）电称，江水继续增涨，已较二十年洪水位高出一尺，各段均告危急，非人力可制，现正严密巡视，设法抢救。二、顷据襄阳电称，襄河水位五六两日共骤涨五公尺三，又据报重庆复涨一丈有余，宜昌尚在大雨，荆江水位已逾民二十年之洪水位六七寸，水势如此继续增涨，情形实属异常严重。截至本日止，所有江汉各堤幸无发生何等事故，各工务所正在拼命抢护，但若再猛涨，前途实难预测，除分电各所各段昼夜尽力抢救，毋得稍懈外，仅电奉闻。

（《时报》1935 年 7 月 8 日）

江陵大堤决口　沙市浸入水中

汉口七日电　沙市上游七十余里江陵县管之阴湘吴家大堤溃口。六日上午四时即漫延至荆州附郭一带，田庐多被漂流。午后一刻，则由便河灌入沙市，乡民骤遭水患，扶老携幼，悲惨情形，目不忍睹，现仅沙市沿堤及中心街道尚未波及，其后街稍低者均浸水中，而水犹继涨不已，徐源泉刻正督饬军民加紧抢固江堤。

（《时报》1935 年 7 月 8 日）

徐源泉电京报告沙市洪水灾象惨重

荆州一带田庐漂流数十里尽成泽国，马华堤近因江潮狂涨突坍四十余丈，武汉涨势虽稍杀，但前途仍未许乐观，豫西山洪暴发洛河桥被冲毁。

南京　徐源泉九日电京报告，荆州沙市两埠已被水浸。荆江干堤日来因淫雨迭降，历三四日不止，致江流升涨，洪水回溢，日凡四五尺，本日据报，已臻二十年最高水位相等，离最高堤面仅一尺有奇，堤外居民悉遭灭顶，堤内街市积水成渠，人民奔走呼号，诚有岌岌不可终日之势，刻正派两团士兵会同地方人士抢险，并将堤身一律加高五尺。沙市江堤，淫雨连朝，洪水暴涨。本日据报，沙市上游七十余里江陵县管阴湘吴家大堤溃口，水势汹涌，头高数丈，午前四时即漫延至荆州，将西北门浸没，附郭一带田庐多被漂流，城内官民亦岌岌可危，交通忽然中断，迄今驻城特务团仍在极力抢护。午后一时，则由便河灌入沙市，直冲横溢，沙市附近数十里尽成泽国。乡民骤遭水患，先后来汴避难者，扶老携幼，号哭在途，悲惨情形，目不忍睹，现在仅存沙市沿堤及中心街道，其后街稍低者在浸水中，水犹继涨不已，刻正督饬军警加紧抢固江堤，以冀保全市面。

汉口　徐源泉之参谋长杨绍东，七日由沙市电何成濬云，七日晨江水超廿年洪水位一尺，危险已极，因军队疲劳过甚，集市民两千帮同培高江堤，上游万城大堤得胜台受吴家堤决口影响浸水，正抢护中。午后水势稍定，荆州特务团仍在分途抢救中，遵钧旨力救灾黎云。

（《新闻报》1935 年 7 月 10 日）

张学良由沙市沿江视察水灾

汉口　张学良由沙市沿江视察水灾，返汉后以灾情严重，灾区不仅一省，决即发起救济运动，扩大赈灾范围。前定计划已变更，即由行营成立赈灾总会，统筹全局，各受灾省份，由省府组织省赈灾会，负责进行，鄂赈会已在筹备中。行营十日派飞机飞江陵、沙市、黄富、鄂城、汉川、沔阳、天门、潜江一带散发布告。今地方长官督率民众抢险，部队应自动协助，并妥维秩序，不得因循。省府十日电行营中赈会经委会，请急赈灾民，并电张群，在京就近请命。(十日专电)

(《申报》1935 年 7 月 11 日)

沙市传溃堤说不确

汉口　沙市有线电七八九三日不通，此间盛传沙市昨夜溃堤进水，顷接沙市航空公司无线电，谓沙市堤加高，水渐退，溃堤说不确。江汉工程局接驻沙市堤工局八日无线电，谓六日夜涨水三尺，危险万状，赖十军特务团浙保安团官民抢救得力，未遭漫溃。

中央社九日汉口电　何成濬九日接徐源泉自沙市发来急电报告，略谓沙市水灾奇重，抢险固不容缓，救灾之举，更为迫切，恳请转饬各界，派员赴沙市颁发急赈。何接电后，当即据情电呈蒋委员长鉴核，并恳请予转电行政院及赈务会，速谋整个救济方案，同时并一面电请张学良、张群等，速谋救济。

南京　江汉工程局长杨思廉谈：沙市电报不通两日，汉水上游水势不明，长江湘江上游均退水，岳州微涨，汉口日内水位可望稳定，惟形势仍严重，沿江水门汀防水堤上，决即填黄土，内挡黄贷，上游干堤，除监利决口正抢筑中外，余未溃决，正事加高堤身。

(《新闻报》1935 年 7 月 11 日)

沙市俨如孤岛

汉口十四日路透社电　据昨日抵此之太古公司某船长对路透访员称，沙市晚俨如孤岛，宜昌与沙市之堤岸未溃，但已与外界绝缘。宜昌上游有二村镇完全为水淹没，渠目睹数百人抱破木什物，与淹毙之兽尸同浮沉于水中云。

（《时报》1935年7月15日）

淹没水中之沙市　总堤幸仍无恙

《字林报》沙市通讯云：沙市城现处于水下，城中满集饥民，其命运全依赖绕城总堤之支持力。该堤今仍屹立，但经大水冲荡后不乏罅隙，现已用最后之豆包固之，俾豆受水胀大后，可将罅隙塞填。沙市于七月三日江水陡涨，即有数处被淹，五日六日复大雨倾盆，于是江水更高，荆州城处地较低四面皆水，急闭城门，以防巨流拥入。沙市外人曾雇一舟派勇健者数人往救县长，但因大雨不已，水位渐高，卒难为力。外人与难民数千，均集于总堤斜坡之大推栈，沙市打包厂亦在焉。未几，沙市银行、中国银行支行、交通银行支行等，均以其贵重文据及存款送至该处，但遇难者络绎而至，几无地可容。其地低于水面约十五至二十尺，未几，水忽低落一尺，此必由堤身已有溃裂处所致，旋悉上游与下游均溃裂一处，低地均成泽国，并闻困居荆州城中之县长与人民，均遭其鱼之厄。七日难民来者愈众，盖若辈庐舍皆遭淹没也。今总堤幸仍无恙，但粮食缺乏，庐舍荡然，水中常见浮有树木，及完整之房屋，门窗皆全，恐其中尚有居者在焉。人畜之尸与各种用具，逐流而下，不胜计数，观之令人触目惊心。七日大雨忽止，而翌日大水仍无低落之象，九日城中西妇与诸有力者，皆乘由宜昌过境之芜湖轮船避居下游，外籍男子则仍留此间，是日水始渐低。

（《申报》1935年7月17日）

沙市江水近城头　农村生命财产损失甚巨

沙市十六日路透社电　江水低于城墙仅数寸，倘水势再涨则沙市数万人将遭巨劫。城外江岸水深数尺，低处许多房屋亦被淹没，但外人产业未受重大损害，四乡灾民约四千人，已避居城中。尚有多人亦拟城居，但现为水所阻，沙市四周乡村，荒凉满目，房屋有全毁者，有半毁者，农作物则全部损失矣。

汉口十六日路透社电　宜昌沙市等各埠除灾民拥挤外，一切已复常，惟附近各地仍在水中，农村多被冲毁，生命损失不少。

（《时报》1935 年 7 月 17 日）

许世英抵汉即赴荆沙一带察勘

汉口二十日电　许世英二十日晨抵汉，据谈，下游灾情，再赴湘一行，许当午访张学良、何成濬、张群商谈救灾，张群请一次拨百万济急，并同飞赴灾区视察，尤注重樊城、天门灾情。

乘飞机沿长江勘灾。

汉口二十日电　许世英二十日偕张群等乘飞机沿长江勘灾，沿汉宜路飞行，历经武昌、嘉鱼、监利、石首、荆沙、潜江、天门各处。许返汉谈，所历之地，一片汪洋，田庐尽没，灾民少见，应予急救，放赈多寡，以灾轻重为分别，鄂灾为全国冠，将请中央特别赈救。余□二十一日赴湘，二十二日返汉，即转京，中止赴襄樊。

刘苗谈话　记者往谒时，刘主席苗监察使谈，皖省此次江水暴发，对沿江堤防曾经一再督促，并巡察两次，加紧地方保护能力，减轻灾情，故目前在洪流泛滥中，务使在减免二字上努力俾能得庆安澜。省府对当前各被灾区，已拟定先拨十万元农贷，未溃决之圩堤，则补助其工料，总期官民一致合作，俾能渡过此重难关。然照目前观察，皖省防汛工作，颇称努力，此后如无疾风暴雨，年成可望丰收，故前途颇觉乐观。旋苗监察使并谓皖赣两省被水灾区，将俟水势大定后，当据本人视察所得及按照各方报告，呈报监察院核议。谈至此，适江安轮船已由下游驶抵芜埠，刘苗等乃相偕前往招商码头，登轮晤许世英氏，商谈皖灾救济办法。关于救济原则，则以时间仓促，故刘等乃偕许氏同乘江安轮遄返安庆，以便在轮次作长时间之商谈，然后按照商得原则施行。

许世英谈　许氏在轮次语记者云：本年长江黄河相继成灾，情况之惨重，睹诸中振会连日接到各方之请赈交电，已可概见。处此连年灾侵之后，诚属灾上加灾，中赈会对救灾乃份内职责，此次奉中央命出巡视察，先至长江流域，计由上海启程，经历□皖赣鄂湘，以抵长沙，行期预定两星期，必要时尚须赴宜昌沙市一行。至救灾准备金，中央已规定二百万元，此款即可动支，但按照救灾准备法所规定，救灾以地方为主，中央系立于补助地位。今此行即为与各地方当局筹商整个办法，而筹整个振济，此刻当以急振□先，其他工振农振等项则再定步骤且此次慈善团体洽商，将于日内先成立水灾养振会，扩大振济能力，以解灾民倒悬。惟黄河本年水灾，比较长江尤重，故本人预定在两星期察视长江流域后，尚须再赴黄河一带视察云云。江安轮于昨晚十时起碇，许刘苗等离芜上驶前往安庆，许氏再继赴上游视察。

（《时报》1935 年 7 月 21 日）

沙市水漫一瞥

江陵、沙市，地处鄂西，素称天饶，向有“小汉口”之称，地势低洼，形如锅式。俗语有云：“荆沙不怕刀兵动，只怕南柯一梦中。”谈水色变，人具戒心。盖荆沙一带，频年丰衣足食，不患水漫者，全恃一荆江大堤，故该处人民视此堤为不啻逾于生命财产。换言之，荆沙人民均依堤为存殁。今庚霉汛，连遭大雨，江水陡涨，二日江边马路，水已上岸，而逐日狂风阴雨连绵，至七日水已距堤二尺余，低处如实塔河、二矶头等堤，水已漫上，岌岌可危。幸经警民得力，修筑加高，未得漫溢。届时警讯频起，云堤已决破，一时秩序颇乱，扶老携婴，相偕逃避，有逃堤上躲避者，有狂奔大喊者，惊恐之色，瀰漫全市。后经公安局鸣锣报安，人心稍定，而沙市之危殆，已至最险时期，市上富绅大贾，相率逃避打包厂内，搬箱携箧，触目皆是。八九日水势大落，江干马路退尽，人心遂安，此次水患，沙市一隅，幸得保全。而低洼之处，如便河马路，水及胸膈，四乡荆州草市等地，因上游四十里之阴湘城吴家大堤溃决，水及屋顶，人畜漂流，死亡无算。十日沙市救济水灾委员会成立，从事拯溺及放赈等工作，而一隅之力有限，每感粥少僧多，不及普遍，甚望海内慈善机关及抱拯溺饥之心者，或募集灾款，或运粮放赈，援此灾后孑遗，数万嗷嗷生灵，歌颂再生之德，岂有涯涘耶。(却酬)

(《新闻报》1935 年 7 月 23 日)

鄂江沿岸灾情视察记（四）：石首全县汪洋一片　已成泽国

石首通讯　二十八日离开了塔市驿，沿途没有停留，向着石首县驶去，轮过二圣寺的时候，发现罗城堤溃决的地方，长度约在十数丈，长江的水灌了进去，浸没的农田，不计其数。其余零星小决口，为着水势退落，很明显的能够看得清楚。民众二百余人，正忙着在那里修堵，斤斤伐木，铿然有声，担上提浆，穿梭似的过来过去，堤身的木椿，已□大多数设置配备妥当，劳力的代价，正是保障大家的安全，也是个人的安全。上游的水流，比较湍急，封□助虐，越发使□□岸□□。两点钟船停石首，抛过锚后，视察团的团员们，浩浩荡荡向着石首县出发，县署距离江岸二里之遥，沿着一条长堤，奏着进行的曲子。干堤的外面民垸断续的崩溃了，内面虽说低洼，但是受了堤的保障，安然的存在在那里，近郊地方茶圃农田，毗连栉比，收获的光景，也要在八成以上，回顾堤外的泽园，相映之下，成一个极相反的比例。堤身的干部，栖满不少受灾民众苇芦搭盖的草舍遮不住阳光的逼迫，茶色面孔含蓄着怅惘悲哀。附近还有点滴房屋，受着水的包围，在那里挣扎着。屋的主人，正打点什物，向着县署搬移，作迁址为良之计。一条木排上，堆满破□残柜，更有的人涉水备载，浮渡彼岸，远处缺口，支塔上小桥，暂时维持交通。记者问到一位老太婆，晓得来自三十里外的一个农村，为了大兴垸冲破，遭水驱逐，逃难出来，老泪横弹着道出余痛悲语。到了县署，县长廖树勋，简单把灾情报告一下，县属灾情再附近邻县内，是比较惨重的全县十分之八，已被河泊吞没了。本月三日的时候，起始四、五、六，这几日风雨交加，江水激涨，堤溃的警报，连续传来。首先是江北的顾兴垸，复兴垸崩溃，淹没田亩二十余万，死亡人数二千有余，尸骸漂流，江水变色。同时江南的张惠南垸，亦因告急而致决口，继续着民□干堤或漫或溃，虽说执命抢救，但是也无济于事，降水横流，弥漫了合县。第四区已无干土，灾象严重，三区次之，二区仅下三合垸未倒，余者肃随水逐流了。比较起来，一区较为完整，全县共九十八垸，今仅存只十八之数，想象事实，亦当知其严重程度。据调查灾前后情形，约略如下：一区户口原有一三四八八，人口数目七四三零三，被灾户八七六七，人口四八二九六；二区户口原有九九九六，人口五六四九一，被灾户口，九四九六，人口三三六六六；三区原有户口一二六五七，人口七九九七六，被灾户口一零一二六，人口六三九八一；四区原有户口七二二七，人口三六五五零，被灾户口七二二七，人口三六五五一。灾户百分比为百分之八十五，全县面积一八零零方里，被灾一五三零方里。死亡人数调查：江南方面同人台垸死人共四二五名，牛三三四头，房屋摧毁九零九户。万兴垸死二十三人，房屋六百余户。上三合垸死十四人，牛五头，江北无详细调查，但受灾甚重，人数死亡在两千以上，以上数目系已查报者，但未经查报者尚多，其损失当非此数。此次灾情最不幸者，即本岁春收丰盛，积粮屯集未收，水来突然，未及抢护，已全部被漂流而去，民食问题大感恐慌，塞翁得马，焉知其非祸乎？目下水势已杀，挽救之计决将溃口积极堵筑，疏澈积水，俾便早播秋种，以补万一，而安定人心，并希江汉工程局方面，重修堤防，以保来日之安全也，江北诸垸，连年水旱成灾，奸徒不逞，民生凋敝达于极重，今再蒙重创，将来治安更当严加防范。难民一千五百余人，由县方接来石首，每日施粥供餐，今已分发各地，逃荒湖南者占大多数。省方拨急赈款四千元，业已具领，本日开会讨论分配方案，并成立救灾分会，以策进行。省款支配计划，拟四区一千四百元，二区一千一百元，三区八百元，一区七百元，以灾情轻重而酌量分给，一俟通过，即派员拨发。救灾团方面除施赈救济水千瓶外，并拨给一千五百元急赈，嘱按灾区需要酌加云。该县学田计六七千亩，多在范兴垸外，此次溃崩，全部淹没无存，兴学经费大感措手，为补救计，经县政会议议决，将于未淹田亩加征一成，递补学款，每亩计加一角六分，业已呈请省府，候批示下即可开征。此次溃口情形，溃决堤垸及漫溢为多，挖掘者颇少，陈公西垸、罗城垸、横堤垸三堤相连，横遮中部，前一因水漏成灾，后二地较高，终以水势过猛而成灾。天兴学、大兴学则以公安县方面溃口波及，以致成灾。水位较二十年高二尺，现已退落，化险为夷，现正决口泄水，堵筑溃处云。县内俭朴，僻陋商户多不景气，交通尤为困难，函件迟缓，学校有中山小学一所，尚称完善。监狱与民房合居，殊非善策，规范简陋，斗室□居，拘留囚犯八十余人，光线空气欠佳不啻地狱生活，此点极应改善之。五时返轮驶行，夜停于藕池口。七、二十九寄自石首。

（《益世报》1935 年 8 月 7 日）

江灾区视察记（五）：石首三区被淹灾象惨重

沙市通讯　二十九日晨由藕池口出发，长江□逼近上游，湍急的河流波澜掀起，九时三刻到达陡湖堤。在监利的时候，曾经电令石首县县长，在该地晤面。轮渡停驶在岸边，登岸入镇□着该镇商会会长，才晓得县长未曾莅临，当时由电话通知，约在沙市报告灾情，当时离镇前进，一时十五分安抵沙市，已有该镇商会代表李杰、沈青山伫立码头欢迎，离轮后由驻军十军军部汽车护送到商会，会有负责人员，晓得该县受灾详况。缘县外西北方沮漳河和当阳的水被一道横堤，阴湖城堤，隔断着。为了河水澎湃，四日溃口，计大小三十六决口，下行之当阳保障垸受了影响所及也于五日溃口，约有数处之多。这一处崩决以后，一条荆江干堤，已成众矢之的，终而被冲破崩决了，洪水横流，全县几成泽国，水头直向洪湖入口，县三区全部遭淹，灾象顿趋严重。本岁春苗在田未及收割，随流漂泊，荡然无存，况丁兹伏□未满，秋汛在即的时候，本岁岁收恐无望矣，来春是否能按期种田，亦在两可之间。沙市当堤溃时，望到水头为青色，多方考察，知系内河溃决，但七月七日时，水突变红色，已证明干堤溃决，灾象无救。万城地势较高，万城堤幸经抢救得全，不然全县无干土矣。该区灾民近二千八九百人，当抽调壮丁三百，编队抢险，加入保障堤修筑，预计本日当可断其横流，水之来势甚猛，退落极缓，外江已落丈余，内河不过数尺耳。当最危急之时——七月三、四、五、六、七诸日全县民众在军警长官督率之下，全体动员，八日并由十军杨参谋长联合沙市商户民众组织防水抢救会，日夜与水为敌，渡过险期。在堤抢险者，除民众外，有十军特务营，禁烟督察处巡缉队，公安警士，及联保联合一致，并将工作分配妥实，按步就班，拼命抢救，始获平安渡过。九日抢险会结束，改组荆沙救灾会，施行救灾工作。抢险时期经费方面由商会负责筹措二万元，以济时急，救灾会成立，经费仍无着落，幸由省方拨给五千元，徐源泉军长自动捐助一千元，综数计一万五千元，余者多系商民自动送捐者。救灾工作拟有妥实方案，分执行、监察二部，综领支配之权，对灾民施救之百分比为百元内九十一元完全施诸灾民，其余仅八元之办公费用，是故收效颇著。但仍感经费之不足，一方并防范秋汛，除减少自已经费水落后，一方劝告灾民回家自谋生存，使被浸之田，得获秋收。关于水之善后堵筑溃堤，疏导积水，俾使农田干出，以利秋收。溃堤修筑，堤刷培厚，以求来日之安全，并拟定善后办法七项：一、急赈分配，将按灾区大小轻重，统作预算以施赈。二、秋收问题，灾后民间耕牛多廉价出售，秋收播种，将成问题，刻救灾会方面拟向银行借款，用互助办法调济之。三、积谷问题，丁兹水祸灾年，业已呈请政府将积谷暂拨借民人，一俟丰收补还。四、典当问题，本镇典当资本仅十五万元，刻已用尽，灾情严重，典期三月之议，恐难办到，已由本会电省银行及农民银行商呈省府拨加款项办法。五、防疫问题，设立六施诊所，呈请总会拨发材料以敷所施。六、本镇失业失学之救济，本镇原有纺纱、打包二厂，今岁收歉绝，失业者恐不可以数计。教育方面，县立小学仅一，私立方面，经费困难不足支持，儿童失学更足以惊人额数造成，应妥筹办理，以挽救之。七、冬赈冬防由联系关系，希望总会应防患未然，统筹救济。此七项问题，正提议商讨中，由商会主持人员领导赴各灾民集合处调查。首至贫民工厂，内容灾民百余人，栖居败席衰草上，凄凉万状。次至章华寺，该地原有灾民一千七百余人，一半返籍，一半逃荒，渐次余留五十余人，已迁至中山公园新收容所。再赴台寺坊临堤一带，有零星棚户逃灾堤上，并有划船数支，方运砖瓦来沙，因房屋败颓，折而变卖，计虽下策，惨痛可知。参观碉堡，登而远眺，一片汪洋沮漳河溃，堤垸溃九处，面积纵横九十里，高处已渐露出，低处仍在水中，据谓水头抵沙市。市东中山公园近处全部无存，仅存沙市正街脱险危急已达万分，最高水标约丈余，今已退去，余痕宛然在目，再赴中山公园旁农圃，搭盖难民棚舍，尚未竣工，内已由灾民移人，妇婴老弱居多数，壮丁则罕见，计有三百余人，多来自乡间及外县者。据谓最多时五千余人，分栖各所，每日发粥充饥，小孩则用米糕之属。下午召开救灾会，视察团及各法团参加，由主席韩滨一十军政训处长——报告经过详况，并谓一度发生米潮，七、八两日始获平息，由政训处严厉制止，一方由汉方银行借款一万元，作平粜之举，难关渐渡过云，晚留餐，预定明晨查勘江陵。（七、三十寄自沙市）

（《益世报》1935年8月9日）

鄂省灾区调查报告

灾民死亡达一万四千人，房产牲畜损失数字可惊。

汉口通信　本年鄂省水灾，前经调查统计，灾区达五十县二市，农田被淹，及粮食棉花之损失，均有数字可寻，而其他农产暨房产牲畜，商业损失确数，与成灾后灾民之死亡率，则皆付之阙然。盖灾区辽阔，调查之手续又繁，欲求精确，自非短时期所能竣事也。国立武汉大学前曾组织湖北江河堤工灾情调查团，分途出发。襄河流域，自汉阳至荆门，凡历七县；长江流域，自嘉鱼至宜昌，凡历十有一县，昨已返省，发表调查报告，较前尤详。惟汉口以下，暨宜昌荆门以上各县，则因时间关系，未能前往调查耳。兹志该团报告如下：

（中略）

（五）松滋被淹面积四千三百三十三方里，灾民二十一万九千二百八十人，死亡一千二百一十五人，房产损失六百八十四万元，农业损失四百一十一万九千元，牲畜损失二百九十五万四千四百元；（六）公安被淹面积四千零八十六方里，灾民十八万三千四百二十一人，死亡二千三百五十一人，房产损失六十四万八千三百五十元，农业损失六百四十五万元，牲畜损失四万九千五百三十元；（七）江陵被淹面积一万一千二百八十三方里，灾民三十五万四千七百四十七人，死亡三百七十九人，房产损失三百二十七万六千九百元，农业损失三千二百十二万八千元，牲畜损失七十四万三千八百五十元；（八）石首被淹面积一千五百三十方里，灾民二十万零二千四百九十四人，死亡二千九百四十人，房产损失四十万元，农业损失五百十三万零七百元，牲畜损失二万五千元，其他损失十九万元；（九）监利被淹面积七千六百八十方里，灾民二十五万一千七百五十五人，房产损失一百零三万六千零五十元，农业损失四百七十三万八千二百七十三元，牲畜损失一千五百元。

（后略）

（《申报》1935年10月28日）

两善团办理鄂省冬振
宜昌、沙市冬振暨钟祥查放情形

世界红卍字会、中华东南各会联合总办事处，与仁记路华洋义振会筹办长江振务各节迭志前报。昨闻该会接振务专员李天真、俞稼神两君报告宜沙灾况暨钟祥查放各情形，兹录其报告于后。钟祥振粮，已经运到。第六区面积辽阔，周围百余里多为山湖，灾民住址散漫。本队查放时，渡沙涉水，虽经保甲长领导，亦多不辨东西，失迷路径，曲折纡回，致延时日。王队员等以迷途涉水，陷身淤泥，几遭灭顶。且盗匪遍地，出没无常又值风雨交作，旷野无处藏身，深夜冒雨步行廿余里，始抵龚家集，虽疲惫不堪，仍不避艰险，极为兴奋。现在六区查放完毕，其二九两区，正积极办理。宜昌、沙市灾情惨重，实不亚于钟祥，际此严冬，灾民饥寒交迫，倒毙时闻，原拟支配之振款二万余元，灾区太广，不敷应用，除专员俞稼神于上星期先赴沙宜查勘，拟即派队前往救济外，仍希分向各界呼吁，多筹振款，以资振济等语。红卍字会与华洋义振会接电后，华洋义振会加拨振款四千元，又前后续加振衣二千套。红卍字会亦加拨振款二千元，振衣棉被等二千六百余件，再加德孚洋行捐助阴丹士林及安安色布一千二百块（每块五码），眼药二千五百盒，痢疾散五千包，于本月二十七日分别汇运，以便救济。现仍在继续筹募之中。

（《申报》1935 年 12 月 31 日）

1936 年

培修洪湖大堤定期开工

清江浦二日电　洪泽湖大堤培修工程，工程处已将大批石料由皖境购运工次，现正积极筹划进行，开工期定本月十日。

（《时报》1936 年 2 月 3 日）

中国纺织世界社成立

纺织专家王一鸣君，历任国内各大纱厂要职，垂二十载，自上年交卸湖北沙市纱厂工程师职务后，因目击中国纺织业之衰落，特联合国内纺织界同志，组织中国纺织世界社，发行纺织世界周刊一种，研究纺织业衰落症结之所在，及技术之改进，已得纺织界领袖之赞助，现已积极准备，预定月内可以出版。社址设上海福州路崇让里五号，电话九二〇〇五。

（《申报》1936 年 3 月 10 日）

荆沙一瞥

荆州据长江之上游，为川楚之门户，乃三国时蜀吴互争之地，载诸史籍，班班可考。因其僻处遐方，故国人久已忽之。客冬外子调任适兹土，余亦随宦衙斋，得一游览焉。当我侪赴任之日，正行营迁往宜昌之时，仅有英商之湘和轮及日商之丹阳轮，往来于汉口沙市之间，后决定乘湘和而往。不料大餐间皆为捷足者先得，惟我侪行期已定，不能逗留，只得包定官舱二间，其中肮脏喧哗，不可终日。茶房只知需索酒资，而不愿意招待乘客。厕所位于下层，门前置数统舱乘客之铺位，其臭不可向迩。茶房争相位置私人乘客之铺位，以致互相口角，继以用武，顿使乘客受惊，不知所措。外人视国人如猪狗，以简陋之官舱处中国人，以富丽之大餐间处外国人，界限严明。官舱乘客，不能展其足至大餐间。国人不知自爱，非特不改其恶习，且变本加厉，不啻自认为猪狗，而增其轻侮之心，耻孰甚焉！

第三日傍晚，轮抵沙市，外子与欢迎者相周旋，余即登陆，下榻于大华旅馆，闻为该地旅馆中之巨擘，则见墙壁之间，水痕斑剥，户牖欹斜，已表现出其经过一番水灾浩劫矣。我侪已用晚膳于轮中，到后欢迎者为设接风之宴，不及推辞，只得入席。外子与男宾一席，余与二女宾一席，皆因晚餐未久，饱不思食，余偶忆“朱门酒肉臭，路有冻死骨”之句，更为之怃然不能下咽焉！

所居之室，窗临狭巷，对面为一眼镜玉器店，门前有一卖炊饼之妇人，衣裳垢污，作饼之余，辄以双手抚摸其破污之鞋，少时又授饼与人，观之令人作三日呕。至更深夜阑，饼犹未罄，露冷风寒，为之愁急不置。翌日晨兴，复立窗前小眺，巷中卖菜及卖食物者麕集，皆衣衫褴褛，龌龊不堪，不知新生活运动者亦见之否？晨餐后，即赴衙署接事，乘汽车而往，除沙市有马路数处外，余皆为高低不平之烂泥路，行车既感困难，又觉危险。行至中途，见有警察二名押二乡人，身负牌示而行，闻为违反新生活者，故游街以昭炯戒。入城后，经一狭街，乃江陵最繁盛之街云。车行其中，几无余道，可以行人。少焉，行抵衙署，屋宇轩敞，惟破旧不堪，入其室中，霉气袭人，令人不耐。年来建设之声，甚嚣尘上，行政机关尚复如此，其何以壮观瞻耶？

该地教育幼稚，风气闭塞，海上妇运家，以谋妇女解放自由平等为职志，鄙意以为上海妇女，已得欧风之沾染，自趋解放之途，如能深入内地，功德岂浅鲜哉！

（《申报》1936 年 4 月 14 日）

沙市下游柴码头附近日轮撞损华轮

民生实业公司民贵轮，总吨量为九百八十六吨，船身长一百九十二尺，阔三十尺，深八尺，有台甲三层，马力二千二百四，每小时可行十三海里半，为该公司川河轮中最速最优之一船。今次装货赴重庆，船至汉口，加运货客，并带二号驳上水，行至沙市之下游，其地名曰柴码头江面，民贵正。

（《申报》1936年5月6日）

海关警告　沙市发现暗沙

在三北公司之趸船相近　行驶汉口以上江轮注意

海关为长江中游沙市港，发现暗沙，特警告各行驶汉口以上之各江轮注意云。沙市港发现暗沙警告：在三北公司趸船与海关趸船附近发现暗沙一段，自该各趸船之碇泊线，向外伸出，长约一链，又向上游伸展二链之遥。沙上水之深度，较沙市水位高一·〇九七公尺（三·六英尺）。该暗沙系移动性，航商人等，在沙市各趸船靠泊或离开时，应加意谨慎。该暗沙处，业已安设警船浮标以资识别云。

（《申报》1936年5月19日）

1937 年

鄂沿江廿余县民众反对湘省堵塞洞庭

鄂人生死所关不能不争　联名电请中央立予制止

汉口通信　关于湘省修筑天祐垸，侵占洞庭湖面百分之十三，使江流四口，同被堵塞，曾引起湘鄂两省人民之责难。而鄂省沿江二十余县，尤为生死所关，更难坐以待毙。今日二十余县全体机关法团，联合通电，坚决反对，并电请中央立予制止。原电如下：查湖北地势低洼，长江直贯首尾，沿岸二十余县，以堤为命。自九穴十三口故道不可全复，仅赖现存之藕池、松滋、太平、调弦四口，引水分入洞庭，稍杀澎湃之势。近年洞庭沿边滩地居民，筑堤兴垦，潴水之地渐少，而湖北溃堤之祸渐多……盖上列四口流量洪水时，每秒三七·一〇〇立方公尺，潴于洞庭，汇合九水由城陵机［矶］以入湖北境内之长江，正合禹贡故道。而鄂之二十余县，与湘之安澧南华各属水患，均可稍纾也。乃近闻湘省人民，擅筑藕池口内之河流，以冀占湖为田，不特与废田还湖之策恰相反对，即按之历史现势及国家法律，亦极端违反。禹贡岷山导江东别为沱，又东至于澧，过九江至于东陵，按水自江出为沱澧，即今澧县；九江即洞庭，以九水所汇得名；东陵即今巴陵。现在沱江既淤，而藕池等四口，犹不失往日东分江流以出巴陵之作用。虽水位极高时，于洞庭新淤之田，间有小损，而门口渐高，江水稍降，即不能分流人口，若再筑堤堵塞，则所利者，仅极少之洞庭淤地，而湖北受害，直至二十余县之多。此按江流之故道及现在形势之利害轻重，不应堵筑者一。河流为国家所有，不容人民占据变更，故堵塞水道之罪，刑法著有专条，即就民法而论，水流地所有人，亦无自变更其水流，或宽度之权。四口为天然河流，湘省人民何能视为私物？今乃违法塞流，使湖北失洞庭潴水之利，单受湖南全省洪流下注之害。设鄂人效尤，于荆河脑中淤洲，建设支水巨坝，使城陵矶河之水，不能向东北畅流，试问政府是否制裁，湘人能否容许？此按之法律，不能堵筑者二。总之湘鄂两省土地人民，同隶属于国家政府，自应一视同仁，不容湘人以邻为壑，谋私人区区之利，使湖北二十余县之国赋民命，全付波涛。至于四口之如何疏通，废田还湖之如何实施，及荆脑以下之江床如何疏浚，政府谅有成算，兹不赘渎。事关鄂人生死，情势迫切，伏祈鉴核，迅图制止，不胜呼号待命之至。(二月十五)

(《申报》1937 年 2 月 18 日)

湘堵洞庭纠纷扩大

全鄂民众正筹议抗争，监利车湾江堤忽崩溃

汉口通信　关于湘省修建洞庭堤垸，堵塞长江四口一案，前经鄂属沿江各县民众，奋起抗争，省党部及武汉两商会，继起反对，问题遂因以扩大。行政院蒋院长，对此亦甚重视，业经交由全国经济委员会查核办理。现沿江之江陵、监利、天门、沔阳等县民众，推定谢盛戡、傅向荣、沈肇年、张难先等为代表，发起定于三月七日，召集各县旅武汉同乡会代表，开联席会议，商讨应付办法。二月二十七日，发出通启，措词激昂慷慨。原文云："湖北向称泽国，长江横贯其中，沿岸二十余县，以堤为命。自九穴十三口故道，不可全复，仅赖现存之松滋、太平、藕池、调弦四口引水分入洞庭，稍杀澎湃之势。迩来各地任意堵筑支流，与水争地，以致横决屡见，灾患频仍。讵湘人更创堵塞上列四口，已筹款五万元，以备动工，而查阅某水利刊物载李仪祉整理洞庭湖意见书，复谓扬子江水利委员会，有于松滋、太平、藕池、调弦四口，设滚水坝之意。如果成为事实，不仅与蒋委员长废田还湖之旨，大相违反，而洪水泛涨，鄂境沿江之堤，必至溃决不可收拾。行见长江改道，洞庭北徙，江襄合流，鄂人胥葬波涛，利害切肤，万难坐视。兹特商订于三月七日，在武昌荆南中学校集会，筹议妥善应付之法。除呈报湖北省党部、暨省会警察局派员指导外，拟请先行召集贵县旅居武汉同乡，预为商讨，并推举代表，届期同莅荆南中学校会议。事关全省公益，幸勿延误。"

在湘鄂水利问题特别紧张之际，监利车湾江堤忽告崩塌。该堤横阻大江，为监利、沔阳、汉川、嘉鱼、汉阳等县唯一保障，其重要不减于钟祥之遥堤、荆州之万成，历年岁修，糜款甚巨，并经预挽月堤，以防意外。不料近日该堤永兴堆栈屋基处，遭回流冲刷，外岸突形崩溃，连带危及根本干堤。全国经济委员会据报，比令江汉工程局，赶运蛮石，在溃处编笼装抛，以资抢护。讵因河流变迁，永兴栈码头堤段，于复估后，继续崩坐，月余之间，崩穿三十余丈，其距离青果码头，亦受影响，有塌陷形势。现在将崩未崩之堤身，约近四里，危险万状。除江汉工程局局长席德炯、经委会技正汪胡桢、总工程司史笃培等，已往设法抢护外，监利各机关法团，亦正联合与此堤共存亡之七县人士，分途向京鄂政府当局及主持水利机关，一致呼吁，请将抢护遥堤款项提拨十分之三，从速抢险，以保全七县人民生命财产。查此时正值江水奇涸，而关系重大之长江干堤，竟告出险，则其致败原因，在于堤身之培修未固，与工程之疏忽窳陋，而不关水势之浸润激荡。如不从速动工，仍复视同儿戏，则转瞬春水一涨，监沔七县，立成巨灾，无待盛夏大汛也。(二月二十七日)

(《申报》1937 年 3 月 1 日)

湘省侵占洞庭湖案　政院召集会议解决

鄂各县代表会推定请愿团

汉口通信　关于湘省侵占洞庭湖修筑天祐垸，并创议堵筑扬子江之藕池、调弦、松滋、太平四口一案，全鄂人民，经表示反对。但志在侵占者，仍开工赶筑该垸。垸长约百里，范围甚大，每日以万余人工兴筑，堤根已成，高度达一公尺以上。同时太平、藕池、调弦三口，已测量完竣，松滋一口，正在测量中。行政院顷已严令湘省政府，暂饬停止进行，以免纠纷扩大，并定期本月十九日，在京召集内政、财政、实业三部，湘鄂两省政府，全国经济委员会，各派代表举行联席会议，商讨妥善解决办法。鄂省府推省委范熙绩前往出席。盖天祐垸之修筑，与长江四口之堵塞，将使长江改道，洞庭北徙，江襄合流，关系长江流域整个水利问题。不仅湘鄂利害之争，故必须出于慎重也。至鄂省各县旅省同乡会代表，七日午后一时假武昌荆南中学举行代表大会，由沈肇年主席议决数：（一）组设湖北省各县旅省同乡会联合会，假省党部内办公；（二）推举杨锦昱、喻育之、张难先、孔庚、方本仁、谢盛戡、田巨源、傅向荣、常春元、李书城、张筱绪、周遐龄、李博仁、苏道衡、沈肇年、陈东山、陈来伯、曾尚武、梁瑞堂、邓铁汉、陈德谋二十一人组织代表团，定十一日分赴行营、省府、江汉工程局请愿，并推谢盛戡、傅向荣、田巨源、苏道衡、常春元起草请愿文电；（三）筹组湖北水利协会，以代表团各代表为筹备员；（四）推荆江堤工局局长徐国瑞，晋谒行营省府、江汉工程局各当局，陈述利害；（五）代表团办事临时经费，暂由各县代表乐捐。（三月七日）

（《申报》1937 年 3 月 9 日）

沙市纱花棉纱大涨大落

沙市兔起鹘落，局势犹如狂风暴雨。晨初开盘买气浓密，空头惶恐远于极点，大有无纱可买之势，实则标纱总成交数量日日增加，五、六月居一半以上。交易所自今日起又有增加特证消息，各月期均加每包八元。至于现纱情形坚挺，内地布厂以布疋交易奇畅，抛卖布疋之后，只得补进原料，于是□□挺秀，买风尤炽。但市价猛涨之后引起某大户之多额了结，裕大独卖，□面一松，市价直线下泻。五、六月复破六十元关口。本月份之差价有四元三角之巨，惟现纱脚地仍昂云。

裕大多头大批了结。标纱前市开盘，各月一律猛涨，形势异常紧俏，空头恐慌达于极点，大有无纱可买之势，均跳三元以外。实则布疋交易发达，故内地帮对于期纱办买奇畅。讵料二盘以后，因涨势太激，引起获利者出档而回挫，标纱结果各月比上日收盘价均涨一元至一元二角，午后延长至三时开盘。本月市气仍昂，因大阪三品纱复趋上涨五元外，散户扒补尤急。惟裕大多头，据市场传为避免恐吓起见，特来大批了结。头盘六月期出五千五百包，市价涨五角，远期仍未卖出。二盘本月续有出档，迨至三收盘□面一松，散多斩结，五、六月敲破六十元关门。但现纱市价仍高，近期存账仍巨，大户虽来维持，前途之幻变，殊乏把握也。标纱结果本月比上午收盘价跌二元至一元半，拍远八月期回涨九角，尚跌六角。查卖出裕大一万零二百包，同兴二千一百包，吉丰一千一百五十包，大孚三千一百五十包，澄记一千五百包，同孚二千零五十包，聚兴一千三百五十包，大丰一千四百包，合兴一千四百包，申大三千九百五十包，元一三千包，大昌成三千四百包，达记一千三百包，庆大一千六百包。买进信诚八千五百五十包，丰泰二千二百包，锦昌五千五百包，振大一千零五十包，益昶一千四百包，泰兴一千五百五十包，赓丰三千八百五十包，慎记二千一百包，望泰兴二千四百五十包，长丰七千一百五十包，润康一千零五十包，生源一千三百五十包，新华一千二百包。一日间最高低价列左：

标纱	最高价	最低价	收盘价比上日		存账数
五月期	二六三·八	二五九·五	二五九·五	跌一·〇〇	三二三，四〇〇
六月期	二六三·六	二五九·五	二五九·五	〇·五〇	四二一，一五〇
七月期	二六〇·二	二五六·八	二五七·〇	平	二□二，五五〇
八月期	二六〇·〇	二□六·五	二□七·四	涨〇·六〇	四〇，九五〇
总计			一，〇六九，〇五〇		

纱销两千包弱　现纱销路尚佳，查全日各帮买去统计一千九百九十九包，上日成交二千四百九十九包，售价涨二·三元。各帮买额如下：

广东	一六六	南京	一〇	四川	六七〇	同行	三〇
内地	六八五	芜湖	二五	徐州	二四	济南	四〇〇
福州	□	江西	二〇	安庆	□五	合计	一，九九九

（《申报》1937 年 5 月 4 日）

江水暴涨　沙市民堤多溃决

汉口　江水暴涨，与二十四年洪水位相埒，沙市迄新堤、长江干堤外，民堤多溃决，潜江许家场决口百丈，洗刷甚深，堤江人员县长督率民夫抢救中。沔阳、潜江、江陵、石庄四县灾患已成，中赈会派员即来鄂勘灾，水头过汉连涨数尺，江干体育场被淹，以湘水未涨，汉口短期内绝无危险，襄河堤防吃紧。

中央社汉口二十六日电　公安县麻布拐外之护堤垸，二十五日上午八时溃决，麻布拐干堤吃紧，现由公安、石首、监利三县征夫，漏夜抢护。

（《新闻报》1937 年 7 月 27 日）

沙市水头下注　新堤江防吃紧

中央社汉口廿七日电　沙市监利堤防水头下注，新堤吃紧，江汉工程局再派技术人员，驰至新堤协助防汛，沙市蓝田巷廿六日已抢护巩固，水势渐退，地方仍继续征工，以防复涨时之危险。

（《中央日报》1937 年 7 月 28 日）

1938 年

武汉难民实行疏散　蒋何决拨款救济　荆沙等八县收容

本报特讯　平津沪京相继沦陷后，各地难民，纷集武汉，除能自给者外，其赤贫者，竟达两万人。由省市当局，设立救济分支会，及各善堂，各同乡会分别予以收容，供给伙食，以每人每日一角计，每月需费六万余元，供应殊感不敷，更以房屋过少，后来者致无地可容。值此疏散人口之际，巨额难民，亦有移送安全地带之必要。而移送后生活问题复甚重要，蒋委员长因此批准发给救济费五万元，鄂主席何成濬亦决拨五万元，为难民疏散后救济之用，一面饬令交通机关，拨发车辆运送。前日当局召集会议，讨论详细办法，决由省救济分会负责主持，并推定汉口市长吴国桢等，起草《疏散避居武汉难民办法》，已决定十项：

疏散办法

（一）分会就鄂西、鄂北、鄂南各指定若干县增收避居武汉难民，第一期暂指定潜江、石首、公安、松滋、枝江、江陵、宜昌、宜都等八县，先行收容，其收容总数，暂以两万人为度。（二）难民给养规定每人每月三元，由分会按照实送人数，先期汇交各县支会查收，其能设立收容所者，交收容所代办伙食，否则分别代觅住所，将给养费发给难民，自办伙食。（三）由武汉两支会，查询所收难民志愿移居县份，及对移居县份不加选择者，分别报告分会，统筹支配遣送。（四）遣送难民时，由分会按名填发难民证书，交支会转给难民收执，各县凭证收容。（五）难民途中伙食，每日每人规定四角，由武汉两支会先行垫发，报由分会拨还。（六）难民经指定遣送地点后，不得提出异议，或藉故逗留，否则停止收容给养，必要时并勒令出境。（七）遣送甲县难民，如欲移居乙县，须经甲县支会查明乙县有空额时，始得转送。（八）汉口市难民人数较多，由分会派定专员前往支会办理遣送。（九）各县支会，为办理收容难民事宜，得向本省教育人员动员工作服务团各县分团商调团员协助。(十)关于遣送难民所需车船，由分会分向有关交通机关商洽办理。

(后略)

(《申报》1938年1月15日)

疏散武汉难民　荆沙收容

本市消息　武阳两地收容之战区难民，截至前日止，为二〇六九名，分居十三个收容所。此项收容所有五所为非常时期救济委员会经办，二所为红十字会经办、二所为汉阳善堂经办，其它则系华中万国红十字会委托天主堂主办者。难民待遇，大致均系每日给与口粮一角，兹志鄂省府，前日须怖之疏散运送等办法主要内容如左：

疏散办法

(一)疏散武汉难民，暂指定潜江、石首、公安、松滋、枝江、江陵、宜昌、宜都等八县，设法收容，在车船问题无法解决之前，并先指定汉川、嘉鱼、黄陂、孝感、云梦、应城等县以步行方法疏散之。(二)由武汉难民救济两支会，对所收容难民，应即查收具志愿移居县份，对移居县份不加选择者，册报鄂省难民救济分会，酌量分配，并发难民证。(三)难民给养，大口每人每月三元，八岁以下者二元，由救济分会每月按照实送人数，先期汇交各县支会转发，难民在途火食，每人每日规定三角，八岁以下者减半。(四)难民火食，有眷属者可责其自办，其应设所收容者，则由难民推举代表会同收容所办理。(五)难民经指定遣送地点后，不得提出异议或藉故逗留，否则停止收容，必要时并得勒令出境。

运送难民　(一)鄂省运送难民以车船为原则，除乘搭国有及商营之车船外，并得尽量利用航业局及公路处舟车。如车船不敷支配，得斟酌情形，督饬步行。步行路线，以公路干线为主，按县递送，每日行程，暂定为六十里左右，但情势迫切时不在此限。其不能步行之老弱妇孺，应暂设法收容，相机运送。(二)难民途中给养，应由各支会及原收容机关，于起运时计程一次发给。到达目的地后，即由到达县政府负责。惟沿途各县市政府，应妥为照拂保护。（三）遣送难民，每人应发给难民证一份，并由各原收容机关就难民中指定或由难民推定若干沿途照料，并应事先起程日期及难民人数、性别电知到达地县政府，准备给养及宿舍，或分散收容。（四）各县市到境难民，应即分散收容，其应移送安全地点，或遣送回籍者，应由各县市政府或支会将难民人数及其志愿到达地点，呈报难民救济分会。（五）各县长及救济支会，对资遣难民过境及疏散收容，不得藉故拒绝。

（《申报》1938 年 1 月 24 日）

日机空袭汉口、宜昌、沙市

汉口八日电　八日下午二时余，据报有日机三十余架，分两路攻汉，防空部据报，即发紧急警报，防空队严密布防。第一批日机十四架窜入上空时，我高射火器密集射击，日机不敢低飞，在高空投弹数十枚而去。第二批四架，亦均仓皇投弹十数枚逸去。两次投弹，仅震坍民房数间，伤亡市民数人，余无损失。

汉口八日电　八日日机袭武汉时，汉阳方面落弹数枚，黄山附近震坍空屋数间，泗湾街附近有平民一人头部为弹片击中身死，又归元寺附近落二十磅小炸弹一枚，伤香客一人，又宜昌八日电，日机九架八日下午二时十分来袭宜昌，近郊投弹多枚，均落荒地，无何损失。二时十五分始向东北方面飞去。

路透社八日汉口电　今日下午日机十八架分为两队，第一队十四架，第二队四架，由下游飞汉空袭，商业为之停顿，逾一小时。日机轰炸目标，集中于汉口及汉阳之军事机关，武昌则未遭殃及。据华方消息，汉口并无重大损失，惟汉阳及上游沿岸一带，为日机飞离时所经遇者，恐不免稍有伤亡。日机离去汉口之后，尚有轻微之爆炸声可闻，可见上游各地亦遭爆炸。闻今日日机投弹之主要目标，汉口飞行场即居其一，但所遭损害仅场中被炸成小洞数处，在日机尚未远离之时，即由场中工人加以填平，取消警报后半小时，该场已可供飞机平安升降矣。汉口中外人士尚未忘日方拟轰炸居住区之威吓，故一闻空袭警报，即纷纷逃至防空穴中，以策安全。日机在华方高射炮猛烈轰击之下，首至飞行场掷下大批炸弹，继至离该场数里之乡村投弹，当时曾引起燃烧，但其势甚小，数分钟后即自行熄灭。各日机续向上游飞去，旋即不复见其踪影。十分钟后第三队日机三架，出现天空，飞越汉阳外侨居住区，猛施轰炸，今日汉阳落下之炸弹，似较以前所掷者为大。汉口方面，能清楚瞭见其爆裂情形，日机又在汉河上游两里许之兵工厂投弹，汉阳高射炮队，曾猛烈轰击日机，爆炸之日为日机在明朗日光之下第一次来汉，先出现于东北，飞至日光下，颇予高射炮手以便利，日机投弹时，始终在八千尺高度以上。

六安八日电　此闻今日警报五次，仅二时许出现日机四架，由西向南飞去。另息，日机六架于今日上午十时十六分、下午一时五十分、三时二十九分三次在合肥轰炸，首次投弹四枚，二次三枚，末次十四枚，我损失甚微。

路透社八日广州电　今日午后二时此间警报又作，日机三架第二次来袭，初出现于沙面之西，继则绕沙面而飞，约二十分钟之久，旋飞往佛山，投下四弹，损害情形未详。

鄞县八日电　八日十二时半，日机一架，由余姚沿海飞入宁波市空，在高空盘旋侦察，并散发荒谬传单后，即向余姚而去。

路透社八日汉口电　宜昌外人消息，谓今日有日机十一架，向宜昌飞机场掷落炸弹六十枚。又沙市华人消息，沙市今日第一次遭日机袭击，此外其他城邑，恐亦被日机轰炸，因闻日轰炸机三十五架，午后由南京区域之日人新筑飞机场飞出也。华人方面称，汉口汉阳未遭重大损失，汉阳仅死一兵，闻日机一架在汉口东北十五里之夏兴集（译音）被中国飞机所击落，日机在此出现时，适有中国学生五千名左右，在飞行场附近之中山公园内，庆祝与世界和平运动有关之“青年日”。幸日机未向公园投弹，得免于难。学生俟日机飞去后，即列队游行全市，又闻日轰炸机一架，曾在法租界住宅及商业区上空，飞行极低外侨有在火油公司油站观看者，曾目击中日飞机空战，历十分钟之久，据称有日机一架，似已与大队脱离者，为中国驱逐机数架所追击，日机疾向上升，但华机紧随其后，不久即见日机在数里之外，向下降落，旋即不见，于是遍传有日机一架坠地毁裂，惟截至深夜止，尚无切实证实消息，该油站位于汉口下游六里许，华机即候于该处截击日机。

国民新闻社美联广州八日电　德士古火油公司油船数艘，于二月五日在江门附近被日本飞机用机枪扫射，当时有水手一人，受伤甚重，该船等已于今日到达此间，上项消息，即由该船水手传出者。

（《新闻报》1938年2月9日）

疏浚沙市水道需费四万

本市消息　鄂建设厅长石瑛日前出巡至沙洋时，沙市沙洋两商会以两沙内河由沙市便河经长湖至沙洋茶庵，船只无由直达，农商交困，面请石氏设法救济。兹悉该厅以沙市附近及燕家闸桥至沙洋两段水道，历年淤塞，为增进农产，便利运输，自应设法疏浚，预计需款约四万余元，闻高桥至燕家闸一段淤塞部分，即行先行疏浚。

（《申报》1938年3月10日）

疏浚沙市水道经费筹妥

本市消息　沙市沙洋间便河，积年淤塞，水道交通，无由直达，以致农产运输，极感不便。经建设厅规划疏浚以来，现已决定即日从事开工，预计需款三万八千余元，已筹措有着。并为免于影响春耕起见，决定不予征工，而采用包工制。闻已由省府令饬第四区专员邵汉元会同荆门、潜江、江陵各县长切实办理，施工时间约需一月。

（《申报》1938年4月12日）

鄂办纺织

我国轻工业，以纺织为最大生产工业，惟自东南沦为战区，产量日减。该会以手纺手织本为我全国农村副业，而以难民从事，尤较合宜，决意加以提倡。经由该会委员江苏旅外失学失业救济委员会黄任之等拟定试办办法，先就武汉苏籍难民挑选难民一万人，前往鄂西松滋、石首等处，设厂试办。该会第一期拨发救济费十万元，铁木机均已制就一部分，各种适宜之机式，正在研究改良中。经济部农本局亦同时予以赞助。

（《申报》1938 年 6 月 16 日）

救济难民　沙市纱厂捐款五万

本市消息　振济委会常务委员杜月笙经募沙市纱厂救济难民捐款五万元，此项捐款日昨已完全送交振委会，闻该会将呈请行政院对该纱厂热心捐款，予以奖励。又汉口颐中烟草公司全体职工，为拥护抗战建国起见，男工自动将一日所得，女工每口献国币一元，计汉口老厂集得一千五百十四元二角，大智门印刷厂集得一百九十二元六角，桥口分厂集得七百九十八元五角，共计二千五百零五元三角正，作为救国献金，于十七日下午二时公推代表十余人，亲往市政府呈缴。

（《申报》1938 年 7 月 18 日）

汉口沙市间之公路　已被华军毁坏尽净

路透社三十日衡山电　据十月廿五日晨在日军开抵以前离汉而于今日甫达此地之某华人称，汉口与沙市间之公路，已被退出汉口之华军主力队以有系统之方法毁坏尽净，盖欲阻止日军西进也。渠途中曾见十月二十日由汉撤退之人力车夫数千人，偕其眷属分赴内地云。

(《新闻报》1938 年 10 月 31 日)

日军以沙市为目标　分两路扑向应城

重庆　武汉华军虽自动撤退，外围兵力依然雄厚。蒲圻、通山、笼港一带防线，尤形巩固，足为湘北之屏蔽。各方流动部队，正逐步推进，取包围阳新形势，阳新日军，甚感不安。咸宁虽告失陷，日方损失奇重，附近山地，迄今犹在争夺中。至鄂中日军以后侵略计划，闻将以沙市为目标，俾便控制公路，威胁长沙，现正分两路进犯，一路自汉口西进，一路自信阳南下，其先头部队，传已到达应城。华军则在岳阳构筑坚强工事，以备万一，预料决战将在该处发生。(三日电)

重庆　据今日华军机关报《扫荡报》载称，自汉口西进之日军，以沙市为其直接之目标。沙市为湖南西安公路间之要点，日军占据沙市之后，南可由公路而进攻长沙，北可由公路进攻洛阳。汉口日军前锋部队，业已占据距汉口五十里处之应城，现正继续向沙市推进。该报谓自汉口南下之日军约有七团，彼等循粤汉路北段后通至长沙之公路前进。据中央社报告，蒲圻、通山防线以北战事激烈，现因蒲圻后通山两地之防务均极巩固，日军已移至该防线之中段而进攻崇阳。据《华字报》载称，华军方面之专家，现正在洞庭湖口之岳州准备第二道防线，预料该地将发生大战。该线乃准备于蒲圻通山线被击破之后应用者。(美联社三日电)

(后略)

(《申报》1938 年 11 月 4 日)

沙市襄阳一带连日被炸

天门三日电　侵据应城日军，昨有一部骑兵到张家庙，因遭痛击，未敢向皂角市进犯应山、安陆间之骆家店、陈家巷等处集结日军三四千，有继续西犯企图，华军正加拦截，安陆西北四十公里马坪镇，双方相持无变化。

沙市四日电　日机二次于昨日进犯沙市，在江陵投弹数枚，无甚损失，在荆门市区投弹十余枚，民房被毁数十间，死伤平民甚多。

南阳三日电　三日午一时许，日机十九架分批轰炸襄阳、樊城及双满一带，平民死伤甚众。

（《时报》1938 年 11 月 5 日）

汉口以西日军西窥京山沙市

重庆　据此间所接华方消息，汉口以西之日军，现继续向沙市前进，天门东北柳河、龙泉镇之线，刻有激战。京山东南八公里之李家场，亦已发生激战。日军现分二路向京山进兵，一自安陆西进，一自皂市北进。日军曾一度在京山以东某处中伏，伤亡千余人。跨平汉铁路西进之日军，刻仍在随县附近，与华军交战。（快讯社九日电）

（《申报》1938 年 11 月 10 日）

日军拟攻沙市

重庆十日电　昨日此间获悉，向汉口西北及西南推进之日军，已遭遇华军坚强之抵抗；进攻襄阳之日军部队，已于随县附近，为华军所阻；而向汉口之西前进之日军，亦未抵达其目的地天门；星定日军为华军精锐部队袭击，现剧战正在进行中；扬子江日舰之活动，亦无进展。闻日军现拟攻克沙市，再自沙市向湖南省之常德及长沙推进。又江西省省会南昌，现积极建筑各种必要之军事工程，及装置防御之设备，以预防日军之进击。据华方报告，南昌能支持长时期之抵抗云。（海通社）

（《申报》1938 年 11 月 11 日）

新堤残余日军被围攻中

沙市、新堤原有日军陆战队百人登陆，近多撤退，仅有残余日军百余人，现被华军围击中。又城陵矶原泊有日军舰多艘，近因与陆军方面失去联络，纷纷均向汉逸去，仅留小型日舰三艘，停泊该处。（二十六日电）

（《申报》1938 年 11 月 28 日）

沙市安谧

沙市现颇安谧，经营之商业殊微，现已无大军过境。外侨计有商人二及教士若干人，无一离境者。（路透社十三日电）

瑞典教会青年传教士卡尔逊女士，在沙市教会所办难民收容所中，近患痢疾病殁，按：女士来华仅二载。（路透社十三日电）

（《申报》1938 年 12 月 14 日）

1939 年

宜昌、沙市举行献金

宜昌二日电　今日为宜各界献金第二日，公务员、商人、学生以及留宜难民，均热烈输将，多数小贩，亦自动以其一日所得，贡献国家。宜市黄包车夫完全出动，每人自动献金三角，献金台均拥挤异常。且有一部难民于献金台前泣告国人奋起，一般情形，至为悲壮，又沙市方面亦自元旦起举行献金。

（《新闻报》1939 年 1 月 3 日）

沙市元旦献金共达十万余元

宜昌六日电　沙市元旦献金运动，情况热烈，空前未有，结果共达十万零九千四百四十五元二角九分，该款已于五日由沙市中国银行汇交军委会。

（《新闻报》1939 年 1 月 8 日）

沙市首次遭空袭

沙市十日电　十日上午十一时廿分，日机廿六架，经沙市上空，内有二架盘旋两匝后，分别在市区中心中山马路投下二百磅炸弹二枚，炸毁商户民房七栋，美教堂路德会及其锡光小学全部炸毁，并炸毙市民二名，重伤九名，轻伤廿余名，此为抗战以来沙市第一次被炸。

路透社十一日重庆电　此间得讯，近日机轰炸沙市时，该处美教会曾中弹全部炸毁，但因教士皆赴宜昌，故未丧失生命，此讯乃由管理沙市福音路得教会之常德教士传至此间。详情未悉，桂林前遭日机轰炸，毁三分之二，兹悉今晨日机复往轰炸，详情未悉。

（《新闻报》1939 年 1 月 12 日）

国防新前线：沙市动态（荆沙、青年团及献金运动）①

一、武汉撤退后之荆沙

荆沙地居长江中游，为鄂西巨埠，且为武汉后屏，形势之重要，不问可知。商业文化等方面，也相当繁盛。惟自武汉、广州等地相继自动撤退之后，荆沙的形势，便突然的紧张起来，那时候记者正由南漳奉调来荆工作，抵沙后耳闻目瞩，尽是□兵荒马乱的情形，满街上所有的，不是衣甲不全的从前方退下来的溃兵，便是哀号乞讨的难民。沿街摆设的拍卖摊场，更是五花八门，不计其数。墙壁上涂满了找人的小广告，什么“××已去××”，“××来可往××”……诸如此类，叫人看见便会想到了妻离子散，四散逃生的凄惨情况！

这时候，荆沙是在动荡中，假若，×人得武汉后继续逞凶西进的话，那末无疑问的，荆沙是可以垂手而得的。看吧！比较殷实的店铺，不是贴了“本店已迁宜营业”，便是“暂停营业”，统统的都闭门大吉了。留在这里的，却又高抬物价，屯积居奇，有钱的人，当然是早就走了，穷的逃不走的却就苦了，满街满巷都在惊慌与变乱的状态中，又那里谈得上什么“巩卫固守”呢？在这样的情形，如果会延长下半个月的话，那末荆沙一定会变成“无人之墟”的！

武汉过来后，从长沙、衡阳、荆沙以至襄樊，这一线使成了一条国防线，在这条线上，荆沙又为其中心枢纽。可是长沙大火，襄樊狂炸，而居荆沙后方的宜昌，也终日在空袭声中。这一切都足以增加荆沙的慌乱程度。这种“岌岌不可终日”的情形，直到刘超亮先生（军委会别动总队长）兼荆沙警备司令职后方，一步步恢复了过来。

---

① 原标题为：《国防新前线：沙市动态》。

二、青年团的活跃

刘超亮先生就职后即积极从事整顿工作，一面疏散人口做必要时之准备，一面又要安定人心，这是两种矛盾的举动。然而精明的刘司令，是把这两种矛盾调和了，使整个的沙市从危难进到了安定，从安定又转到常态，进而发展繁荣。

建设新沙市的第一步便举行“清洁运动”，动员了沙市所有的力量肃清墙壁，取缔沿街摊贩，驱除野狗猪，统制标语招贴。一礼拜后整个的沙市，使焕然一新了。再加上妥置伤兵难民，市面秩序亦全部恢复了，只有看到新生了的沙市，又那里再找刀兵之象呢？

自肃清市容后，组训工作即形展开，码头工人、打包工人、人力车夫、戏剧界同人都在青年战地服务团的领导下活跃起来了。

荆沙各界后援会青年战地服务团，是在危难期中紧急组合，共集有高中以上男女青年四十余人，别动总队战地服务队的廿几位同志，也参加里面任义务干部工作。由警备部指导处长刘砻潮兼任团长，他们的组织在生活管理方面依年龄性别等区分为三分队，在工作方面则分为编辑、歌咏、漫画、话剧、慰劳、救护、除奸、民运等十组，他们在宣传方面除了分演话剧，张贴标语漫画，更行“因时地别宜”之口头宣传，如遇空袭警报解除时，则讲□防空；遇枪毙汉奸时，即讲述清除汉奸，触目惊心，易收伟效。自沙市由危难□逐渐转入安定后，青年团乃展开实际组训工作，现在分别述之：

码头工会：全沙市卅二码头设一码头总工会，复以地区所在分设四分会，每处派员一人协助办理工友事务，现下共约工友五千余人，以青年团处处以工友利益为前提，故极得工人信仰。码头工人在沙市已团结成一钢铁似的团体矣！

打包工会：打包厂工人数千，前虽有组织，实际上有名无实，自青年团派员整理后，乃复达蓬勃复生。现下并每日行工人训练，女工亦由女团员前往训练，工作极为顺利，工友对训练诚□接受，团员等亦不避繁复，详为讲述，慈母般的爱施于工友，又怎能□得良好成绩呢！

戏剧协会：现下沙市共有戏院七家，自戏剧协会正式成立后乃坚守岗位努力工作，所有淫靡不堪，腐化社会之剧本，现已绝对停演，并定每星期□劳军公演，以全部收入交后援会做劳军之用。此次沙市献金并行献金公演多次，热心救国输捐，这种精神是沙市戏剧界特有的现象。

商业同业公会：□人的经济力量最充足，但他们最没有组织，最缺乏训练，所以他们的力量，一向是不容易发挥出来。现在沙市的各商店，已经分别组织同业公会，计四十余种，今后他们将发出最大的力量，为新沙市谋幸福求改进，为抗战增加新动力。

人力车头工会：沙市的人力车夫现在也组织起来了，他们也有总工会和几个分会，他们将本着“有力出力”的原则，尽自已的劳力来维系交通，间接帮助抗战，要知道劳动群众的力量，是最伟大最神圣的力量呵！

三、献金运动在沙市

献金运动自廿七年十二月廿五日（复兴节）起，至今年元旦日正式献金，在献金的三天过程中，青年战地服务团尽了最大的努力。他们除了努力运用所有工会、同业公会的力量外，更举行街头劝募，不怕路人的白眼，不怕吝啬者的厌恶，他们是在热烈地工作着，从这工作表现了他们的精神毅力，同时代表了革命青年的本色。

商会门前的献金台，三天来无时无刻不在拥挤□闹中，虽然警报频传，但阻不住沙市同胞们热情的奔放。有的是双目失明的瞎丐，有的是沿街乞讨的□儿，有操卖笑生涯的神女，有章华古刹的比丘，前线上退下的战士，医院里休养的伤兵，没有贫富没有地位，他们都在一个信念下把自已的金钱献了出来！码头工人、打包工人、洋车夫等，要是可钦可佩，既出力又出钱，这当不是一般视财如命的大腹贾所可比拟的！

现在献金已是结束了。十一万元的献金开了沙市的空前纪录，这正表示了沙市同胞的热烈慷慨。沙市的十五万市民将是抗战阵营里的一只有力的援车。在记者执笔的时候，恰得到宜昌三日献金共一万七千余元的消息，也忍不住说声：“如此宜昌”了！

四、尾声

蓬勃的生气，□漫了整个的沙市，现在已日趋繁荣，假若有人走过这地方的时候，一定会惊讶地说："想不到会这样安定。"是的，这样近前方的沙市，的确有出人意外的安定和紧张。在生活上他没有丝毫战时状态，然而在工作上却处处是生力，处处在紧张的激进。

看：沙市是在一日千里的活跃着。

（图略）

（《申报》1939 年 1 月 18 日）

日本增军沙市

沙市　白螺矶方面，最近又由岳阳新堤开到日军八九百人，九日向柘木桥（白螺矶西北十余里）炮击，华方守军已严密戒备。洞庭湖日方时用汽艘三五只为一队，在湖西岸上下游动，华守军警戒严密，日军未登岸，又日机不时在华容、监利上空侦察。（九日电）

（《申报》1939 年 2 月 11 日）

沙市战事激烈

沙市　鄂中战事至为激烈，华军各路均积极反攻，颇多斩获。汉宜路华军迫近瓦庙集，三阳店日军五六百，战车二十余，被华军袭击多次，日军伤亡亦巨。仙桃镇之日军，被华歼灭，仙桃镇已告克复。（七日电）

（《申报》1939 年 3 月 9 日）

荆沙青年战地服务团（上）

沙市能于患难中健壮起来，虽然具有客观条件——□人无力进犯，但主观上军政措施之得当，尤其新组成那个极得力的民众服务团体，即荆沙各界抗×后援会青年战地服务团，能以极纯洁的爱国热忱，在内部兢兢业业地做出许多满分的成绩，差不多要占一个主要决定因素的地位。

现值各地民运工作正在开展之际，对于该团组织经过，生活内容，工作成绩各部门，似有加以阐明叙述，以作各地借镜之必要。

该团之成立，恰当武汉撤退后数日，沙市人心惶惶，空气紧张，专靠军警力量来维持，情势已然□乎不许可。抗援会乃决计组织青年战地服务团（沙市已划成战区），开始招生，当有流亡青年踊跃报名，计考取高中以上男女学生××名（女性约占三分之一强）。为要□险环境需要，并拟在工作中去求训练，一经改编成队，即开始实际上的服务工作。

团员待遇：每月津贴国币十元，一切在内。余如团长、团副、指导、秘书、总务、传令各一人，队长三人，共计九人，均与团员同等待遇，一完全义务职。惟此九人官兵伙食，由团长私人解□津贴。此外尚有干事十七人，待遇亦与团员同。以上各员兵，均须在营内经常办事，一律同食，同衣，同宿，同生活，以充分表现平等精神。

该团之成立，与一般民众团体不同。普通民众团体成立，须先有什么法规做组织工作的标准。该团因时间限制，真是随时招生，就随时开始工作，在工作中自求训练，在实践中纠正错误。工作方法亦随时随地而异，初成立时，以安定人心为中心工作。但遇空袭时，于警报解除后，即对民众宣传防空常识，诛除汉奸方法。总之，每对一新问题发生，对民众宣传，仅讲应付方法，而不讲空洞原理。

团长对团员平时训话要点：第一，对于精神方面，以国家至上、民族至上为前提，以军事第一、胜利第一为目标；在一个政府一个领袖下精诚团结，驱逐倭×，复兴中华民族。第二，生活方面，思想政治化、行动军事化、工作科学化、成绩艺术化，推动由下而上，养成自决、自动、各自为战的精神；领导由上而下，以防思想行动与政府法令违悖。总之，生活革命化。

组织：全团设团本部。团员以生活管理方法分成三队，第一队，系年龄较长的男性；第二队，年龄较小的男性；第三队，是不分年龄的女性。各队队长，聘由军事教官当任，另有队附，则由团员中自行选出。

全团工作方法，计分九组：一、话剧，二、监报，三、漫画，四、讲演，五、歌咏，六、慰劳，七、救护，八、除奸，九、民运。每组设组长一人，由团员选任；并有名誉指导一人，指导各组有专门性的工作。每团员可以兼做数组工作，但必须选定一组为主要工作。

该团工作表现，例如壁报组□点：一、自备收音机；二、由警备司令部供给特殊电报及电话——故消息灵通，博得社会好评。

演讲组，曾动员全市民众，做肃奸工作，破获汉奸案数起。实行新生活，推进清洁运动，扫除全市尘埃粪草，并肃清各街壁所贴广告，使市容焕然一新。使用标语并不多，每次仅用三种或一二种。愈义力求单纯、明白、并有时代性、刺戟性，标语如此。□□亦如此。风声鹤唳时，有两家银行预备乔迁他处，经该团派人劝阻，即已打销迁意。

慰劳组，除募集滋养食品，慰劳伤兵而外，并用背心、布鞋、手巾等去慰劳做国防工事的士兵。

救护组对象　除抢救伤兵及难童而外，并救济难民。难民□登记疏散者，共二千三百余人。□身壮丁，送江陵（荆州）县府编组输送队，幼童送保育院，老年送养老院，有特殊技能者，则送湖北旅渝同乡会介绍工作，以增加后方生产。(未完)

（《申报》1939 年 3 月 17 日）

荆沙青年战地服务团（下）

话剧歌咏的演唱，次数更不胜枚举。尝与民运组合作，发动组织民众，先组成码头工人工会，计有会员一千一百余人；其次，打包厂工人工会，有一千三百人；戏剧协会，有四百数十人；以及人力车夫工会、医□协会等等，总计在该团掌握下有组织的民众团体，有卅六个同业工会，共计二万数十人。该团在各大产业迁移内地后，发动献金运动，于短短定期三日内，即能得金十万余元，就是他们能确实掌握群众的一种良好成绩的表现。

该团在发动献金之先，曾分别向各业工会宣传献金意义，并预定全市献金总数十万元。按各会营业的荣枯状况，来□认献多寡的标准。如打包厂工人，认献数为五百元。届期竟超出一千元。中有十五龄的一个女工，将其半年工资，除已用生活费外，尚有贮款十三元，完全献出。戏剧协会认献五百元，俱无期所收演剧捐，未到献时，即超过六百元。一□伶表演名剧，于万头缵仰之际，忽现身说法，提倡献金，除她本人自捐五十外，观众当场又捐献得数百元。其他各业，亦多如此踊跃捐献，故成绩斐然可观。然而，这也是该团发挥“领导由上而下，推动由下而上”的精神，先将军民打成一片，以后才能获得美满结果。

留着于右任式满鳃美髯的该团团长刘砻潮先生，确与团员及传令兵穿着同样质料的军服，佩少将章，威风凛凛，颇有“老将黄忠”之概。其实问及他的“贵庚”，他才卅四岁。前在中山大学当哲学主任教授，入过抗×干部训练班。目前受抗援会委托，领导这般少年从事抗战工作，所以能措□裕如，替荆沙民众力量培植出一朵鲜花来。

团员中有好几个青年，他们都到旅馆里来和我谈过。他们是二十岁上下的青年，大概受了轻佻的雪风的吹嘘，两颊浮放着青春的绯红，尤其态度雍容得像“世代斋□”的子弟，真是文文雅雅的——无怪有个从楼上斜看下来的朋友，还把他们误认成是“女同志”哩。可是他们萃于心，盎于背的真精神，却充分显示着他们已具有一个战士所必具的基本条件：健壮的体魄，坚定的决心□机警。并且，他们曾小试其锋，抓过几个汉奸枪毙了。

我们不早不迟，刚刚幸运生在这个民族复兴大时代的中华儿女们，所谓“八仙过海，各显奇能”，如不赶快各就力量所及：有钱的出钱，有力的出力，有才（计划）的出才，乘机会各去建立殊勋，将更待何时？

（《申报》1938 年 3 月 18 日）

法记者李蒙夫妇抵沙市

沙市　法名记者李蒙夫妇，于十四晨视察襄樊来沙，各界举行盛大欢迎会。席间李氏夫妇对经过各地所得之良好印象，及对目前中国之认识，报告甚详，同时并表示将日人在华暴行及华军人民英勇抗战精神，尽量向国际方面宣传。李氏夫妇定于十五晨乘轮赴长沙。（十四日电）

（《申报》1939年4月16日）

日军犯荆沙失败

南漳通讯　自二月中至三月初，我某集团军张自忠、冯治安两军，与×在襄河东岸钟祥一带作战，经过壮烈。迭予×以重大打击。兹纪情形如次。

×军企图　二月中旬以来，×十六师团长藤江惠辅，于占领天门后，积极在京山皂市一带，陆续增兵，节节西犯，其作战之部队，为十六师团全部，及十九师团的一部，与附属的特种部队，外加上伪蒙军第七路哈童□部，实力约二万五千人。于廿二日分三路向汉宜、京钟两公路及三阳店、襄河左岸之我军阵线，全面进攻。其企图在渡越襄河，直趋荆沙，以绝断我南北交通，威胁南昌，冀无西顾之忧。并由沙跨过大江，进攻湘北，其迷梦不可谓不大。而打破×之迷梦者，为张自忠、冯治安两军。该两军辖师有六，特种部队尚不在内，全体官兵，都是燕赵健儿，实力自不可侮，盖亦抗战中之劲旅也。

汉宜路畔　二月二十五日上午，×步骑兵共六七百附炮八门，将瓦庙集我某部阵地突破后，分向我义和集某师前进阵地进犯。当时仅有该师某团守兵的一连，以极寡之兵，当方张之寇，与之血拼，伤亡殆尽。幸当晚援队赶到，义和集终于在一失一得的次日晨中稳定了。

当日军进攻义和集的同时，复以附炮四门约五六百人，向麒麟观我某团阵地猛攻，往复争夺，激战竟日，因守兵抗战沉着的关系，×终不得逞。谁知重要据点之雁门口的某军阵地，以日军的大举进攻，形成很危迫的状态。我某团为策应友军协同动作起见，毅然在自顾不暇的环境中，派魏营驶往应援。半日惨烈的血肉战，魏营长青桥负伤，回途仅三十余人，其余慨作了壮烈的牺牲。在麒麟观的某团，与日军互相冲击的结果，五六百机械化的日兵，固被消灭殆尽。但某团的忠勇战士，亦有同样伤亡。

×由雁门冲进，直逼永隆河，于二十七日迫杨家隆与某军激战。其主力两千余炮十余门，折转北向，威迫我军后方，我军当以主力固守栗树领主阵地带并向下洋港延伸为东西线，复调某师某旅至下洋港泗口向×军侧击。是时，×军又以附炮十余门之两千余人增援，改变企图，迂回猛攻，以飞机大炮作掩护，突飞猛进。血肉战在潭家桥何家集一带，展开了。营长张玉良负伤，营附李春霞重伤，其余官兵虽奋死抵抗，□挫敌锋，但以血肉之驱，终抵不住机械的威力。于二八日在牺牲过重慷慨悲歌的当中，只得将阵地略事移转。此役可纪的事情很多，第一，某团某营向太和集×军指挥部袭击正突破外卫准备俘×之间，适×军援兵赶到，遂于毙日兵八十余获机步枪数十支的胜利声中折转了。第二，某团向雁门口刘家集以西之×军侧击，炸毁×军装甲车十余辆并毙×军四五十人。第三，某旅与×军阵地战，迭施痛击，×军受重创，我军固伤亡官兵六七百人，但×军由雁门口杨家降运回尸首，确实满载汽车三十七辆，驰赴皂市，化为灰烬，还往本国去了。

京钟线上　二月二十二日正午，京山×军贺古旅团约五千余人，炮二十□门，分三路向华方孙桥阵地猛犯，我军某师沉着应战，×军未得逞。同时三阳店方面×军五六百人，猛攻三阳店华军阵地，我某师之一部，与×激战，毙×二百余，×增援到达，并以一部攻罗汉岭。我军因连络线被切断，遂撤至三阳店以西激战。

攻孙桥之×军，连日经华军某师在芦家岭毙×军甚众，并夺获背包大衣文件及军需品甚多。二十八日，自晨至晚，尤为壮烈。华军某帅喋血裹创，前仆后继。×军死亡者，亦尸骸枕藉。×军以屡攻受挫，当派有力部队，向我左翼迂回，并向官桥正面攻击。我某师前后苦撑，伤亡惨重，终于在悲壮声中，放弃孙桥，转移至官桥与×军血拼。×军费七昼夜之力，牺牲三千人余人，始得孙桥。我军某师，虽未将×军击退，但×伤亡之重，□以惊破其狙。当汉宜路之×转移兵力由□口企图包围钟祥的三月一日起，京钟路方面的战事，更继激烈。×以主力猛攻官桥阵地，复以两部左右迂回，威胁东桥，并集中大炮四十余门之火力，会同×机，结队轮流轰炸。我阵地悉平，×又施放大量毒瓦斯，使黄师形成惨烈之阵地战，而奋不顾生的某师长，仍在前线指挥，与×军肉搏，牺牲颇□。往复争夺者五六次，又由六房咀窜来联合之×千余人，在左侧与我某师及柏启光部血战于长寿店以东地区，是时我某师及某师之某旅，奉令应援，向东桥侧击。乃二日晚，甫抵长滩埠时，而□家集等处之日军，复以步骑两千余，附炮八门，分两路尾攻，于三日拂时，又展开了二次血战。

在东桥混战的当中，另有附炮四门之×七八百人，向□口我某师之第二营猛攻，竟日血战。以×火力炽盛，该营二连韩连长阵亡，全连亦作了惨烈牺牲。

三日午后，某师在新集与×遭遇，彻夜苦拼，冀撑危局。某旅亦与优势之×激战连日，伤亡尤重，均奉命转移阵地。斯时，战事已达最猛烈的阶段，而×亦迫近了钟祥县城。

钟祥血战　四日的午前，×分路猛攻钟祥，一由大改湖向城急进，一由京钟路西犯，同时六房咀汪家店之日军，亦迫近城的东北。我某师主力，遂与×作正面冲突。城内人民，在倾盘大雨中，扶老携幼，向北撤退，虽然是泥泞满途，但每个人都是饱含泪珠，在泥浆中踯躅。为了不愿做顺民，只有暂时离开祖宗坟墓之乡了。

五日的清晨，×已紧逼城关了。某师及某师之一部，与×发生悲惨的巷战。数度冲入的×军，均被无情的大刀砍倒。虽达到了消耗的任务，但×军有的是机械化武器的接连冲锋，致使我无法以济其穷。终于在午前九点钟的光景，将×机迭炸瓦砾一片的古老县城宣告放弃了。

钟祥，虽然是一片瓦砾，毫无用处，但是这幕悲壮的血战，将永久深印在人们的脑海中，同时也占据了二期抗战史上光荣的第一页。

战后鸟瞰　这次惨烈的战果，×军兵员的损失，据×军自己报告，伤亡已达六七千人（我想还要多），精疲力竭，无力再犯。可说在武汉会战以后，×军碰着头一个钉子，×军物质上的损失，被我军夺获机步枪四十余支，炸毁装甲车十余辆，并获得重要文件军用品背包大衣等百余件，其余物品亦不少。我军虽有相当牺牲，但在民族战争的大时代中，却也值不得如何的顾虑。现在的形势，×军是在襄河东岸各渡口，集结达两万人。沿河扰乱，虚发炮声，并准备架桥材及料船□企，图乘隙偷渡。其着眼点，当在针对沙洋一点，刻某集团军，已会同各友军，严密布置，再予打击。故半月来，×军终不敢越雷池一步。我们试看×军初期进展之速，及此次化半年工夫，才得到死城一座，故武器装备虽优于华军，而此次作战，两军员兵损失的比较，可云死伤相等，实创开战以来的新纪录。(四月四日自南漳武安堰寄)

(《申报》1939 年 5 月 11 日)

宜昌沙市间将建水栅

宜昌十二日路透社电　据现象观之，日军如图进犯宜昌，华军将坚守此城。此间华人方面相信日军或将待长江水涨，足能利用其炮舰，始行蠢动。宜昌沙市间之航行标记，顷已悉数移去，预料不久将来此两埠间将设置水栅。中立观察家亦称，宜昌之东有广大之军事准备，备有野战炮之劲旅，以及附有坦克车之机械化部队若干，源源向前移动。某华商语路透社访员称，日军如图进犯宜昌，不易获胜，其所得者将为空城一座或一片焦土云。宜昌与日本轰炸机不难飞达之其他城镇相同，破晓后未几，居民离城他适，入晚始返，饭馆商店及大多数商业，均于是时开始营业。当局在宜昌已完成伟绩，汉口陷落前，大批机器及各种货物均由汉溯江运抵此埠。去岁初冬，宜昌郊外积有大批金属机器及物品，均为中国所切需者，若已为日军所占，则其于日军最为有用，但此等物件，除遭空袭而毁坏之多量棉花及他易燃物品外，现已悉数安然溯江上运矣。

(《时报》1939 年 5 月 13 日)

日军渡河企犯沙市

重庆三日美联社电　据华方今日消息，日军虽在潜江附近渡过汉水，但已陷入华军重围。按潜江为岳口与沙市间之必经之处，共间有公路一条，直达宜昌，日军若能由此进至沙市，则即可由沙市沿汉宜路而达宜昌，唯该处为湖沼地带，日军行军，必将极感困难也。此次日军渡越汉水之情形，当与日军于两月前在荆门渡河之情形同。换言之，日军之渡河，先以猛烈之炮火，向华方阵地作集中之射击，制止华军之反攻，然后达其渡河之目的。但前次日军在荆门渡河之后，即遭华军猛烈反攻，而将其渡汉水之冀图归于功败垂成。

重庆三日路透社电　今日此间接前敌情报据称，日军已在沙市以东之潜江附近渡越汉水，拟向沙市西犯，华方援军刻赶赴潜江近击日军云。

（《时报》1939 年 6 月 4 日）

梅家咀激战

沙市　二十五日午，华某部以包围方式，进攻东荆河东岸之日军，激战六小时，毙日兵数十人。午后五时，日方由潜江派出步骑兵二百余，附炮一门，分二路向华某部进袭，在梅家咀双方展开激战。华某部运用奇异战术，以一部袭击日后，并以炮兵集中火力，向日军侧背猛击，直至深夜，日因死伤甚重，乃向城内逃窜。是役确毙日兵五十余，伤八十余，内有指挥官福田德雄一名，夺获文件及战利品甚伙。（廿五日电）

（《申报》1939 年 7 月 27 日）

钟祥激战

沙市　华军连日向钟祥附近之日军进攻，进展颇速。皇庙日军被华军一再冲杀，已向东逃窜，该地亦已收复。华军另一部于四日在张家台附近与日军遭遇，激战时许，毙日五十余名。日军不支逃窜，华军乘机占获张家台据点，刻钟祥日军极恐慌，华军正追击中。（九日电）

（《申报》1939 年 8 月 10 日）

渝各界注视日军在沙市行动

重庆　日军现集中于汉口一带，尤以宜昌以东之长江北岸为甚。此间各界现对日军行动，予以甚密切之监视。若干方面现料日军或将利用欧战机会，作拼命冲入内地之企图。据华军当局称，沙市下游现已集有日军三师，又据未证实之消息，中国飞机九架，昨日飞往下游，是否欲轰炸集中该处之日军，抑仅作侦察飞行，则未言及。（七日路透社电）

（后略）

（《申报》1939 年 9 月 8 日）

日军准备进扰沙市、宜昌　密谋切断沙宜联络

重庆　据新自鄂西前线返抵此间之中国某官员称，该处因日方准备进攻沙市、宜昌，情形殊为紧张。现日方集中大批日舰于岳州，准备沿江进攻沙市、宜昌，同时日本陆军方面，则准备集中三师团之兵力，作西进之基本。窥日方之布置，似图以陆空海三方，联合进攻。日本海军之任务，则在破坏岳州与沙市间之封锁线，至陆军则沿陆路进攻。按日方已在沙洋方面渡过汉水，现图攻占沙市以北三十英里之十里铺，藉以切断沙市宜昌间之联络，同时切断宜昌与鄂省西北部分之联络。因十里

铺为鄂省各处公路之交点也。据该官员言，日机对于鄂省华军后方城市，虽不绝轰炸，但各地固仍照常营业，同时鄂中中国军事当局，对于日军之进击，已有充分之准备。(十四日美联电)

(《申报》1939年9月15日)

李宗仁飞抵江陵指挥作战

日军西犯计划已遭受打击

重庆四日电　汉水南岸仙桃镇中心之战事，昨日仍激烈进行，日军团自仙桃进窥沔阳之举，刻已遭华军痛击，无法得逞。仙桃东南之彭家场等地，均有猛烈血战，华大军正积极反攻中，窜抵潜江东南三十里之夏家埠日骑五百余，三日已被华军包围歼灭。华军某部刻已进抵三伏潭，正与日军激战。

又电　第五战区李宗仁司令长官，昨已飞抵江陵（荆州），指挥前方战事，襄河东岸汉宜与京钟诸公路线，华方流动部队，四出突击，毁日交通，日军甚感棘手。

快讯社重庆四日电　据华方军讯，鄂中鄂北各线战事，刻正在猛烈进行中，随县方面华军已克复铁山，现正反攻独山，自信阳方面西进之日军，已在长台关以西为华军遏阻。汉水南岸沔阳迤北之战事，昨益趋激烈，华军获得增援部队后，开始猛烈反攻，与日军在夏家埠附近恶战，迨至昨晚，卒将日军驱逐至江岸。

宜昌四日电　窜犯仙桃附近之日军，近两日来，经华军分头迎击，形势顿挫，日先后被歼者将近千人，其大部兵力，均已溃退，至仙桃近郊，在华军严密监视下，活动困难。至其窜抵沔阳城郊之日军刻为华军某有力部队截击，正激战中。天岳路上华军，极形活动，连日来颇有进展，白螺□爰汉宜公路正面，日来均无动作。

(《新闻报》1939年11月5日)

1940 年

沙市激战

沙市　洋梓日军一部，炮数门，战车十余辆，九日晨向大同周家坡进犯，与华出击部队遭遇，激战至翌晨拂晓。日死伤五百余，毁战车五辆，残日溃退，华乘胜猛追，卤获甚多。（十一日电）

沙市　鄂中华军，十日晨向盘据陈家桥、孙桥、官桥一带之日军猛烈进击，激战竟日，毙日五百余，残日势顿挫，刻仍围攻中。另一部华军同日克复罗家陡坡后，进迫黄家集，日死伤奇重，华卤获战利品无算。（十一日电）

（《申报》1940 年 1 月 12 日）

日军西窥沙市

沙市　襄河西岸旧口以西潜江附近各处，战事渐趋激烈。当日军渡河西犯后，背后异常空虚，隐蔽于下游各处渡场附近之华军，在完成监视日之行动后，以极机敏之行动，迅赴事机，一面施袭日后，予以猛烈之打击，同时由各隐蔽地突起攻占日之渡河点。刻一路在沙洋两侧与日展开血战，一路出现于多宝湾对岸之高桥市蔡家咀之线，另一路由蚌汉镇东南突起，正分向泗港市对岸各渡场攻击前进，各路华军即可完成坚强之封锁，目下东岸之日，已无续渡可能，而既渡西岸继续南进之日，已绝生还之路，最彻底之大歼灭战，必能如预定计划完成。（七日电）

华方军讯称：日军在沙洋附近强渡汉水后，刻正西窥长江北岸之沙市（宜昌下游），沙洋以西区域刻正鏖战中。（七日路透社电）

（《申报》1940 年 6 月 8 日）

荆门以南华军进攻江陵、沙市

襄阳　华军十四日进击江陵、沙市一带残日，进展甚速，收获颇大。昨午在柴林堤（沙市东南）附近，与日一股遭遇，当即展开激战。华军分兵侧击，日势不支，迄晚纷向沙市溃退，遗尸百三十余具。华当将柴林堤克复，正乘胜猛追进击中。（十五日电）

宜都　荆门沙市间华各路大军云集，准备对日猛攻。盘踞江陵沙市之日军已在华控制中，各该地近郊之日，昨今两日，被华歼灭甚多，华正乘势迫攻江陵城与沙市。至在襄河以西洋宜路南侧与襄沙路东侧之华军，迄十四午，已完成某种目的之行动，随即对当阳东西地区之日发动大包围歼灭战，刻分途扫灭日后各交通线路残日，已收获极大战果。同时襄河及东荆河渡口，华复加强攻击，绝日后路，阻其增援。另两路华军连日向汉阳进击，行动神速，刻已绕过侏儒山、香炉山（均汉阳西），先头并已接近襄河下游西行之蔡甸与金口对岸之黄陵矶，正向汉阳一带进击中。（十四日电）

（《申报》1940年6月16日）

日军进击荆沙华军

宜都　进击荆（江陵）沙（市）之华军，十七日夜已迫近富合台、法华寺（均沙市东侧）之线，日增兵顽抗。十八日华乃猛进至岳山寺（江陵城东）一带，一面截断荆沙间日之联络，一面攻占马防山、乳台山（江陵东北侧）等高地，刻正分向荆沙两地围攻中。（十九日电）

宜城　襄花路荆门至沙市一段两侧地区华军，按照预定计划，待机已久。日抽调万数千人，向麻城铺、沈家集（在荆门东南）一带进犯，华军乘胜北进，十六日猛攻襄沙路要点之白石岩、子陵铺等地，将日歼灭殆尽。即将白石岩、子陵铺完全克复。荆门日军当日赶来反扑，经华猛击，激战至十七晚。日军不支，仍向荆门溃退。同时荆门西南地区华军，分向汉宜路荆（门）当（阳）段各要点进击，十八日在荆门西南侧与日发生激战，毙日一千五百余。当午华军将汉宜路要点车桥铺、薇墩集（均荆门西南）等地克复。是时淯溪河日驰来增援，复经华乘胜迎击，再歼日千余，毁日汽车四十余辆，刻华正向荆门追攻中。（十九日电）

宜城　宜昌附近之日军，十七日又增来步骑三千余人，配合大炮及战车十辆，分向宜昌近郊之杨岔路一带反扑。华某部预伏，于该地附近，日军经过时遭华伏兵截击，死伤八百余人。残日向东北方面败退，现华与日主力正激战中。沙市方面，经华连日不断进击，日大部向江陵溃退，华正追击中。（十八日电）

（《申报》1940年6月20日）

襄河西岸华军奏捷　克沙市冲入江陵

沙市　连日华军猛攻荆（江陵）沙（市），进展极速，华忠勇健儿于昨日攻占法华寺、富合台（均沙市东侧）后，继续猛进，当日午后迫进市街，与日展开猛烈之争夺战。华军卒于十九黄昏后，一齐突入市内，扫歼残日，遂将沙市完全克复，并夺获日军遗弃之武器弹药及其它军实甚多。刻华军正向某某要冲猛攻中。（二十日电）

沙市　华军昨夜克复沙市后，乘胜向江陵进击，适与由江陵向沙市增援之日在金龙寺（沙市北）以北地区，发生遭遇战。另一路华军乘机绕至日后，直向江陵猛冲，城内日仓皇应战，措手不及，二十晨被华斩关冲入，占领城内各要冲。日步兵一部出城溃退，大部不及退走，集城中与华顽抗，华正予猛烈扫荡中。（二十日电）

（《申报》1940年6月21日）

中国空军袭击沙市日军阵地

汨罗三十一日电　华空军七月廿八日袭击沙市附近江口及董市之日阵时，据在大江南岸目击者称，当有数处中弹起火，燃烧甚烈，并有数弹落日密集部队中央，毙日军至少在五百人以上。

（《新闻报》1940 年 8 月 1 日）

鄂西沙市将设立（中江银行）分行

沙宜为本省鄂西之孔道，商业亦有小汉口之称，但此次经□□攻陷后，现市民已均复归复业，经济状态，亦有新的动象。负有调剂周转，完成华中今日网使命之中江实业银行，于昨举行行务会议时，曾对沙市方面设立分行之计划，作一缜密之讨论，闻不日即将着手设立云云。

（《武汉报》1940 年 8 月 3 日）

中江沙市分行最迟九月开幕

报讯　关于中江银行设立沙市分行之说，已志昨日本报。兹复据负责人云：并即将遴选行员出发布置，一俟调派就绪，即行首途，最迟九月间，当可开幕。至特三区设立之第一仓库，已由前存之货户转押，至大量之押款，刻正计划如环境需要，即着手办理云。

（《武汉报》1940 年 8 月 4 日）

中江沙市分行经理人选已定

本报讯　中江实业银行，为完成金融网起见，曾经日前行务会议时，决定设立沙市分行，各情已志本报。兹悉该分行经理一职，已经遴选总会会计课长邬君伟调充，并悉稍缓数日，即行首送，至该行所设之第一仓库，于开幕后，对于抵押，厥状良佳云。

（《武汉报》1940 年 8 月 15 日）

沙市日军南犯被华军击退

常德廿日电　十九日晨五时三十分，日军一部，携炮二门，由沙市南窜，在观音寺附近，遭华军某部截击，其余逃回沙市。又在江阴近郊活动之华军，连日袭击日军，亦颇有斩获。

（《新闻报》1940 年 8 月 22 日）

荆沙日军征敛频繁

常德　日军近在荆沙各地大事搜刮，令各方居民捐助粮食，按贫富而规定，计大户五十元，米五石，小户五元，暂免要米。另发（良民证），每张大户六十元，中户二十元，小户五元，并命每村每月借给军费五百元。此外征敛名目繁多，居民相率外逃。（十四日电）

（《申报》1940 年 8 月 25 日）

沙市附近华军攻入日阵

某地一日电　上月廿六日长江北岸华军进击盘踞柳林洱（沙市东南）之日军，一举攻入日阵，肉搏四小时，日军大部被歼灭，残日溃逃，华南获军用品极伙。

（《新闻报》1940 年 9 月 2 日）

荆门沙市间日兵车中伏

樊城六日电　一日由荆门驶沙市之日车十余辆，满载日兵，行至中途，遭华军突击，日车仓惶乱驶，结果颠翻四辆，被华军击毁两辆，毙日军百余。

常德六日电　北岸华军连日向荆宜路日军进击颇为顺利，先后在德安寺、石子岭、鸦雀岭各据点斩获极重。

（《新闻报》1940 年 9 月 8 日）

沙市以东华军攻入日阵

秭归十四日电　华军某部于前日向窜踞沙市以东浩子口之日军进击，一举攻入日阵，搏斗数小时，歼日甚众，残日向潜江逃窜，华虏获军用品甚多。

樊城十四日电　前窜龙宾之日军，已被华军包围痛歼，另有一股，十一日窜犯三通河，经华军迎头痛击，日遗尸百余具逃窜。

南阳十四日电豫省华军某部　于十一日拂晓进击豫家河（武胜关西北）之日军，激战三小时，毙日百余。

（《新闻报》1940 年 10 月 15 日）

大批日军由沙市乘舰东下

快讯社重庆二日电　据今日此间所接华中方面消息，日来有日运输舰数艘，载大批日军由沙市沿扬子江东下，其目的地无从探悉，据若干消息灵通方面称，该批日军或为由宜昌退却者云。

（《新闻报》1940 年 11 月 3 日）

鄂华军挺进队分路袭击沙市

常德十三日电　江北华军挺进部队，十一日午夜，分路袭击沙市，一部进抵太朗渊（在沙市东北距市区不及十里），另一部则近至距市区仅数里之青×观，分别围困踞两地之日军猛击，日军未敢应战，即向沙市逃去，并自动将木桥一座破坏，防华军冲入市区。现华军在沙市近郊各地，继续积极活动中。

快讯社重庆十四日电　据今日华方军讯，鄂中前线，日来无重大变化，宜昌日军虽一再向四郊华军阵地侵袭，但均被华军击退，伤亡颇重，襄河东岸华军，已开始向大洪山南麓襄河沿岸日军重要据点施行猛烈反攻，钟祥东北部现有激战，京钟汉宜两路之华方流动部队，亦已出动袭击日军交通线。

樊城十三日电　皂市、天门一带日军强购民粮，并迫华人输送，华人无不愤恨，纷纷携粮逃入华军阵地。

（《新闻报》1940 年 11 月 15 日）

沙市突起大火　日军仓库被毁

常德十五日电　沿江某地电告，十四日午后四时，沙市□七街一带，突起大火，延烧数小时始熄，闻日军仓库被焚，损失极重，起火原因未探明。

常德十六日电　十六日华军向沙市东南窑湾之日军进击，一举攻入日阵，将日击溃，华军当将窑湾克复。

（《新闻报》1940 年 11 月 17 日）

鄂西华军抵沙市近郊　切断襄沙汉宜两路

重庆十七日电　华军连日向沙市进攻，已抵郊外，日军溃集市区，一部伤兵已登舰逃窜，沙市城郊各据点，均由华军控制中，襄沙汉宜两公路，亦遭华军袭击，时加切断，日军疲于奔命。现沙市西北与迤北郊战事，正进行中，华军各部采合围姿态，奋力扩张战果。

秭归十六日电　宜昌日军一部，十二日晨在炮火掩护下，复向华方袁家院进犯，经华军痛击，日军遗尸多具回窜。

（《新闻报》1940 年 11 月 18 日）

沙市日军进犯　华军分途截击

常德二十一日电　由沙市经秀湾，分向岑河口杨家场窜犯之日军，经华军分途截击，大部就歼，少数残余逃回沙市，现两地已无日军。

（《新闻报》1940 年 11 月 23 日）

潜江沙市一带　华军连日出击

常德二十四日电　潜江沙市一带华军，极为活跃，连日袭击，斩获颇多。日前华军以迅速之行动，突然出现于沙市以北之长湖沿岸，先后在毛老店、曾家店等地，与日军激战，痛斩日军官兵百余，再获步枪百余枝，军火、战马、地图、皮囊等军用品多件，现仍在附近区积极活动中。

常德二十四日电　困据鄂中仙桃镇日军，最近数日，又四处乱窜，均经华军击退。一十九日晨日军一部，由仙桃向下查埠进犯，经华军迎击溃逃。（一）日军一股扰彭家场，被华军痛剿负创逃回。（三）二十三日晨日军向新甲仁口附近猛犯，亦被华军奋勇击退。

（《新闻报》1940 年 11 月 26 日）

鄂中华军挺进沙市

重庆四日电　华军在襄河两岸，获得全面胜利后，则已恢复廿四日前原有阵地。现襄西华军某部，正续遣部队向荆营大道出击。鄂北方面，华军沿襄花路东进部队，已迫近随县，日军殿后作战之土□联队，主力已被击散，活跃于沙市一带华军，二日曾冲入后港，前锋正向沙市市区挺进中。闻华空军一队，二日曾向宜昌日阵投弹轰炸，日机场受重创，已不能应用。

宜昌战地三日电　（一）三十夜十二时，宜昌南岸华军，向日军攻击，斩获颇多，日军恐慌万状。（二）华军某部，三十夜分向太荚堡之日军进攻，当将日军铁路线破坏殆尽，并逼近日军，以手榴弹猛掷，战事殊为激烈，是役日军死伤枕藉，华军虏获战利品甚多。（三）华军于一日清晨，在炮兵掩护之下，向津关日军攻击，斩日军极多。

（后略）

（《新闻报》1940年12月5日）

日骑兵联队长川坂被击毙在鄂中沙市店

襄阳四日电　此次在钟祥一带之日军，经华军痛击，死伤惨重，其骑兵联队长川坂，被华军在沙市店（洋梓北）击毙。

（《新闻报》1940年12月6日）

沙市日军迭遭华部队奇袭

常德　沙市日军因迭遭华方奇袭，异常恐慌，最近不断向附近炮击，希图安定军心。八日午后一时，又分向对岸之南河及姜家渡一带炮

击多发。华军当予还击，至午后二时炮声始息。（九日电）

（《申报》1940 年 12 月 10 日）

华军向沙市地区搜索完成包围网

重庆十日电　华军连日对沙市地区日军，进行搜索，斩获极众。刻已对市区完成包围网，正逐步进迫中，并将襄沙汉宜各线均加控制。连日日军突围不遑，时发炮无的乱轰，昨日两军炮战仍烈，华炮队发炮猛轰，结果已将沙市日阵全部击毁。

（《新闻报》1940 年 12 月 11 日）

沙市一役华军俘获甚多

美国合众社重庆十七日电　今日消息称，十二月十四日汉口宜昌间之长江口岸沙市东北一役，华军俘获日军多人，所俘获之军粮，分装二十余船之多，其他战利品亦有俘获者。华游击队最近并曾攻击平汉路花园广水间一段之日驻军，日军兵舍十三所被焚，铁轨亦被移去。日军于与游击队战争中，死伤二百余人，最近鄂东黄梅附近，有日千余人，已为华军包围，另一部日军向皖边之孔垅逃窜。

（《新闻报》1940 年 12 月 18 日）

日迫令外教士退出沙市

常德廿八日电　沙市日军近迫令英美籍传教士退出沙市，现有英美教士多人，向汉口撤退，各教堂收容之难民二千余，亦被逼迁出市区。

（《新闻报》1940 年 12 月 29 日）

1941 年

沙市邮政恢复

据邮局消息　湖北区沙市邮局已于本年一月十日起恢复开办，暂时仅限于收寄平常挂号快递，及航空信函、明信片、新闻纸、杂志、贸易契、货样、书籍等类邮件云。

据邮局消息　寄往九江、安庆、芜湖、南京、上海等处之邮件，于明日下午三时三十分封发云。

（《武汉报》1941 年 1 月 16 日）

沙市日军大举南犯　遭华军痛击溃退

常德四日电　日步骑炮联合兵一部，附炮数门，一日拂晓，由沙市经岑河口向南窜犯，其先头部队，于是日午后窜抵资福寺、潘现硬一带，遭华守军痛击，死伤颇多。旋日军增援，在炮火掩护下，向华军反击，曾侵入资福寺，华军即向日军两侧猛攻，日军见华军四处齐至，阵势大乱，纷纷夺路北逃，华军遂于二日晨五时夺回资福寺等地，现正分途向岑河口追击败溃之日军中。是役毙日军二百余，卤获甚多。

（《新闻报》1941 年 2 月 5 日）

沙市附近华军再度克复岑河口

重庆　军息：（一）十日晨，沙市日军一部，再犯岑河口，曾一度攻入该地，当经华军围攻，痛歼至午，毙日百余，生俘三十余名。残日溃退，岑河口据点又为华克复。（二）十日晨，大冈岭日在炮火掩护下，向百田、富坡、鸦头等地进犯，经华军迎击，激战至晚，毙日百余，残日向神冈溃退。(三）三水、佛山、新街等地日四千余，分股向华进犯。一股二千余，九日晨由三水沿芦西分路犯黄圩；一股近千，九日午由新街进至狮岭分扰驰村、械泥庄；一股千余，由佛山沿佛山公路犯范湖等地。经华军分头迎击，毙日甚众，刻仍激战中。(四）华军于四日晚，将平潭、南日两岛攻克，五日晨日一部分乘汽艇在日舰炮火掩护下向观音澳强行登陆，企图反扑。当经华军迎头痛击，至六日晚，歼日二百，残日登汽艇逸去。又华军于克复平潭、南日两岛之役，生俘日数十名，汽艇三艘，步枪及其他军用品甚多。(十二日电)

(《申报》1941 年 2 月 13 日)

鄂西沙市方面激战

重庆十三日电　据华方报告，鄂北山脉一带，于过去三日中，复有大队华军，开赴现已开始扫荡盘踞于桐柏之日军部队，豫南平汉铁道战事，此时已转趋沉寂，因华军自抵达鄂北边区后，即再分兵铁道线两侧，扩展势力。

重庆十二日电　军息，十日晨，沙市日军一部，再犯岑河口，曾一度窜入该地，当经华军围攻，聚歼至午，毙日军百余。又日军一部，于炮火掩护，向百田、富坡、鸭头等地进犯，华军迎击，战至晚，毙日军百余。

(《新闻报》1941 年 2 月 14 日)

沙市日军增援再度南犯未逞

常德二十日电　窜犯老杨家场、夏家铺、杜市一带之日军，经华军痛剿，激战至十七日午后三时，已溃不成军，纷向岑河口方面败退。十八日晨，沙市日军，又增派援兵五百余，附炮四门，再向华北港、潘璋桥西市、黄家场一带猛扑，企图南犯资福寺，被华军各地守军堵击，死伤极多，现正继续痛歼中。

（《新闻报》1941 年 2 月 22 日）

沙市日警备司令率部南犯被华击退

常德　沙市岑河口日军，自十七起，一再向老杨家场、夏家铺、东市渐畜桥、西市黄家场等地进犯，迭遭华军痛击，迄未得逞。十八日午后，由早坂（日第卅九师团骑兵联队长现为沙市警备司令）率残部步骑炮兵约近三千，附炮二十余门，坦克车十二辆，在日机六架低飞掩护之下，自沙市经窑湾，向潘璋桥南犯，至晚抵资福寺附近，即向该地猛扑，与华某部展开激烈之争夺战。至十九晨，日死伤惨重，遂纵火将资福寺焚烧，于浓烟笼罩中，向北退去。华军夺回资福寺后，急向北追，现已越过潘璋桥之线，跟踪追击。据在中途伏击日军之华军报称，日伤兵连夜北运，络绎不绝，早坂亦负重伤。又老杨家场等地，亦于十九下午四时被华军克复，窑湾日向纷向沙市撤退。（廿二日电）

（《申报》1941 年 2 月 23 日）

沙市岑河口日军大举进犯资福寺

哈瓦斯世界电讯社二十二日重庆电　据此间战报，沙市岑河口日军，一再向南攻击华军，至十八日以全部兵力出站，并由第三十九师团骑兵联队长兼沙市警备司令早坂亲自指挥，经密湾、潘玮直达资福寺，华军抵抗甚烈，至十九日日军以伤亡过多，乃向沙市退却，华军随将上述三地克复，并传早坂重伤。

常德二十二日电　沙市岑河口日军自十七日起再向以南之老杨家场、夏家铺东市潘璋桥、西市黄家场等地窜犯，迭遭华军痛击，迄未得逞。日军乃于十八日午后由日酋早坂（日第三十九师团骑兵联队长现为沙市警备司令），驱其残部步骑炮兵约近三千，附炮二十余门，坦克车十二辆，在日机六架低飞掩护之下，自沙市经密湾向潘璋桥南犯，至晚□抵资福寺附近，即向该地猛扑，并侵入该地，与华军某部展开激烈之争夺战，经华军奋勇冲杀，搏斗终宵，至晨日军死伤惨重，势已不支，残日遂纵火将资福寺焚烧，于浓烟笼罩中向北奔逃。华军夺回资福寺后，宽向北追，现已越过潘璋桥之线，跟踪追击。据在中途伏击日兵之华军报称，日伤兵连夜北运，络绎不绝，日酋早坂亦负重伤，又老杨家场等地，亦于十九日下午四时被华军克复，密湾日军纷向沙市撤退。

常德二十二日电　华军一部绕至沙市以北之草市附近袭日，现正与日军激烈战斗中。

（《新闻报》1941 年 2 月 23 日）

襄西华军克资福寺后转向沙市进扑

重庆廿三日电　襄西华军，沿岑河口南下部队，进克资福寺后，一部已转向沙市进扑，另一部华军，廿二日并克密湾，沿长湖向沙市疾进。

重庆廿三日电　据本日此闻报告，鄂中华军，于本月二十日，在京钟公路进袭日据点官桥埠，当将该方面全部日军包围，以猛烈炮火轰射，结果日军死亡甚众，尚余残部，夺围窜去，该据点遂为华军收复。华军后援部队，现仍源源开往，准备对京钟两地之日军进击。

（《新闻报》1941 年 2 月 24 日）

沙市突起大火

宜昌二十三日电　十七日夜沙市突起大火，熊□光□隔岸可见，至十八日晨仍未全熄，闻日军之重要军火食粮仓库，多被焚毁，损失较上次大火尤重。

（《新闻报》1941年3月25日）

宜昌、沙市等地日统制粮食

常德　江北某地电　宜昌、沙市等地民食，现均由日方强加统制，每人日仅发米六合。（二十七日电）

（《申报》1941年4月29日）

沙市拖茗壤日仓库失慎

常德十三日电　沿江某地电告，沙市拖茗壤（街名在江边）日军事区，今午一时又起大火，熊熊火焰，隔河可见，闻日库房仓库多被焚毁，损失极重，起火原因不明。

（《新闻报》1941年6月15日）

沙市火警频传

沙市通讯　近因时令亢燥，致本市火警频传，经当地机关张贴“火烛小心”之标语及宣传图画之散布，以及警察局各保甲之挨户警戒。无何居民麇集，茅屋牵连仍时有火警发生，防不胜防。本月九日晨二时许，本市江望街，江边起至大同二街止，突又发生大火灾，共计烧毁房屋七十一户，被灾人民男女一二五人，女子一三四人，门牌号码，自江望街八九号起至九九号止，大同二街，自九二号起至一〇六号止，起火时间从午夜二时起，延烧直至晨六时方熄。因当时风狂火炽，烈焰冲天，大有不可收拾之，唯幸水源据近江边，取吸便利，加之消防队训练有素，灌救得力，方将祝融氏逼退。闻起火原因，为燃点蚊烟所致，火首为章时梅之妻孙氏，业在拘案讯办中云。

（《武汉报》1941 年 7 月 23 日）

沙市日军增援猛烈反扑被击溃

常德五日电　由沙市经岑河口分犯丁板桥、曹家场、滩桥等地日军，被华军击退后，四日夜复增援千余，向华军反扑，势极凶猛。华军今晨将日军诱至郝穴以北（浩子口以南）之彭家场，分路围击，血战至午后一时，日军不支北溃，华军各部正分向潘璋桥、黄家场、□桥等地追击中，现彭家场、浙湖口一带已无日踪。

常德五日电　盘踞北岸宝华寺、江口以西日军，四日晚五时向百里洲之刘家港一带开炮轰击，经华军还击，旋即沉寂，日炮弹均落江中，华方无损失。

重庆六日电　军息，（一）分由将军□二流团向华军进犯之日军，五日晨续有增加，经华军奋力阻击，战斗益形激烈，日军死伤甚众，华军亦有伤亡。刻华日仍对战于日果园附近贞龙王□曹家□之□。（二）被华军包围于黄家场、珠宝山、郭家冲、□家岭、杨家湾各地之日军，经分别追击，死伤大半，残日不难悉数歼灭。（三）宜昌附近华军于上月三十日晚向宜湾□南□□及东高地之日军进击，与日军战至三十一日拂晓，毙日军二百余，卤获甚多。（四）鄂中日军此次分四路会犯郝湾，经华军强力部队分途迎战，日军受创惨重。刻分由沙市岑河口南犯之二路，已实至郝湾以北之彭家场，为华强力部队痛击。残日北溃，华军正跟踪进歼。其由沙泊南经浩子口南犯杨家桥之一路，已被击溃北窜，华军乘胜将浩子口克复，并分别包围残日于鲁家店张家店（均后港东）等地而聚歼之。另一路日军由潜江南犯，为华军阻击于熊口市以东地带，激战至五日，毙伤日军颇多。

（《新闻报》1941 年 8 月 7 日）

华机动部队向沙市猛攻

常德七日电　华军某机动部队，乘沙市日军顷巢出犯之际，以极迅速之行动，绕道袭击沙市，七日晓六时，已进至沙市附近，正向沙市猛攻中。

恩施六日电　宜昌附近战事华军进展顺利，现华正扩大战果，扫荡残日中，聚掷河石板湾（宜昌以北）一带之日军，五日为华军完全击溃，仅龙王洞迄小溪塔之线，尚有日军百余，亦在华军控制中，短期即可全部歼灭。宜西三游洞对岸之日军重要据点巷子口余家铺及孙家桥（媒岩子以西）等地，经华军连日攻袭，已先后为华军克复，日军此役死伤甚众，残日亦经华军完全肃清。

常德五日电　华军再度收复浩子口及苏家港等地后，残日分向新河镇滨场鲁家店一带退，华军现正尾追中。

常德六日电　（一）由潜江沿东荆河南犯之日军一部于四日窜至老新口对岸，藉猛烈炮火掩护，强渡该河，与华守军在老新口附近地区激战甚烈。（二）由潜江经周家矶等地会合西犯之日军步骑炮混合兵约两千余，与华军在龙湾一带鏖战中。

常德七日电　自三日起迄今华日两军在郝穴以北地区，连日激战，窜犯之日军死伤极众，昨日午后三时，受伤日兵多名，由曹家场经杨家场北□。

哈瓦斯社七日重庆电　军事发言人报告战况时，闻本周较重要战事凡二：其一为日军希图打击宜昌以北之华军，俾减少宜昌所受之威胁，又一为沙市、沙洋、潜江日军合力进攻郝穴，郝穴居岳阳荆州之间，足控两者间之交通，且物资丰富，亦为华军渡江孔道，故日军于三日起，以六千余兵力，分四路向之猛扑，其中仅一路得进，至距郝穴六七里之地点，余则无进展，至于宜北战事，日军以千余之众，于上月二十四日由龙泉铺向西北进攻，但至分乡场为华军击退，乃于二十七日增援再攻，激战至二十九日，仍遭败窜，于是集合宜昌、当阳间一万三千之众，于三十日分三路西进。华军乃于宜昌北面渡河至西岸，集结兵力，而于二日猛击日军中右两路，日受创甚重，而向原驻地退却。惟其左翼则因获得宜昌方面之增援，得于四日渡河，突破华军一部分阵地，但顷接前线报告，华军又已恢复原阵地矣。发言人对此战役，加以诠释云：日方初以千余人进攻，终乃被迫增至一万三千人，此可证明泥足之说为不虚云。

常德七日电　华军进入日军后方，日来在风台草埠（均在江口以北）等地袭击，斩获颇多。

（《新闻报》1941年8月9日）

监利北日败退

重庆　军息：（一）由沙市岑河口分路南犯之日，经华军节节阻击，日损失颇大，翩日复大量增援，于六日晚侵入郝穴，续向新厂进犯。刻华日于该地附近作战甚烈。（二）由潜江进犯之日，续有增援，侵至监利北余家埠，被华军阻击，正激战中。（三）在浩子口方面被华击退之日，复行增援南犯，刻在新口附近与华对峙中。（十一日电）

（《申报》1941年8月13日）

宜昌郝穴之役华军获重大战果
刻正进攻沙市日根据地

路透社十五日重庆电　军会发言人言及鄂西战事称，日军在宜昌郝穴附近进犯者，已被击退，日方伤亡四千，华军刻进攻沙市等处之日军根据地云。

（《新闻报》1941年8月16日）

鄂西华军续有开展　冲入沙市包围当阳

重庆　华方军讯：扫荡宜昌城区之华军，昨已将大部日军肃清，余部无法脱围，尚在城东隅作困兽之斗，即可消灭。另一部华军，昨一度突入沙市，当阳方面日军，亦遭围歼中。汉宜荆当沙各公路，均遭华军切断，鄂西战局，续有惊人开展。（十一日电）

（《申报》1941 年 10 月 12 日）

中区华军发动攻势　鄂西湘北互相策应

重庆十二日电　宜昌四郊外，仍有激战。日军昨增援团反攻，均遭华军击溃，宜昌对岸磨鸡山一带，亦大部肃清。沙市当阳仍在围攻中，华军各部在鄂西参加作战部队，达十师之众，有并重炮配备，实力充沛，困守汉水西岸日军，系西安十三师团与三十九师团各一部，连日经华军扫荡，归路断绝，伤亡甚重。

哈瓦斯世界电讯社十一日重庆电　宜昌战讯，今日较沉寂，中国灵通方面谓无变化，日军残部据守各大建筑物顽抗，一俟华军炮队开到，即可作有效之肃清，盖以此项日军已与市外完全隔绝云。

宜昌战地十一日下午九时电　宜郊日军据点内被围之日军，仍图集中窜扰，华军一面控制宜昌，一面先行攻略其各小据点。计十一日在求雨台之日军千余，已被华军解决，毙日军八百余，残余向坟门方面逃窜。荆沙方面，如方城大铺街、石套子等日军阵地，均为华军攻破，斩获甚多，残余遁回江陵。

常德十日电　湘北华军越过新墙河部队，向岳阳附近扫荡中，洞庭湖内日船绝迹。

重庆十二日电　据薛岳将军总司令部宣称，华军追击部队六师，昨越过新墙河后，北向岳阳近郊，与日军在扩大战线激战中。

路透社十二日长沙电　据此间所接可恃方面消息，表示华军现正由西南两路向汉口包抄，又据各方报告，谓华军为使日军在长沙战败后，少有重行组织之机会起见，刻由宜昌向东推进，而湘北之其他华方部队亦已渡过新墙河，并包抄岳州。闻当长沙正在进行之时，曾有日军两分队侵入长沙东北两郊，华方守军与日兵巷战之际，华军增援部队已纷纷渡新墙河开来，华空军亦作有效之协助，曾于两日之中三次猛击日军阵地。战事吃紧时，有大批华籍难民避于外国教会，当英美教士访问日人请设法保护此项难民时，日方冷淡对之，但对于德义教士则予以种种便利及优遇。华方在湘水下游所布置之水桥及水雷，打破日方沿江向长沙前进之企图。由前线撤退之华军数师，曾由薛岳将军下令限于三日内改编就绪，重上前线，华方之所以能固守长沙，此实为其主要因素，日俘约一百六十人，已在此集合，不久将解往重庆，长沙战事共分五个阶段：（一）大云山战事。（二）新墙河之强渡。（三）沿捞刀河战事。（四）华军反攻。（五）追击战。闻目前此一阶段尚在进行中，川滇两军此次在捞刀浏阳两河间之激战中，大显身手。当日军攻入长沙之时，华军炮队曾由湘水西岸之岳麓山开火轰击东北城，沿途在衡阳、渌口、株洲及湘潭各地，向身经战事之兵士、军官、农民及铁路二人探询之结果，对于战事发展之经过，更有清楚之认识，知华军战略。日方之过于自信及气候，均为华方胜利之主要原因。日方发动攻势时，所使用之兵力，显使华军为之惊讶，盖日军九月十七日，在关王桥强渡新墙时，曾集合一师团之众，而华方守军不过一连而已。其时日军南进之速度，一般人颇以华方援军未能及时赶至保卫长沙为惧，但自九月廿一日至廿三日，正在战事吃紧之际，忽降大雨三日不已，沿途泥泞，致日军前进之势为之稽迟，而华军援军则已开抵捞刀河之阵地矣。薛岳将军招待访问长沙之外报记者团时，谓“战事继续未已，损失数额尚难确计”。据华军各师及战地医药队尚未证实之非正式报告，日军死伤及华军所俘者计三一二人，华军所获战利品，有马一二三零匹，来复枪七二四零枝，山炮十二尊，追击炮及平射炮三十五尊，机关枪二四一挺，手枪一二零枝，此外更击毁坦克车五十七辆，及铁甲车一三零辆，击沉炮舰三艘，及汽艇五十六艘，并击落飞机三架。薛氏又称日军在此次长沙战役中所用之兵力，计四个师团之全部，两个师团之一部，两个独立旅团，四个炮兵及工程分队，飞机一八零架，军舰三十艘，及汽艇二百艘。此外又集合中国劳二十五万人，在日战线后方建筑道路，此次战线深度七十里，长五十里日军曾广用“第五纵队”（每一骑兵分队皆附有便衣兵士三十人）以期扰乱作战之华军。惟薛氏力言华军以预备队作有效之对付，故主要作战部队，并不稍受影响，薛氏又信现有强大之华军纵队，沿公路及铁道施行攻击，日军只能取道岳州沿长江向西北退却。薛氏招待各报记者后，曾分别与英武官法莱云上校及美助理海军武官玛圭惀少校晤谈，日军攻入长沙及株洲附近战事之始末详情，或将永不获知，惟据由各可恃方面搜集之事实，已可窥见一斑。据传日军一分队九月廿七日晚攻入长沙，但守军拒绝放弃该城，从事猛烈巷战，历两日之久，□至将该日军分队肃清而后已。关于株洲战事，一般人皆谓有日骑兵一分队，在长沙以东突破华军阵线，窜至株洲车站以北之地点，惟华军两团适于两小时前到达株洲，遂立即接战，予以肃清。华方对于日军损失最高估计，系七万人左右，及被俘者五千人，而最低之估计，则未死者三万人，被俘者七百人。据前线之兵士语人，日军退走时损失严重，因曾有大批日军在福临铺附近被华方包围，故被俘者颇众，又谓日军兵力共计七师团，达十五万人。

重庆十一日电　宜昌战地十一日电，华军将南津关攻克后，续将附近肃清，又华军攻克当阳南木匠店等地之各部队，继续猛击，对盘踞该地南北地区日军，颇有斩获。

樊城十一日电　近日华军破坏汉宜路东区三段，永隆河杨家统间多段，及平汉南段孝感花□间数段，获电线甚多。

常德十二日电　华某部于九日晚向襄河西岸之新城市（沙洋东南）袭击，在钟家山附近与日军遭遇，经华军猛击，日伤亡极重，向三合场退去，华获步枪多枝。

（《新闻报》1941 年 10 月 13 日）

华炮兵猛轰沙市近郊日阵地

恩施十四日电　十三日下午华某地炮兵，向沙市附近之日炮兵阵地射击，毁日炮多门，毙日军颇多，旋猛射市内，日仓库有多处中弹起火。十四日晨华军某地炮兵，向岳阳附近江门日舰艇猛烈射击，结果击沉日舰艇三艘，又华军在当阳附近之部队，与日辎重部队遭遇于少□庙附近，经华军猛击，毙日军二百余，并卤获军品无算。

（《新闻报》1941 年 10 月 15 日）

江陵沙洋日军南犯　华军分途迎击

（一）沙洋以南长舟堋、毛老店、鲁家店等地日军，近由沙洋增来千余，于十五日分路南犯。经华军阻击，毙伤甚多，刻仍战斗中。（二）江陵东南岑河口，砖桥、窑湾等地日军千余，于十七晨分三路南犯，经华军分途迎击，战斗甚烈，日伤亡颇众，现仍激战中。（三）荣泽方面，华军一部于十七晨向霸王城（荣泽西北）进击，毙伤日颇多，旋日一部图由鸿沟向华侧面绕袭，为华迎头痛击，日受创回退。（十九日电）

（《申报》1941 年 10 月 20 日）

1942 年

江陵各业改用新币 沙市地区今开始新旧币兑换

本报沙市通讯 江陵县政府于九月十二日出示布告晓谕商民：凡荆沙地区人民持有旧币者，应自本月十六日起，迳向沙市中江银行及荆州办事处兑换新币，勿存观望，并规定十六日至三十日为自由兑换期间，十月一日至十四日为强制兑换期间，期满即绝对禁止旧币之行使及携带。但只限定沙市江陵（荆州）两地对于街市商号下乡采办原料及四乡农民上街贩卖物资，即在各要路口设立交流兑换所四处，于满期后仍暂照兑，以期市乡两便物资流通。一切物价亦经县府严格规定，并指定绸缎、棉布、麻油、海味、旅馆、理发、粮食等各重要行业之收支，自本月十六日起一律改用新币，其余各行即于满期后实施，闻县府及各机关之收支不久亦将改用新币。

（后略）

（《武汉报》1942 年 9 月 16 日）

1943年

（汉口）市钱业公会派员赴监利兑换旧币

本市钱业公会鉴于监利县光复以来，治安次第恢复，刻为积极推进新币，统一货币起见，乃会同中储汉支行，共同派员前往监利县兑换旧币，使金融安定，而调剂民困。兹悉，兑换旧币人员，已于日前首途，预卜新通货全面流通，殊有良好成绩可待。

（《大楚报》1943年3月4日）

吴颂皋奉派接收沙市租界

南京廿四日中央社电　国府命令：（卅二年三月廿四日）特派吴颂皋为接收沙市日本专管租界委员。此令。

（《新闻报》1943年3月25日）

美空军少校被日击落

广州八日中央社电　据渝息：驻渝美空军司令部七日发表，驻渝美空军战斗机队中队长罗巴德少校，于一日单独驾机侦察洞庭湖北岸石首、华容之际，被日军地上炮火击落。

（《申报》1943年7月9日）

中储银行筹设沙市办事处

中央储备银行汉口分行，为扩展内地业务，决定在沙市方面设置办事处，业已派出筹备主任赴沙市筹备一切，预料十一月终，可以正式开业。

（《申报》1943 年 10 月 24 日）

1944年

中储沙市办事处十四日成立

中央储备银行，前为强化调剂战时金融期，以辅助工商业之健全、正常、繁荣发展起见，饬由中储汉支行筹划分设之沙市暨省会武昌内地办事处。现除具武昌办事处，业经组织成立开始业务外，关于分设沙市之办事处，自经汉行调派负责筹备人员前往连络，积极着手筹备以来，现已均经完成筹备事宜，兹经呈奉总行指令，决订期于本月十四日举行正式成立开始营业，并悉：此间汉支行副理朱仰岩，暨该行远东顾问两氏为此特于日昨乘机前往亲临主持开幕典礼，及指示一切成立事宜，今后该地金融前途之圆滑推进，愈臻发展当可预卜。

（《武汉报》1944年5月11日）

1945 年

吴味经谈中纺建设公司

中国纺织建设公司副总经理吴味经氏谈：该公司主要业务，为接办接收敌伪棉毛麻纺织工厂，使恢复原有生产，制造纺织机械零件，扶导民营纺织工业，并作原料之增产及改良等工作。该公司计分业务、工务、秘书、会计、稽核五处，总公司设上海。天津青岛两地将设分公司，并于沙市、西安分设办事处以收购原料。至接办工厂，即将由经济部转给，该公司可望于明年一月正式营业，各厂开工伊始，将先采用部分美棉云，又该公司二年后交民营，将采招股办法，并不拟以全部或部分工厂转售。

（《申报》1945 年 12 月 20 日）

1946年

沙市、宜昌等地筹设工商业专校

本报汉口专讯　鄂教厅为适应各地经济及生产状况，正计划于适当地区设立各种工业及商业专科学校，决定宜昌设电机工程专科学校一所，大冶及汉阳各设矿冶工业专科学校一所，汉口、沙市各设商业专科学校一所，谌家矶设造纸印刷职业学校一所，沔阳设水产职业学校一所。盖宜昌为正设计中之世界大水电工程地区，汉阳及大冶俱为过去有名之煤铁产地及制造地，沔阳为国内河流湖沼最多之区，沙市汉口俱为商业之集中地，各该学校之设立，悉依据此种情形决定。(重)

(《申报》1946年1月6日)

国立湖北师范学院在江陵建筑新校舍

汉口讯　国立湖北师范学院，业已奉到临时迁建费二亿元，故全体八百余员生，除返乡者外，均已安全抵达江陵新校址。闻该院新校舍建筑费约须四十亿元，预计一年内可全部落成。

(《申报》1946年8月5日)

1947 年

沙市看守所发生越狱案

本报汉口二日电　据光明社电讯，沙市地院看守所，于上月三十日午夜二时发生囚犯大越狱案，计逃脱囚犯一百十二人，内有鄂中各县著名汉奸与重要盗匪多名，临行时抢走该所看守兵长枪三枝，并企图抢劫县府，袭击警局，嗣向郊外窜去。

（《申报》1947 年 2 月 3 日）

国立湖北师范学院擅自迁离沙市

本报汉口二十三日电　国立湖北师范学院请迁武昌，教部将不予考虑。周鸿经称：教部原则上规定两个国立大学不能同设一地，如桂林师范学院因广西大学迁回桂林，前者须改移地点是。沙市环境固不适宜，但湖师可迁至距武汉较远之任何地方。吴兆棠督学原定今赴沙视察，嗣闻该院学生已全体离沙，临时作乱，该院学生七百人，乘木船东下，日内即可抵汉，闻将继续赴京请愿。

（《新闻报》1947 年 2 月 24 日）

鄂师范学院教部不许迁回武昌　将在江陵筹建校舍

本报汉口二十六日电　国立湖北师范学院请迁武昌，有背部令，当局决令学生仍回沙市。教部计在江陵为该院筹建永久校舍，学生已有两百余人抵汉。闻出发前会焚毁厨房，打毁锅灶，以示决心。

（《新闻报》1947 年 2 月 27 日）

鄂师院学生无返沙市迹象

本报汉口二十五日电　鄂师院学生尚无返沙复课迹象，彼等以为教部或未尽明了沙市环境，要求吴兆棠督学亲往视察。前院长汪奠基已应聘担任武大文学院讲座，并电促新任王治孚早日来汉主持。

(《新闻报》1947 年 3 月 26 日)

长江中流水涨　沙市面临险关

本报汉口八日电　长江中流水位连日骤涨，沙市方面已临险关。江汉工程局拨款五千万元，交沙市工务所准备抢险。汉口今亦豪雨，水位增至二五・二六公尺，较去年紧张阶段仅差三公寸，同时汉水亦普遍增涨，故一般对此渐感忧虑。

中央社汉口八日电　今日长江上游及襄河全线水位续落，仅新堤与监利略涨，汉口线涨六公分，如上游水位稳定，一二日内汉口水位可望微落。

(《申报》1947 年 8 月 9 日)

教部在江陵建立大学区

本报汉口八日电　教部为求各地教育均衡发展，决在江陵建立大学区，并派专门委员王介庭赴沙市监修大学校舍，关于鄂师院迁校事已成泡影。

(《新闻报》1947 年 8 月 9 日)

沙市建大学区　教部派员前往监修校会

本报汉口九日电　教部决在江陵沙市建立大学区，已派委员王介庵前往，监修校舍。

（《申报》1947 年 8 月 10 日）

生众轮在沙市沉没

本报讯　民生实业公司之生众轮，前日拖一满载货物之铁驳，由宜昌驶汉口，于当（九日）下午五时三十分驶抵沙市时，因转头不慎，竟至沉没。乘客获救者仅一部分，溺毙者十余人，惟所拖铁驳则无恙。

民生实业公司在沪分公司发言人称：该分公司迄昨日止，仅知有此事实，惟尚未获得详细报告，致失事原因及死伤人数，亦因是无法得知。该发言人继称：该轮不致有乘客，盖生众轮系一拖轮，而非客轮，纵有死伤，亦系该轮工作人员而已云。至其失事原因，据该发言人推测，或系因该轮转头时，与铁驳联系之缆索突然断裂，致使该轮重心顿告偏侧，因此侧倒下沉，颇有可能。

（《新闻报》1947 年 8 月 12 日）

沙市设江防部　杜道周任司令

本报汉口廿一日电　行辕为确保沙市、宜昌间水上治安，已于沙市设立沙宜江防司令部，由杜道周任司令。

（《申报》1947 年 12 月 22 日）

1948年

沙市至汉口航行已恢复

本报重庆六日电　据民生总公司今获沙市电，沙市至汉口间之航行已恢复，该公司停泊于沙市之民贵、民族、民万三轮已于今日上午十时下驶，泊于石首之湘江、宾江，两登陆艇，亦于今日上驶。

（《新闻报》1948年1月7日）

鄂师院提前放假

本报汉口九日电　沙市国立鄂师学院，本学期因时局影响，已提前结束，必要时将迁武汉。

（《申报》1948年1月10日）

华源轮在沙市搁浅

本报讯　江西中路二四六号强华实业公司之华源轮，二十六日下午五时许，于沙市下游约九十余里之观音阁江面搁浅，招商局之江济轮昨日由宜昌开汉口，适经该处，乃将华源轮上所载某军校学生全部转驳驶赴汉口，迄昨晚九时华源轮仍未脱险，正在设法援救中。

（《新闻报》1948年1月28日）

湘第三纺织厂成立　采用松滋枝江棉

本报长沙廿七日电　湘成立第三纺织厂，聂光培任厂长，机件已由美运抵沪，三月底可运长。三月一日开始修葺厂屋，七月开工，八月出货，约一万锭。廿支，卅二支细纱，两种原料，除滨湖一部分外，均采用鄂松滋枝江棉。

（《申报》1948 年 2 月 28 日）

沙市、宜昌物价较汉口低十倍

本报汉口十七日电　沙宜、襄沙两公路相继畅通后，沙宜均已安谧如恒，物价较武汉低去十倍。

（《申报》1948 年 2 月 18 日）

鄂师院仍在沙市开学

本报汉口十六日电　此间筹备已久之首义大学，顷奉教部电令暂缓进行。又国立鄂师院决遵部令在沙市继续开学，院长王治孚辞意可打销。

（《申报》1948 年 3 月 17 日）

监利石首间　散匪图截劫航轮　民生轮等经护航上驶

中央社南京十六日电　长江上游监利石首间之调弦口、马家潭以北，近发现散匪百余人，抢劫过往行商。前有装载棉花商船七艘，被匪洗劫一空。十三日晨复有民生公司上驶之“民生”、“民好”两轮，正行至马家潭附近，复遇匪鸣枪命令停航，幸该轮行驶敏捷，随即开足马力，退避调弦口。海军当局据报后，急派舰艇前往搜索，并另派舰艇随船护航，于十四日晨八时行至马家潭时，与潜匿该处之匪遭遇，海军舰艇一面掩护各轮上驶，一面发炮猛击匿匪，匪徒纷向四面逃窜。上驶之

“民生”“民好”及其他商轮五艘，经海军护航，现已安全通过石首，继续上驶。现马家潭之二四号标杆，亦已被匪拆毁，意图迷乱航道，以便截掠，海军当局现正严密搜捕中。

（《申报》1948年3月17日）

华中前哨江防基地：沙市行

（前略）江南在目前总还是一片干净土，可是战乱经年，层层的剥削与负担，摧残了本来就不大健全的农村经济。少数人为了生活，不得不挺而走险，去干拦路劫抢的生涯，“伏莽滋潜，颇多顾虑”。官方也为这事实操心。江南几条不算干线的路，通常是不大有人跑的，尤其是商人，以此，虽说今年的棉产没有受到天灾的戕害，然而从全国纺联会及农林部棉产改进咨委会的联衔估计报告中“湖北由于治安关系，今年的产量已将由去年的六百二十四万一千市担锐减至一百八十六万六千市担”（未录原文）上看来，对旧历八月底棉花登场的时候，其产销情形，实未可寄予太高度的乐观。记者抵沙一周中，沙市长绒的市价已由六十余元跳到九十六元二角，九十六元二角还是当地报纸上公布的价格，实际上当不止此数。这事实也足以使人们想到今年鄂南的棉花，究竟能替沙市添多少生意？虽然现在还是“青黄不接”的时候。根据一般估计：

鄂中的平原的米产除去百分之四十留在当地消费外，其余的百分之六十全藉沙市向沪汉吐出去，棉花简直是全部。本地的消耗极为有限，在战前逢到这一年中的“旺月”——古历八月，江岸码头上的米包棉包，堆如山积。招商、大北……的大船，有时无法应付他们装货东下的主顾，每条船差不多都要有好多批货物“退关”。今年米收既歉，很难有多余的米装下去，而棉产却还在不可预测的命运中，自然码头上就显得清淡了。凉风既起，中秋节近，按照十年前的往例，沙市的银楼布店的门口，该又是张灯结彩，高搭牌楼，来吸引他们来自农村中的“基本顾客”的时节，可是看看今年毫无表情的中山路上，沙市人当然免不了一阵惆怅。

沙市今天做生意的圈子太小了，汉宜公路被支解，沙市的左右两只臂膀无形中截去，长江原是沙市的主要血脉，然而由于军差过多，三年前政府由重庆还都的盛况又重见于今日的长江上游，汉口以上，三四千吨的船，就像伊丽莎白号一样地稀罕。在沙市的搭船客，不管是上江下江，等个半个月是通常的事，船上一个铺位，还不是房间，黑市票在两星期以前就卖到法币一亿五千万以上。到襄阳的一条干线，在两旁战云的笼罩下维持着通车，虽然通车的目的，着重在军运，不过襄汉（襄阳—汉口）公路既不通，鄂北的部分物资，还可以藉沙市做个转运站，冲淡一点沙市的冷寂。这些日子，在沙市西北角的公路上，时常可以看到一车车子的棉花，从襄阳装到沙市（这还是过去的存棉）。就事实讲，不流畅的交通，也只有配合目前不充实的沙市市场，假使，把十年前的日子拉回来过，用不着别的因素，单是这可怜的交通，就足够把沙市窒息死了！

交通问题窒息了沙市市场，而沙市本身还有更多的疑难的杂症阻碍着市场的发展。

在抗战期间，沙市可以说是敌人在华中的前线（虽然前面还有宜昌），而战争给沙市的破坏也就不太轻。沙市无数的高大建筑物，被炸弹炸毁，中山路上，从崇文路口以西，全成灰烬，直到今天，还只是若干草屋或破陋的瓦房，缩着头站在路旁。有几幢幸存的较大建筑，在铁门上还可以看到一个个的机枪弹眼。这种情形，已造成了房荒的先天因素，而在后天上却因战事在江汉间无止尽地展开。农村中的人集中到都市，虽说在风声鹤唳中沙市也不乏逃到汉口或上海的人，但这种人毕竟太少，抵消不了来自广大的农村中的难民。在先天后天的两种因素交织下，沙市开始了房荒，照一个月前的市价，一间普通的店面，每年的租金是法币三十亿元，合米百石。而且自从房荒开始以后，房主人算盘加精，规定先付租金。一百石米在都市中也许并不是一个难以负担的数字，可是在沙市这样的一个内地都市里，商人对这一笔负担就有考虑的必要。事实上今天在沙市找一间铺面来做营业的，能有几个有五百石米以上的资本？付去了房金、装修等费，资本额去了大半，这营业上的做法？知难而退，只有去跑单帮，到华南贩些走私货了。

沙市是一个产地市场，消费量永远追不上生产量。

申汇与汉汇也间接地影响到市场，申汇在最高时能够做到七折甚至六折，而华南贱价的私货，使内地消费商的目标都移向广州。畸形的申汉汇率更受到有力的支持，这里的上海货有时反比上海便宜，就是畸形汇率的副产品。这种畸形状态，便宜了内地少数的消费者，而断伤了大批生产的农人，长此以往，内汇再在这种状态中发展下去，其结果势必致影响到农产品的出路，并致刺激销地的价格。

沙市的烦闷，也许不是短期内可以消除的，在目前整个的态势下，沙市是华中战场的前哨，江防的基地。沙市的这些烦闷，原有其内在的因素，所以沙市任何一个人，他们对于消除这些烦闷的希望，都永远地寄托在戡乱的成功和经济的稳定上面。

（《申报》1948 年 9 月 21 日）

1949 年

交行沙市分行经理忧愤自杀
因无法应付索兑公款

本报汉口七日电　交通银行沙市分行经理宋智贤，以汉口分行延宕解款时间，无法应付当地军政人员索兑公款，突于六日忧愤自杀身死，并遗书汉口经理邹安众，请其料理善后。

（《申报》1949 年 2 月 8 日）

监利收复

本报汉口一日电　监利已于三十日下午收复，长江中游航运恢复，招商局江济轮今晨十时过监利下驶，民生公司民族等五轮今由城陵矶开出，即晚可越过监利西行。

（《新闻报》1949 年 5 月 2 日）